本书编委会

编委会主任：陈肇雄

编委会副主任：邬贺铨

编委会成员：

刘韵洁	李伯虎	张　军	余少华	谢少锋	闻　库
韩　夏	赵志国	刘　多	徐晓兰	张学军	钟志红
李　颖	鲁春丛	杨宇燕	王建伟	苏少林	林乐虎
陈皆重	蔡立志	宋起柱	余晓晖	王保平	李广乾
陈忠岳	李正茂	梁宝俊	周云杰	张启亮	袁谊生
贺东东	李雪梅	郑叶来	于英涛	周鸿祎	齐向东
吴永新	刘　松	朱卫列	闫长鹍		

主　编：张学军　　王保平

本书编写组

组长：王保平

副组长：胡 虎 罗 凯

参与编写人员：

王 兵　夏竞辉　肖 卓　杨玲玲　张 英　邵素宏
朱 敏　蒋昕昊　陈金桥　刘棣斐　韩永军　汪 建
郭庆婧　赵 媛　贺翠萃　邓 聪　郭 佳　林 婧
黄舍予　苏德悦　刘 彤　徐 勇

序　言

当前，人类社会来到一个新的第四次工业革命的十字路口。数字化、网络化、智能化是新一轮工业革命的核心特征与必然趋势。工业互联网，则是第四次工业革命的重要标志。

互联网是信息技术革命的集大成者，是推动数字经济发展至关重要的通用技术。工业是实体经济的主体，是物质产品的供给者、物质文明的承载者。工业互联网是新一代信息技术和实体经济深度融合的主战场，也是互联网延伸、创新和发展的新战场，成为构建新型产业体系的坚强基石。工业互联网将为实体经济、传统产业转型创新提供强大助力。

与互联网发展的上半场即消费互联网不同，工业互联网场景下的企业生产网络通常不需要全球联网，企业内网连接设备的多样性使标准化难度较大，企业对工业互联网需求是个性化的。工业互联网门槛高，其涉及的生产设备类型非常多、业务链条长、服务模型复杂，需要技术解决方案持续服务；工业企业对快速响应、可靠性和安全性要求高，对投资回报有较高关注，对既了解信息技术又熟悉企业流程的人才有迫切需求。

我们发展工业互联网需要新思路。首先要推动IT(信息技术)与OT(运营技术)融合，IT企业与OT企业的紧密合作尤为必要。从商业模式上看，传统消费互联网的模式无法直接复制到工业互联网领域，企业向工业互联网转型的价值更多表现为效率与质量的提升或资源与能源的节约；

从思维方式上看，互联网的灵魂是创新，业界需要将互联网思维引入工业企业，而不是简单地用消费互联网模式去改造企业；从实施主体上看，工业互联网需更多细分领域的龙头企业参与进来，ICT（信息和通信技术）企业能够发挥先锋作用，但主体还是实体经济企业。传统行业的小微企业往往缺乏人才、技术与资金，政府在构建面向中小企业共享的云平台等数字转型开发环境方面能够发挥不可替代的作用。

新一代信息技术支撑工业互联网的发展，而工业互联网的发展也为5G（第五代移动通信技术）、物联网、云计算、大数据、区块链和人工智能等技术提供了新的舞台。例如，在物联网和大数据的基础上，利用人工智能算法优化工业生产管理，是人工智能技术非常典型的应用场景。

数字化、网络化和智能化是工业发展的方向。推动质量变革、效率变革和动力变革，是发展工业互联网的初心。当前，正值新一代信息技术与制造业融合发展变革的关键时点与历史性机遇期。我们应该有效聚合各领域形成合力，以创新发展为抓手，实现实体经济向价值链高端水平跃升，助力经济高质量发展。

工业互联网的全面实现是一个长期的过程，目前仅仅是开篇。这本书用生动平实的语言，从工业互联网的来龙去脉、国内外工业互联网的发展现状、工业互联网的显著特点、如何推动工业互联网创新发展等角度对工业互联网进行了科普性的诠释，并搜集发掘了大量工业互联网应用的典型案例，相信这本书的出版，将有助于工业互联网知识的普及和技术的推广。

是为序。

邬贺铨

2019年6月

目 录

序　言 // 001

第一章　工业互联网：开启第四次工业革命

引　言　不可阻挡的浪潮 // 002

第一节　机器是"数字化"的

　　　　——从工业革命到工业互联网 // 005

第二节　万物是"联网"的

　　　　——从消费互联网到工业互联网 // 012

第三节　技术是"融合"的

　　　　——从两化融合到工业互联网 // 023

第四节　未来是"智能"的

　　　　——从信息社会到智能社会 // 033

第二章　新赛道：改写全球竞争规则

引　言　不同的转型方式，同一个转型方向 // 040

第一节　美国：先进制造伙伴计划＋工业互联网 // 043

第二节　德国：打造工业 4.0 战车 // 056

第三节　日英法：力推工业数字化转型 // 071

第三章　新动能：从制造大国到"制造强国"与"网络强国"

引　言　"两个强国"有大未来 // 082

第一节　为什么要发展工业互联网 // 084

第二节　国家战略行动路线 // 090

第三节　产学研用金协同推进 // 100

第四节　5G+工业互联网 // 112

第四章　透视工业互联网

引　言　四"新"诠释工业互联网 // 122

第一节　新型基础设施：全产业链的"智能+"演进 // 125

第二节　新型产业生态：新零售、新制造、新平台 // 142

第三节　新型发展路径：智能工厂解困传统制造业 // 159

第四节　新型消费模式：

C2M、C2B引领未来电子商务模式 // 174

第五章　工业互联网在行动

引　言　四向发力，开启工业互联网大门 // 186

第一节　夯实网络基础：从上网到上云 // 188

第二节　打造平台体系：工业App // 203

第三节　抓住数据核心：工业大数据 // 220

第四节　筑牢安全屏障：工业电脑的五幅铠甲 // 232

第六章　淘金工业互联网

引　言　群雄逐鹿，各显神通 // 248

第一节　工业互联网平台的创新典型 // 250

第二节　信息通信企业服务的创新典型 // 267

第三节　工业 App 的创新典型　// 280

　　第四节　工业大数据的创新典型　// 286

　　第五节　企业数字化转型解决方案　// 297

尾　声　不是下集是开篇　// 309

附　录　行业大家纵论工业互联网　// 319

　　李毅中：推动工业数字化转型升级　// 320

　　刘韵洁：工业互联网应致力于解决工业痛点 提质增效　// 329

　　刘多：如何构建工业互联网产业发展大生态　// 337

参考文献　// 343

后　记　// 347

第一章
工业互联网：
开启第四次工业革命

引　言　不可阻挡的浪潮

20世纪最伟大的发明是什么？很多人会坚定不移地回答——互联网！

互联网深刻地改变了我们的生活工作方式。对于多数上班族而言，除了吃饭睡觉，上网已经成为每天用时最长，并且最不可或缺的日常活动。

21世纪，我们又迎来一个科技创新层出不穷的时代。那么，21世纪前20年来涌现的最伟大的科技成果又有哪些呢？大数据、人工智能、基因剪辑、量子计算……

本书希望和读者分享一个至关重要的答案——工业互联网。

作为信息科技的集大成者，互联网之伟大，在于极大地影响人们的学习、工作、生活、思想乃至经济、社会管理等活动，但它毕竟只是科技革命的旗手，尚未引发大范围的工业革命。而工业互联网却不然，它正在全球工业界掀起一场全方位的数字化、网络化、智能化浪潮，并由此开启人类历史上第四次工业革命。

这是人类历史上又一次由科技革命牵引的工业革命。如果说之前的历次工业革命，本质是对人类体力的解放，那么，新一轮工业革命的伟大在于对人类智力的解放。

"数、联、融、智"，就是这次大潮最激动人心的特征。

机器是"数字化"的。21世纪的消费者更加挑剔，人们对产品的个性化有了更高要求，这使制造企业在成本、质量、供应链效率等方面面临复杂挑战，他们需要新的工具来解决不确定性。从工业4.0到工业互联网，人们发明了更强大、更实时的数字化控制设备和全数字化工厂，并一步步让机器、工件乃至原材料告别"聋哑""开口说话"，初步"知晓人意"，感知更加精准，运行更加优化，产品更加智能。

万物是"联网"的。通过工业互联网能把设备、生产线、工厂、供应商、产品、客户紧密地连接在一起。而信息物理系统将无处不在的传感器、嵌入式终端系统、智能控制系统、通信设施形成一个智能网络，使产品与生产设备之间、不同的生产设备之间以及数字世界和物理世界之间能够互联，使机器、工作部件、系统以及人类会通过网络持续地保持交流，让知识在最需要的场景下得以重用，数据在最恰当的时机形成指令。

技术是"融合"的。工业互联网是推动互联网、大数据、人工智能与实体经济深度融合的"大杀器"，也是制造业OT与IT深度融合的大舞台。通过TSN（时间敏感网络）、5G和OPC UA（统一架构）等技术打通IT和OT系统，实现企业经营管理系统与生产制造体系的纵向集成，使最底层的生产体系能够实时感知外部市场需求的动态变化，而企业则基于对产线状态的精准感知实现资源配置、计划排产和供应链管理的智能管控，将供给与需求精准对接，实现高效敏捷产品交付、生产系统最优控制、产能资源最优应用，推动制造与服务体系的智能化变革。

未来是"智能"的。癌症、气候变迁、能源、基因组学、宏观经济学、金融系统、物理学等，太多人类想掌握的系统知识正变得极其复杂。如此巨大的信息量让最聪明的人穷其一生也无法完全掌握。那么，我们如何才能从如此庞大的数据量中筛选出正确的见解呢？新的知识生产工具正在从人脑大规模转向数字智能技术系统。随着工业互联网的大规模普及，人工智能系统将可以在各个高度精密的生产领域中深度应用，这些系统不再仅仅担负将信息、知识进行数字化转化的功能，他们还可以将各个行业的工业机理与基于数据的模型相结合，将智能赋予设计、生产、管理、服务等领域各环节，可以像人一样去分析、判断与决策，形成自感知、自学习、自执行、自决策、自适应的工业智能系统。

我们即将迎来的，是一次搅动中国乃至全球的狂飙突进浪潮，改变世界的，必将是构筑在工业互联网之上的智能科技与智能系统。

请跟随我们，迎接工业互联网所掀起的第四次工业革命浪潮！

第一节

机器是"数字化"的
——从工业革命到工业互联网

无论是远古人类手中的石器、农耕时代的农具、近代工业的机床、当前先进的数控加工中心,还是将来的智能化柔性单元,机器,始终是人类生产生活的助手,是社会文明进步的标志。

工业革命200多年来,为我们带来了无法计数的新机器。人类迄今已经历了机械化、电气化、数字化(又称电子信息化)三次工业革命,即将迎来以智能化为特征的第四次工业革命的曙光。工业互联网推动着历次工业革命发明的各种机器加速进入数字世界,并在网络中制造、管理、运行着"能看""能听""能思考""能学习"的新一代智能化机器,将把第三次工业革命时代兴起的数字化、信息化,提升到一个崭新的阶段,也就是高度智能化阶段。

工业 1.0:蒸汽机带来的动力机器

第一次工业革命大约发生在18世纪60年代至19世纪中期,特点是以机械为载体,通过蒸汽发动机实现对能量的控制。这次工业革命的结果是,机械生产代替了手工劳动,人类社会形态从农业、手工业社会转移到工业社会。

发明于 1764 年的珍妮纺纱机是第一次工业革命的起点。水力纺纱机以水流为动力实现了机器的自动化，这类机器虽然只能按照某一种工作方式工作，功能无法调整，并且存在精度不高、缺乏控制等缺点，但却可以实现自动化，可不知疲倦地重复工作，较大地解放了人的体力。

1712 年，托马斯·纽科门发明了第一台实用型蒸汽机，用来解决煤矿和锡矿快速抽水的动力问题。这台机器"贪婪"地燃烧煤炭，从而让热能转换为动能。它相当于 20 匹马同时工作的动力，可以把几百英尺[①]以下的水抽至地面上来。

1776 年，瓦特改良了蒸汽机，从而开创了以机器代替人工的工业化浪潮。蒸汽机作为动力机，使工厂摆脱了水力条件的限制，在各个领域被广泛使用，开始代替人的手工劳作，冶炼与开采的产能急速上升，工业化起飞，工业城市兴起。此后，蒸汽火车与蒸汽轮船被发明出来，带来了交通运输业的革命，更加速了工业发展进程。

工业 2.0：电气化带来的高速机器

第一次工业革命中，使用蒸汽和水力的机器满足不了人类社会高速发展的需求，新的能源动力和机器引导了第二次工业革命的发生。

第二次工业革命大约发生在 19 世纪后半期至 20 世纪初，这次革命的核心是电气技术的应用。用电力代替蒸汽动力，通过继电器、电气设备对能量的精准控制，开创工业产品大批量生产的新模式。

1866 年西门子制成发电机，1870 年发明电动机，电力开始驱

---

① 1 英尺 =30.48 厘米。——编者注

动机器。1880年，爱迪生制造出能持续亮1 200个小时的碳化竹丝灯，从此世界告别黑暗。1891年，尼古拉·特斯拉完善了交流电系统，使电力的生产稳定可靠，通过集中发电再供应给各个工厂，可以降低工业生产的消耗。这标志着工业2.0时代的正式来临。

蒸汽机在20世纪到来前后达到了顶峰。笨重的锅炉和较低的热效率限制了它的进一步发展。内燃机成为新的动力机械，最重要的用途就是驱动汽车、机车等。尼古拉斯·奥古斯特·奥托在1876年建造了第一台四冲程内燃机。内燃机大多用柴油为燃料，又称为柴油机。1898年，柴油机首用于固定式发电机组。

工业2.0时代的机器，是由电力驱动，通过电气设备控制的。机器转速信息转化为电流或电压信号，并反馈到模拟处理电路中进行计算，再通过节流阀等装置实现对机器的控制。与上一代机械控制器相比，基于信息流进行调节的电子控制器更具有操作性。工业2.0时代的机器有着更强的动力支撑，更精确的性能控制，不再是慢悠悠的大家伙，汽车、轮船、飞机等高速交通工具得到了飞速发展，电力工业、化学工业、石油工业和汽车工业等大量工业迅速进步。电报与电话让人们的声音能传得更远，沟通变得更为方便。全球巨大的市场召唤着所有工厂开足马力生产，机器的功能也变得更加多样化，从而开创了工业产品大批量生产的新模式。

工业3.0：数字化带来的灵巧机器

前两次工业革命的实质是能源革命，从力大无比的燃煤蒸汽机等近代机器，到大规模生产的电气化机器，激发出前人望尘莫及的制造伟力，同时由于需求信息的缺乏与沟通不畅，也带来了生产过剩。

第三次工业革命的实质是信息革命，通过采用信息技术搜集更多的信息帮助决策，同时控制更强大的机器——生产线和工业机器人，根据需求灵活调整其生产工艺，一些高危、复杂、枯燥的工序实现无人作业，从而获得更大的经济效益。

控制系统是机器的大脑，控制其运动位置、姿态和轨迹、操作顺序及动作的时间等。数控技术让软件成为机床等设备的"数字化大脑"，只要修改若干行代码，机器立即就可以干出不一样的活儿来，能以更低的成本满足生产不同型号、不同工艺产品的需要。

第一台通用电子计算机"ENIAC"（埃尼阿克）1946年诞生于美国宾夕法尼亚大学。1952年，美国麻省理工学院研制出第一台数控铣床，标志着数控加工时代的开始。1968年，英国毛林斯机械公司研制成了第一条数控机床组成的自动线，开启了数字化自动线的先河。

1969年，第一台可编程逻辑控制器的出现，为通用汽车公司的生产线提供了价格更低、操作更简单的计算机辅助控制装置。随着微处理器和工业控制计算机的兴起，半导体和计算机系统日益成为工业控制的核心和灵魂。

工业机器人是一种自动控制的、可重复编程、多功能操作机。第一台小型计算机控制的工业机器人于1973年诞生于美国，很快应用于汽车制造、机械加工、电子电气、橡胶及塑料等领域，并推动了少人看管的自动化车间与工厂的出现。20世纪80年代，日本富士通旗下的工厂，从最开始的部件加工、装配到最后一道产品检查，都能在机器人的操控下自动完成。厂内白天只需若干工作人员核查数据修改指令，晚上只留一两名监视员即可，生产效率得到极大提高。通过加装各类传感器与芯片，工业机器人功能日益增强，1982年，美国通用汽车公司在装配线上为机器人装备了视觉系统，从而宣告了第二代机器人——感知机器人的问世。

除了更好地控制机器，工业的重要使命是，让运行机器的车间、工厂乃至整个企业生产、销售、管理和产业链协同更加高效、经济。这为计算机应用提供了无比广阔的舞台。20 世纪 60 年代中期，IBM（国际商业机器公司）开发出了 MRP（物资需求计划）软件，开始了将计算机应用于生产管理的先河，此后一步步演化为 ERP（企业资源计划），并被工业企业大量采用。

1984、1985 年，苹果、微软公司先后推出使用图形界面的电脑，加速了计算机在研发、管理等专业人士中的普及。计算机辅助设计、计算机辅助制造等技术的兴起，将纸质图纸变成数字化图纸，让研发周期明显缩短，研发效率大为提高。而产品生命周期管理（PLM）系统、供应链管理系统、客户关系管理系统，类似这些信息化应用的引入，在生产管理的多个领域增强并部分代替脑力劳动。互联网兴起之后，信息网络技术一步步将生产、生活中所涉及的各种人、控制设备、管理对象联系起来，通过运算分析去优化改进。工业界在更广的时空范围更灵活地配置资源，并获得效率提升。1996—2005 年，美国经济再次出现了高速的增长。计算机和互联网应用引发的信息革命，被认为是其最重要的影响因素。

工业 4.0：万物互联带来的智能机器

如果说第三次工业革命的本质是信息革命，那么第四次工业革命的本质就是智能革命。其标志就是智能工厂的建成。早期，智能工厂是一个"自治"的系统，可以让产品自行控制其本身的生产过程，告诉生产机器它们有哪些要求，接下来必须执行哪道生产工序。未来，它将破解工业界的终极难题——即使生产单件用户定制产品，也具有经济性。

美国工业巨头通用电气公司于 2012 年率先提出工业互联网，拉开了第四次工业革命的序幕。大致同一时间，德国工业界提出工业4.0的发展愿景，并被迅速上升为国家战略。2016年3月，德国工业4.0平台与美国工业互联网联盟正式合作，工业4.0与工业互联网汇流，推动传统企业的自动化向完全互联和柔性系统飞跃，并为大数据分析技术，特别是人工智能技术在工厂的应用创造条件。

工业4.0的基础是连接。通过工业互联网把设备、生产线、工厂、供应商、产品、客户紧密地连接在一起。通过信息物理系统将无处不在的传感器、嵌入式终端系统、智能控制系统、通信设施形成一个智能网络，使产品与生产设备之间、不同的生产设备之间以及数字世界和物理世界之间能够互联，使机器、工作部件、系统以及人类会通过网络持续地保持数字信息的交流。

工业4.0的核心是数据。在工业4.0时代，制造企业的数据呈现爆炸式增长态势，包括产品数据、运营数据、价值链数据和外部数据。西门子的安贝格电子制造工厂是工业4.0的标杆工厂，厂内为超过3亿个元器件建立了数字"身份证"。当一个元器件进入烘箱时，机器会判断该用什么温度以及时间长短，并可以判断下一个进入烘箱的元器件是哪一种，适时调节生产参数。其生产执行系统每天生成并储存约5 000万条生产过程信息，每一件产品的生产周期完全可追溯。就是这样的大数据环境支持着安贝格电子制造工厂每年生产超过1 200万件产品，产品合格率高达99.998 85%。

工业4.0的本质是智能。智能工厂是在数字化工厂的基础上，利用物联网的技术和设备监控技术加强信息管理和服务，全息掌握产销流程，可以更加智能地做出决策，提高生产的效率。随着图像识别等人工智能技术的应用，在生产和装配的同时能及时发现不合格产品，当某一台机器或者程序发生故障时能提供提前预警。应用数字孪生技术，任何一个产品从物料阶段就处于网络的智能管控状态，配合 VR（虚拟现实）、AR（增强现实）等技术，还可以对设备实现远程操控。西门子安贝格电子制造工厂的面积约为 1 万多平方米，能够协调从生产线到产品配送等一切要素，从仓储到生产都实现了智能自动化。自建成以来，在工厂未扩建、人员未增加的情况下，产能提升了 8 倍，产品质量提升 40 倍，并且还在逐渐提升。

不仅如此，通过大规模工业互联，数以亿计的智慧机器相互关联、按需授权、自主运行。一个常驻云端的超级控制器（工业大数据引擎）集中处理传输到云端的信息，人类可以将所有的智慧赋能于这个"主脑"，并将结果反馈给各个机器，不仅单个工厂的运营决策更加智能，整个工业生态系统也可以始终保持最优状态。

第二节

万物是"联网"的
——从消费互联网到工业互联网

互联网从来不是一个行业，而是一种精神。它可以连接计算机、连接手机、连接嵌入芯片的万物，最重要的是，连接那些计算机、手机和万物背后的，正在操作它们的人。互联网的本质是跨越鸿沟、实现"握手"，最大限度地"求同存异"，最高效率地分享信息、知识和数据。

互联网的由来

1948年，美国诞生了第一台电子计算机。很快，科学界、军方都认识到，这是一种神奇的机器。它既是强大的运算器，也是分析机，为新型火炮系统、导弹系统在运动轨迹等方面的复杂运算和系统控制提供了强大支撑。

作为先进的运算工具，一台计算机可以"以一当十"，那么通过网络系统将若干台计算机连起来，能不能"以一当百"？1952年，美国军方研发了"远距离预警"系统，这是第一个真正实时的人机交互作用的电脑网络系统，它能接收网络上各个军事部门传送过来的数据，及时处理这些数据并发出军事警报。但这种中央控制的网络结构遭遇了一个迫在眉睫的假设性挑战——假如美苏爆发战争,当部分指挥点被摧毁后,其他指挥点能否正常工作?这些指挥点之间,能否绕开那些已被摧毁的指挥点而继续保持联系?

1969年,互联网的前身阿帕网诞生了。这个网络把加利福尼亚大学、斯坦福大学、犹他州立大学的计算机主机连接起来,位于各个节点的大型计算机采用分组交换技术,通过专用的通信设备和线路相互连接。

分组交换技术将计算机要传输的数据分割成一个个标准大小的数据包,然后给每个数据包加上发送地址等传送信息发送出去。通信传输的"内容"变得极其标准化,同时又可以根据信道堵塞情况自动选择"绕行路由",到达目的地后再"恢复原状"并且"比对核验",这样的通信网络获得了前所未有的自由度和高效率。

最初的阿帕网,只在4个大学设立了节点。一年后阿帕网扩大到15个节点,众多的计算机被快速编织入网,平均每20天就有一台大型计算机登录网络。1973年,阿帕网跨越大西洋,利用卫星技术与英国、挪威实现连接,世界范围的"登录"开始了。

问题也随之而来。不同的国家、不同的领域,一个国家内不同的地区、不同型号的计算机都各有一套自己独特的控制语言以及计算机文件的组织方式,而这些结构的差异使任何两台不同型号的机器之间都无法展开合作。如何让这些操着不同"语言"(协议)的内部网互相接纳,形成统一的网络呢?历时10年,在众多各有坚持的网络通信协议中,TCP/IP(传输控制协议/因特网互联协议)最终胜出,于1983年成为全球至今共同遵循的网络传输控制协议。TCP/IP定义了电子设备如何连入因特网,以及数据如何在它们之间传输的标准。从此全世界所有的计算机终于有望构建起一座攀登人类信息文明高峰的"通天塔"。它的出现,也让阿帕网寿终正寝。

获得了全球共同语言的互联网，在此后相当长的时间里，并不属于普通人，因为在这个新生的网络世界里，只有专业人士才能通过复杂的代码程序，前往特定的地方、捕捉特定的信息。这是因为，一方面，互联网上有最新、最前沿的专业知识，也可以很便利地联络到优秀的同行开展探讨。另一方面，互联网的使用本身有着很高的技术门槛。直到 1991 年，伯纳斯·李和他的同伴编写的网页程序才在普通人面前开辟了通往互联网的康庄大道。伯纳斯·李贡献的超文本浏览器及相关协议就是我们如今每次键入网址时出现的 http（超文本传输协议），伯纳斯·李命名的 World Wide Web 就是人所共知的 WWW，中文译名为万维网。万维网以一种前所未有的方式极大地推广了互联网，互联网在普通用户之间出现了草根式传播。到了 20 世纪 90 年代中期，全球互联网已经进入连年翻番的快速增长时期。

中国叩响互联网大门

当西方世界因为互联网开始疯狂时，一只睡醒的雄狮也已悄然睁开了它的眼睛。

1987 年 9 月 20 日 20 时 55 分，在这个原本普通的日子里，随着键盘被敲击发出的最后一声"吧嗒"，中国通过北京与德国卡尔斯鲁厄理工学院之间的网络连接，向全球科学网成功发出了第一封电子邮件。邮件发出去的几天内，发送邮件的研究小组先后收到了来自法国、美国等国家的祝贺邮件，其中还有留学生发来的贺信以及外国朋友的建议和联系意愿。

正如第一封邮件的内容"Across the Great Wall we can reach every corner in the world"（越过长城，走向世界）所想表达的，邮件成功发出的那一刻，中国叩响了互联网新时代的大门。

1994年的4月20日，一条64K国际专线将中关村地区教育与科研示范网络与互联网连在了一起。中国，成为国际上第77个全功能接入互联网的国家。同年9月25日，英文版的《中国日报》刊登了这一消息："中国与世界10 000个大学、研究所和计算机厂家建立了计算机连接。"

1995年1月，邮电部电信总局分别在北京、上海开通了64K专线，开始向社会提供互联网接入服务。5月17日，邮电部在北京西单电报大楼设立了业务受理点，只要缴纳一定费用，填写一张用户资料表，普通大众就可以成为互联网用户。电信部门还在北京图书馆设立了一个有30多台电脑的展厅，向公众演示互联网的使用方法和效果。

1996年，在北京中关村白石桥白颐路口，立起了一块巨大的广告牌，上面写道："中国离信息高速公路还有多远？向北1 500米！"看到广告牌，很多人好奇：向北1 500米到底是什么？原来，是一家叫作"瀛海威"的网络科教馆。这是当时中国最早的立足大众信息服务、面向普通家庭开放的网络。当年的广告词里说："进入瀛海威时空，你可以阅读电子报纸，到网络咖啡屋同不见面的朋友交谈，到网络论坛中畅所欲言，还可以随时到国际网络上漫步……"

作为中国最早的互联网公司，瀛海威虽然最终成了迈向新时代的先烈，但它却教育和培养了中国的第一代网民，为中国互联网播撒下了星星之火。

互联网的黄金时代

1998年，在中国互联网发展史上是值得被铭记的一年。因为这一年，互联网在中国迎来了破局，除了门户网站勃兴，腾讯、京东、联众游戏和3721也在这时诞生。随后的20年，中国互联网引发了几乎所有消费领域的革命，重塑了人们的生活方式和消费习惯，成为消费互联网快速发展的黄金时代。

消费互联网的发展历程可以分为两个阶段。第一个阶段是1998—2007年，以PC（个人计算机）互联网为主导的黄金十年。这个阶段的主要特征是，以个人计算机为上网工具，互联网技术的应用创新大多基于PC端浏览器，在科研领域孕育而出的互联网开始离普通大众越来越近。

1998年，门户网站的概念漂洋过海，从美国来到了中国，并称"门户三剑客"的搜狐、新浪和网易集中亮相，光明网、国际在线等官方新闻门户也先后成立，风起云涌的互联网率先改变了人们获取信息的方式。与此同时，马云、马化腾、李彦宏也在摩拳擦掌，最终打造了消费互联网时代的三大巨擘BAT（百度、阿里巴巴、腾讯）。1998年底，马化腾创办了腾讯。1999年，一款名字为OICQ的聊天软件伴随着一只小企鹅出现在人们面前，从此，人们的交往方式被改变了。同一年，阿里巴巴网站在马云的家中诞生。4年后，阿里巴巴先后推出了淘宝网与支付宝，改变了人们的购物方式。2000年，李彦宏从硅谷回国创建了百度，在互联网信息大爆炸的基础上，为人们提供信息检索的服务。此外，网络游戏、网络音乐、网络视频、网络社交等人们喜闻乐见的网络应用蓬勃发展，不断改变着人们的生活方式。尽管经历了世纪之交的互联网泡沫，中国互联网遭遇了暂时的发展低潮，但随着固定宽带网络覆盖、网络速率的持续提升，10年间中国互联网的连接数量从1998年6月的117.5万迅猛增长到2007年12月的2.1亿，翻了近200倍。2008年，中国已经成为世界互联网用户第一大国。

第二个阶段是2008—2017年，以移动互联网为主导的黄金十年。这个阶段的主要特征是，以移动智能终端为上网工具，互联网技术的应用创新大多基于移动智能终端，互联网开始全面融入人们的生活圈。

2008年，iPhone（苹果手机）正式来到中国，将我们从PC互联网时代拉进移动互联网时代。10年间，伴随移动通信技术的日新月异以及移动智能终端的蓬勃发展，从基础的娱乐消费、社交沟通、信息查询到商务交易、网络金融，再到公共服务的教育、医疗、交通，移动互联网成为人们生活中必不可少的一部分。除了延续PC时代优势的BAT，小米、今日头条、美团、滴滴等一批互联网新贵也由此纷纷崛起。今天，平均每个人的手机中安装超过40个App（应用程序），聊天有微信、购物有淘宝和京东、打车有滴滴、订餐有美团、看短视频有抖音、旅游有携程……这些App覆盖了吃穿住行等各种生活场景。这一切，正如邓肯·克拉克在《金融时报》刊登的文章中所描述的，"我在北京生活了20多年，但从2017年开始，在回到伦敦或者硅谷时我有了时间倒退的感觉。对城市居民来说，中国是无摩擦生活的典范，骑单车、从一大堆餐馆订外卖、生活缴费、向朋友转账，所有这些都可一键完成"。

互联网上半场的尾声

回顾消费互联网的黄金20年，用户的快速增长以及资本的力量是其发展的重要驱动力。

但近年来，互联网用户数增长已经放缓，人口红利正在消退。到2018年底，中国移动互联网月活跃用户规模已达11.31亿，可以说除了白叟黄童，覆盖了绝大多数人口。同时，月活跃用户规模增长持续放缓，同比增长率已由2017年初的17.1%放缓到2018年底的4.2%。随着人口红利消失，消费互联网呈现饱和状态，各线上行业的渗透率开始接近天花板。移动电商的月活跃用户数一直稳定在4亿左右，阿里巴巴、京东成交总额（GMV）增速也开始放缓。2018年，腾讯微信月活跃用户也已接近11亿，人口的流量池几近枯竭。

曾经狂热与冲动的资本也趋于理性。资本运作下的"烧钱圈地"模式失灵，这在共享经济里体现得最为淋漓尽致。2016年1月30日，ofo创始人兼CEO（首席执行官）戴威和联合创始人张巳丁趴在北京国贸三期外面的栏杆上，在手机上搜索"金沙江创投Allen"，才确认了刚刚和他们谈话的就是著名投资人朱啸虎，然后激动地冲回56楼，接受了金沙江创投1 000万元的A轮融资。这个广为流传的段子只是开始，随后共享篮球、共享雨伞乃至共享厕纸纷至沓来，资本"闭着眼睛"一拥而上，最后势必一哄而散。当资本狂欢的泡沫被戳破，小桔车"卖身"美团、小黄车举步维艰……

不单单是共享单车落寞退场，P2P（点对点网络借款）大面积爆雷、互联网金融遭遇重挫……于是，在人口红利消退、资本模式失灵后，大家都说，互联网的上半场已经趋于尾声，下半场的序幕正在拉开。

互联网上下半场的概念，最早是美团网创始人王兴于2016年7月在公司内部的一次战略沟通会上提出的。其核心意思是，正如中国经济用30多年吃光了人口红利，"新常态"成为中国经济的下半场。互联网用20多年也吃光了人口红利，单纯追求速度和规模的发展模式已经失灵，必须转向追求纵深和创新，这就是互联网的下半场。在当年的乌镇世界互联网大会上，王兴再次公开阐述了互联网下半场的概念，这一次不但得到一众互联网大佬的响应，这个概念还被正式纳入新华社的官方话语。于是，互联网上下半场的概念开始广为流传。

雷军曾经在公开场合说过：站在风口，猪都能飞起来！如果说，上半场的风口是人人连接，下半场的风口在哪里？近两年来，在寻求更广阔市场空间和应用场景的过程中，制造业作为实体经济的主体、技术创新的主战场、供给侧结构性改革的重要领域，已然成为互联网向纵深推进与融合创新的方向。在大数据、物联网、人工智能、区块链等新一代信息通信技术的加持下，人－机－物全面连接的下半场风口正在吹起！

春江水暖鸭先知。作为曾经推动消费互联网飞速成长的重要力量，资本已经开始"脱虚向实"。面向个人消费市场的投资比重逐渐下降，面向企业市场的投资比重持续增长。在美国，风险投资中面向企业市场的投资规模已占到40%，以色列则达到了80%以上。在中国，生产制造领域也已成为创投国家队近两年来投资最集中的领域之一。

好风凭借力。互联网开始从以消费互联网主导的"小C"时代向工业互联网主导的"大B"时代转移。

互联网下半场启幕

在新时代的波澜里，如何找到前进的锚点？以"令人头晕目眩"的速度实现跨越式发展的消费互联网给我们留下了启示与思考。

消费互联网的本质是连接，工业互联网的本质也是连接。但是连接的对象不同，消费互联网的连接对象是人，百度连接了人与信息、阿里巴巴连接了人与商品、腾讯连接了人与人。通过有效连接，消费互联网打破了信息不对称，提高了交易效率。工业互联网将连接对象从人延伸到了机器，让曾经在物理世界中冷冰冰的物体被抽象到数字世界，具有了交互、感知能力。万物互联，连接数量将呈现指数级增长。据通用电气预计，到2020年，机器的连接数量将超过500亿个，远远超出消费互联网的人人连接数量。

机器与人不同，机器是用于生产的资产。机器连接所形成的能量将是消费互联网的百倍乃至千倍，掀起的巨浪能级是消费互联网所不能比拟的。机器与机器的交流可以将工业生产沉淀的大量沉默数据转换为生产资源，再进行更深层面的数据分析与挖掘，能够优化资源配置、提高生产效率。徐州重工的20多万台机器设备以及行业内的30多万台机器设备，都被连接起来，最快3分钟就能完成数据采集与分析，实现最优派单。就像阿里巴巴用"芝麻开门"打开了宝藏之门，无数徐工一样的企业用"工业互联网"这个咒语打开了提质增效的大门。据通用电气测算，未来20年，工业互联网至少为中国带来3万亿美元左右的GDP（国内生产总值）增量。

消费互联网的关键是应用，工业互联网的关键也是应用。但是应用的场景不同，消费互联网的应用场景是人的日常生活圈，比如，购物、出行、娱乐、订餐、住宿、旅游等。而工业互联网的应用场景将覆盖产品、资产、生产线、商业、企业间等全要素、全产业链和全价值链，比如，设备维护、制造工艺、生产流程、决策管理、协同制造、产品溯源等。

应用的场景不同带来应用的属性不同，消费互联网应用场景简单、应用门槛低，用户需求具有很强的相似性，模式具有很强的可复制性。所以，面向10多亿用户的消费互联网应用是共性的、共享的，整个消费互联网现有的App总数只有几百万。相比之下，工业互联网的用户需求具有多样化、个性化等特征，应用门槛高。俗话说隔行如隔山，工业革命的最大成果之一是行业细分，不同行业有着不同的细分技术和独门的专业知识。比如，焊接作为制造业中最常见的"连接技术"，有七八百种不同的工艺流程；一根输电高压线，也可以有上百个不同的模型来描述。如此高的知识壁垒必然导致工业互联网的应用是个性的、专享的，其应用数量也将是消费互联网应用的十数倍,将达数千万。

消费互联网的灵魂是创新,工业互联网的灵魂也是创新。但是创新的方式不同,消费互联网是由消费者主导的眼球经济模式,为了讨好消费者、吸引注意力,需要低价、免费甚至补贴。所以,消费互联网必须绕开中间商、去中介化,这就带来了颠覆式创新。而工业互联网是协同式创新,因为工业互联网的目标不是去中介化,而是通过新一代信息通信技术与现代工业技术的深度融合赋能传统工业,提升从产品设计、制造加工、生产线到销售物流再到服务的全产业链能力。面对更长的产业链条、更复杂的模型、更多样的需求,产业链上下游不能貌合神离、各有所思,必须是高程度、高水平的协同,才能实现工业互联网的创新发展。所以,我们看到,在浙江的一场装备制造、机械专场招聘会上,阿里巴巴要招聘的"ET大脑工业训练师/ET大脑业务专家"[1],要求的是具有10年经验的工人老师傅。与此同时,阿里云年轻的程序员们也已经到车间里写代码了。

创新的方式不同,主导产业发展的主体也随之改变。在互联网上半场主导发展的谷歌、亚马逊、脸书、阿里巴巴、百度、腾讯等国内外互联网巨头的主角光环正在褪去。在工业长期的发展过程中,面向不同行业、不同场景、不同学科积累了丰富经验和知识的传统制造企业将重回舞台中央,发挥至关重要的作用。伴随角色转换,制造企业张开怀抱拥抱互联网,积极利用巨头们在上半场积累的技术优势,推动自身的转型升级与高质量发展。风光一时的互联网巨头们也赶忙撕下上半场烙印在身上的"颠覆者"标签,带着"赋能者"的新标签跑步进入下半场,开始执行"B计划"。制造企业、互联网企业正在加速形成新的分工协作、新的合作生态。

---

[1] ET大脑是阿里巴巴推出的人工智能系统。——编者注

比如，三一重工和腾讯云共同打造的根云大数据平台，实现了全球范围内工程设备 2 小时到场、24 小时内完工的服务承诺，大大提升了运营的效率。

不论是互联网巨头还是传统制造企业，都已投身到万物互联的浪潮中，工业互联网的新时代已经到来。回首消费互联网时代，凭借无畏的拓荒精神和大胆创新的勇气，中国实现了从 PC 互联网阶段的跟随到移动互联网阶段的并跑，展现了受到全球瞩目的"中国力量"。今天，全球工业互联网的发展还处于加速创新突破和应用推广阶段，国际技术和产业竞争格局尚未成型，中国与发达国家站在同一起跑线上。

这是一个最好的时代。大胆向前，当你选择奔跑的时候，世界就是你的了！

第三节

技术是"融合"的
——从两化融合到工业互联网

两化融合：工业革命后来居上的战略选择

改革开放以来的40年，也是中国为工业革命"补课"的40年。中国在一两代人的时间里，几乎完整地经历了第一次、第二次、第三次工业革命，并以前行者的姿态，开始迎接第四次工业革命。

1995年，中国成为世界最大的纺织品生产和出口国，正式告别"短缺经济"，基本完成第一次工业革命。

2001年中国加入世界贸易组织，西方制造业也开始大规模地转移到中国。2002年，党的十六大提出"以信息化带动工业化，以工业化促进信息化"，走新型工业化发展道路。5年后，党的十七大提出"发展现代产业体系，大力推进信息化与工业化融合"，这为庞大的中国制造战车注入了世界最先进的信息文明成果的"燃料"，极大地加速了中国第二、第三次工业革命的进程。

以财务软件、进销存软件、ERP等为标志的信息化软件，随着西方制造业大规模转移，在中国各条产业链配套企业流行起来，起初这带有强制色彩。我国大型工业企业很快意识到信息化技术的重要价值。钢铁、船舶、汽车、石化、轻工等行业信息化提速，管理产销一体化得到实现：CAD（计算机辅助设计）、CAM（计算机辅助制造）、CAE（计算机辅助工程）等系统缩短了设计生产周期，ERP、MES（制造执行系统）、CRM（客户关系管理系统）、SCM（供应链管理）等技术实现管理、计划和执行环节的有机结合。1995年，互联网在中国商用，为我国蓬勃发展的工业化进程打造了"信息高速公路"。电子邮箱、企业网站、搜索引擎、电子商务等在线应用的飞速成长，让一批先行先试的企业尝到了与全球化市场接轨的甜头，并一步步搭建起信息化综合管控平台，运用各种管理工具提升运行效率，迎接蜂拥而来的订单。到2010年，中国跃居世界头号工业国，制造业占世界比重接近20%，形成了全世界最大、最全面的配套产业链。

2008年，全球金融危机蔓延，中国外贸遭遇凛冽寒冬。为了消化庞大的中国制造库存，互联网创业者携手中小消费品制造企业，创造了淘宝等网络购物新模式。2009年11月11日，第一个"双十一狂欢购物节"诞生，互联网聚合海量消费者的优势得以充分发挥，中国电子商务一日千里，2015年，中国超越美国成为全球头号电子商务大国。移动支付、网络购物，成为全球青年艳羡不已的中国"新四大发明"之二，也造就了中国互联网巨头紧随美国全面崛起的格局。

人类信息文明的成果包括计算机、软件、各种网络、各类终端，最后集大成于互联网。20世纪90年代初，正当中国第二次工业革命开始迈步的时候，迎头碰上信息文明的全部伟大成果在互联网上交融绽放。中国的工业化进程从此被深深打上信息化的烙印。

信息化发展为我国发挥后发优势、完成工业化历史使命提供了难得的机遇。推进"两化"融合，是我国走新型工业化道路的必然选择，是信息化发展的应有之义。

2008年，国务院实施机构改革，成立了工业和信息化部，为推进信息化与工业化融合提供了体制保障。

智能制造：两化深度融合的主攻方向

信息化与工业化融合，早期就是工业部门对信息技术、网络、终端的应用，随着信息化与工业化融合的加深，我们需要一个新的落脚点和突破口。在这种情况下，智能制造应运而生。

所谓智能制造，就是用计算机模拟、分析，对制造业进行智能信息收集、存储、完善、共享、继承、发展，对产品生命周期内整个价值创造链进行优化和控制，实现对生产制造全过程的实时控制、精确管理和科学决策，使产品从创意、订单、研发、生产、交付、运维直至报废利用等各个阶段，都能更好地满足日益个性化的客户需求，是一种极大提高生产效率的先进制造技术。智能制造加速了信息技术、先进制造技术、自动化技术和人工智能技术的深度融合，可以实现整个制造业价值链的智能化和创新，催生了网络化协同制造、大规模个性化定制、服务型制造等新型制造模式，是信息化与工业化深度融合的进一步提升，是推动制造业开启智能化进程、培育壮大经济发展新动能、建设现代化经济体系的重要抓手。

制造业是国民经济的主体，是立国之本、兴国之器、强国之基。自18世纪中期工业文明开启以来，世界强国的兴衰史和中华民族的奋斗史一再证明，没有强大的制造业，就没有国家和民族的强盛。打造具有国际竞争力的制造业，是我国提升综合国力、保障国家安全、建设世界强国的必由之路。

新中国成立尤其是改革开放以来，我国制造业持续快速发展，建成了门类齐全、独立完整的产业体系，一批重大技术装备取得突破，形成了若干具有国际竞争力的优势产业和骨干企业，有力地推动工业化和现代化进程，显著增强综合国力，支撑我国的世界大国地位。然而，与世界先进水平相比，我国制造业仍然大而不强，在自主创新能力、资源利用效率、产业结构水平、信息化程度、质量效益等方面差距明显，转型升级和跨越发展的任务紧迫而艰巨。

在新的形势下，全球新一轮科技革命和产业变革与我国加快转变经济发展方式形成历史性交汇，国际产业分工格局正在重塑。

首先，新一代信息技术加快向制造业渗透，正在引发影响深远的产业变革，形成新的生产方式、产业形态、商业模式和经济增长点。各国都在加大科技创新力度，推动移动互联网、云计算、大数据、生物工程、新能源、新材料等领域取得新突破。基于信息系统的智能装备、智能工厂等智能制造正在引领制造方式变革；网络众包、协同设计、大规模个性化定制、精准供应链管理、全生命周期管理、电子商务等正在重塑产业价值链体系；可穿戴智能产品、智能家电、智能汽车等智能终端产品不断拓展制造业新领域。我国制造业转型升级、创新发展迎来重大机遇。

其次，国际金融危机发生后，发达国家纷纷实施"再工业化"战略，重塑制造业竞争新优势，加速推进新一轮全球贸易投资新格局。一些发展中国家也在加快谋划和布局，积极参与全球产业再分工，承接产业及资本转移，拓展国际市场空间。我国制造业面临发达国家和其他发展中国家"双向挤压"的严峻挑战，必须放眼全球，加紧战略部署，着眼建设制造强国，固本培元，化挑战为机遇，抢占制造业新一轮竞争制高点。

再次，随着新型工业化、信息化、城镇化、农业现代化同步推进，超大规模内需潜力不断释放，为我国制造业发展提供了广阔空间。各行业新的装备需求、人民群众新的消费需求、社会管理和公共服务新的民生需求、国防建设新的安全需求，都要求制造业在重大技术装备创新、消费品质量和安全、公共服务设施设备供给和国防装备保障等方面迅速提升水平和能力。全面深化改革和进一步扩大开放，将不断激发制造业发展的活力和创造力，促进制造业转型升级。与此同时，我国经济发展进入新常态，制造业发展面临新挑战。资源和环境约束不断强化，劳动力等生产要素成本不断上升，投资和出口增速明显放缓，主要依靠资源要素投入、规模扩张的粗放发展模式难以为继，调整结构、转型升级、提质增效刻不容缓。形成经济增长新动力，塑造国际竞争新优势，重点在制造业，难点在制造业，出路也在制造业。

中共中央深刻认识到，必须紧紧抓住这一重大历史机遇，按照"五位一体"总体布局和"四个全面"战略布局要求，实施制造强国战略，加强统筹规划和前瞻部署，力争通过三个十年的努力，到新中国成立一百年时，把我国建设成为引领世界制造业发展的制造强国，为实现中华民族伟大复兴的中国梦打下坚实基础。

要实施制造强国战略，必须加快推动新一代信息技术与制造技术融合发展，着力发展智能装备和智能产品，推进生产过程智能化，培育新型生产方式，全面提升企业研发、生产、管理和服务的智能化水平。在这种形势下，智能制造必然成为两化深度融合的主攻方向。

2015年5月，我国全面推进实施制造强国战略，明确在第一个十年将提高国家制造业创新能力，推进信息化与工业化深度融合。2015年6月，国务院成立国家制造强国建设领导小组，时任国务院副总理马凯任组长，办公室设在工业和信息化部。

2015年12月，工信部和财政部联合发布《智能制造发展规划（2016—2020年）》。规划指出，智能制造在全球范围内快速发展，已成为制造业的重要发展趋势，对产业发展和分工格局带来深刻影响，推动形成新的生产方式、产业形态、商业模式，是培育我国经济增长新动能的必由之路，是抢占未来经济和科技发展制高点的战略选择。发展智能制造将作为我国长期坚持的战略任务。

规划提出了"智能制造技术与装备实现突破、发展基础明显增强、智能制造生态体系初步形成、重点领域发展成效显著"的数字化目标,并制定了十大任务:加快智能制造装备发展、加强关键共性技术创新、建设智能制造标准体系、构筑工业互联网基础、加大智能制造试点示范推广力度、推动重点领域智能转型、促进中小企业智能化改造、培育智能制造生态体系、推进区域智能制造协同发展、打造智能制造人才队伍。

工业互联网:引领第四次工业革命的关键支撑

2018年9月,天津夏季达沃斯论坛上,"第四次工业革命"的话题成了焦点。《金融时报》《南华早报》等媒体惊呼:"从人工智能到区块链再到新能源汽车,中国已经站在第四次工业革命的最前沿。"

中国正全力发展工业互联网、人工智能、数据网络、区块链以及5G网络等新型科技产业,以便进行进一步的创新。发展工业互联网、继续做好信息化和工业化深度融合这篇大文章,是引领第四次工业革命的关键支撑,是建设制造强国与网络强国的必由之路。

党的十九大报告明确指出:"加快建设制造强国,加快发展先进制造业,推动互联网、大数据、人工智能和实体经济深度融合。"这反映出我国对信息化与工业化关系的认识进一步深化,与党的十七大提出的两化融合、党的十八大提出的两化深度融合一脉相承,是两化融合的升级版,标志着两化融合迈入新阶段。

党的十九大召开仅一个月,2017年11月,国务院印发了《国务院关于深化"互联网+先进制造业"发展工业互联网的指导意见》(以下简称《指导意见》),对工业互联网发展进行了全局性、系统性的规划。

《指导意见》印发不足半月，2017年12月10日，习近平总书记在中共中央政治局就实施国家大数据战略第二次集体学习时指出："要深入实施工业互联网创新发展战略，系统推进工业互联网基础设施和数据资源管理体系建设。"工业互联网正式上升为国家战略。

两化深度融合迈入新阶段的一个突出特点就是，技术的融合引发了新的模式。以大数据、云计算、物联网、人工智能为代表的新一代信息通信技术加速向制造业渗透融合，推动了机器、车间、工厂、企业、用户乃至产业链与价值链各环节的全面深度交联，培育出网络化协同制造、个性化定制、服务型制造、分享制造等制造新模式，以及工业电子商务、产业链金融等制造新业态。基于互联网平台的赢者通吃模式正在加速从服务业向制造业演化，通过提高工业知识复用水平，构筑工业知识创造、传播和应用新体系，不断激发制造业创新活力，调整、改造、升级传统动能，培育新的经济增长点。

随着信息技术与工业技术的不断融合与渗透、随着智能制造的逐步深化，工业互联网的概念不断明晰并在实践中逐步展开。

工业互联网是满足工业智能化发展需求，具有低时延、高可靠、广覆盖特点的关键网络基础设施，是新一代信息通信技术与先进制造业深度融合所形成的新兴业态与应用模式。显然，工业互联网作为连接网络空间与物理世界、融合信息要素与工业生产力的基础设施和关键技术，开辟了科技竞争的新赛道，代表了产业变革的新方向，成为国家战略布局的重要方向。

发展工业互联网成为新时代背景下信息化和工业化深度融合的落脚点和着力点，工业互联网平台正成为领军企业竞争的新赛道、全球产业布局的新方向、制造大国竞争的新焦点。

与现有的消费互联网相比，工业互联网更强调数据，更强调充分的连接，更强调数据的流动和集成以及分析和建模。工业互联网的本质是要有数据的流动和分析，是工业系统与高级计算、分析、传感技术及互联网的高度融合。工业互联网平台把设备、生产线、工厂、供应商、产品和客户紧密地连接融合起来，可以帮助制造业拉长产业链，形成跨设备、跨系统、跨厂区、跨地区的互联互通，从而提高效率，推动整个制造服务体系智能化，推动制造业融通发展，实现制造业和服务业之间的跨越发展，使工业经济各种要素资源能够高效共享。

从两化融合到两化深度融合，从智能制造到工业互联网，技术融合不断深化，技术升级迭代的步伐加快。工业互联网的发展依赖于网络、数据、安全多种技术体系的高度融合。

在网络技术层面，网络技术是工业互联网的核心技术之一，各种数据及信息在系统不同层面和区域间均通过网络进行传输。其中，5G因为其大带宽、低时延、海量连接等特性能够为工业互联网提供重要网络基础，而被视为实现工业互联网的"助燃剂"；具备超高可靠、超低时延特性的窄带物联网将作为工业互联网的重要连接技术，因其终端功耗低、待机时间长、成本低、覆盖深度更强、连接数量大，将广泛应用于工业互联网的各种应用场景；工业PON（无源光网络）连接每一个生产单元，能够满足企业的生产控制、工序工艺数据采集、监测、视频监控等各种应用需求；IPv6（互联网协议第6版）以其具备庞大的地址空间、更高的安全性，可以高效支撑移动互联网、物联网、工业互联网、云计算、大数据、人工智能等新兴领域快速发展；标识解析体系可以比作工业互联网的关键神经系统，它作为用于识别和管理物品信息、机器的资源，是整个网络实现互联互通的关键基础设施。

在数据技术层面，云计算通过把计算分布在大量的分布式计算机上，而非本地计算机或远程服务器中，可以满足企业用户按需访问的需求；边缘计算能在靠近物或数据源头的网络边缘侧就近提供边缘智能服务，满足行业数字化在敏捷连接、实时业务、数据优化、应用智能、安全与隐私保护等方面的关键需求，被称为海量工业应用的计算基石；工业大数据技术以产品数据为核心，在工业领域中，充分挖掘利用从客户需求到销售、订单、计划、研发、设计、工艺、制造、采购、供应、库存、发货和交付、售后服务、运维、报废或回收再制造等整个产品全生命周期各个环节所产生的各类数据的价值，极大地延展了传统工业数据范围，促进制造型企业的产品创新、提升经营水平和生产运作效率，以及拓展新型商业模式。

在安全技术层面，信息防护技术、信息加密技术和防火墙技术通过在不同网络之间设置安全策略控制信息流的出入和流动，使网络具备较强的抗攻击能力，同时对信息做出具体规定，对危害信息的行为进行分类，以防止危害行为对信息的破坏和泄露，从而对信息实施保护。

此外，时下火热的人工智能和区块链技术也在工业互联网的发展进程中发挥着越来越重要的作用。

人工智能是计算机科学的一个分支，它的目的是了解智能的实质，并生产出一种新的能以与人类智能相似的方式做出反应的智能机器，该领域的研究包括机器人、语言识别、图像识别、自然语言处理和专家系统等。工业互联网的高级计算、分析、感应技术都需要人工智能的广泛参与，人工智能贯穿于工业的设计、工艺、生产、管理、服务等各个环节，使工业系统具备描述、诊断、预测、决策、控制等智能化功能的模式和结果。人工智能技术要真正作用于实体经济，最重要的载体就是工业互联网。工业互联网和人工智能将在设备层、边缘层、平台层和App层等各个层面广泛结合。

区块链技术则是利用块链式数据结构来验证与存储数据，利用分布式节点共识算法来生成和更新数据，利用密码学的方式保证数据传输和访问的安全，利用由自动化脚本代码组成的智能合约来编程和操作数据的一种全新的分布式基础架构与计算方式。区块链技术可以应用到工业互联网中，形成一种在无中心状态下的多重安全机制，以保障工业互联网的安全可靠。工业生产线上的每一个环节都是一种交易，用区块链技术把这种交易串联起来，形成一种在无中心状态下的多重安全机制，使交易变得可信、不可抵赖。在工业生产节点上，应用区块链技术对于质量的管控，包括交易的资金流、物流等，都是十分可靠的。

推进工业互联网落地实施的较好方式，是通过工业云和区块链技术结合，建立起一个云链混合的、面向未来的分布式智能生产网络，对制造业商业模式进行整体重构。这种结合不仅可以使后端的生产系统能够快速响应外部市场的变化，大幅降低产业链重组中的信任成本，而且还可以为每一个物理世界的工业资产生成虚拟世界的"数字化双胞胎"，并进行确权和流转，完成工业资产的数字化，帮助重资产的制造企业实现轻资产扩张。这种结合将开创一个全新的扁平式、合作性的全球新工业市场，而非传统意义上层级式、自上而下的产业结构。一个由成千上万节点组成的分布式制造网络代替了从设计到制造在内的所有环节，大幅降低产品的生产成本。

在此基础上，以网络化协同制造技术、智能制造技术、云制造技术等为主的应用类技术，共同构成工业互联网的技术体系，推进工业互联网向纵深发展。

第四节

未来是"智能"的
——从信息社会到智能社会

越来越多可穿戴的产品,手上套的、腰里别的、身上穿的、脚下踏的,都在变得越来越智能。

机器人已经能够听懂口语指令,做出复杂动作为人类服务,部分思考能力已经超过最顶尖的人类。

智能+机器人,智能+家居,智能+工厂,智能+手术,智能+无人超市……各类智能技术默默地改变着人类的学习娱乐、生产生活。如此众多的领域,如此丰富的细节之中都有智能技术的身影。

20多年前,我们还在憧憬着信息时代的美好。今天,飞速发展的科技已为我们打开智能时代新的大门。

从智能手机到智能生活

现代人随时随地都要掏出来看一眼的是什么?是智能手机。

手机是最早被冠以智能的机器。苹果公司于2007年发布第一代iPhone,将多点触屏、惯性翻页、手势操控等智能技术带给了消费者。今天的手机更加智能,不仅可以打电话,还可以测心率、叫出租车、网上订餐、刷脸付账,由于内置灵敏的传感器,人们搓搓手指、捏捏空气就能调试表冠、调节刻度和开启按钮等。

除了手机，眼镜、自行车、门锁、家具等日常用品也纷纷加入了智能的行列。

微软公司发明了一种可以帮助盲人"看到"和"了解"眼前世界的智能眼镜。可以用语音告诉主人，眼前"一位男人在玩滑板，一个小女孩在公园扔飞盘"。

连续数年在北京召开的世界机器人大会，让公众对智能机器人有了直观认识。除了能聊天的美女情感机器人，打乒乓球的、踢足球的、炒菜的、会书法的、能送餐的机器人层出不穷。

乌镇世界互联网大会上，人工智能已成为新科技展示的主角。2018年在这一科技舞台上亮相的，不仅有智能翻译机、智慧路灯杆和会捡拾垃圾的机器人，"人工智能虚拟主播"通过语音合成、唇形合成以及深度学习等技术，能够像真人主播一样进行新闻播报。"百度无人车"，没有驾驶员，没有方向盘，最高时速120公里，车窗秒变屏幕。"刷脸"可以进入乌镇景区的安保系统，微笑就能打折的无人超市，提供影像就能诊病的医疗助手，让人们实实在在触摸到智能生活。会上发布的15项"世界互联网领先科技成果"，至少三分之一与人工智能相关。

从 AlphaGo 到 AlphaZero

人工智能技术的发展已经超过60年，近年来之所以再受到关注，原因在于其"进化"的神速。

2015年10月起，一个名为AlphaGo（阿尔法围棋）的人工智能围棋机器人横空出世，大杀四方。

不到两年的时间，AlphaGo先后斩落了顶尖围棋高手李世石、柯洁等。被公认智商顶级的人类最杰出的围棋手们，开始时对其不以为意，然后难以置信、震惊震撼，最后转而拜它为师，奉之为"围棋之神"。

一位围棋高手一生最多能下的棋局也仅在百万局量级，而AlphaGo学习了海量棋局，并且自我对弈3 000万盘，历经数月训练就对人类棋手战而胜之，揭示了人类的经验在大数据和深度学习面前的渺小局限。

2017年，AlphaGo的"弟弟"AlphaZero，即阿尔法元，以100∶0的成绩打败了"哥哥"AlphaGo。这一次，AlphaZero用的计算机设备量很少，没有搜集任何棋谱，是在没有人类经验指导的情况下，仅仅凭借围棋基本规则和自我学习，三天自我对弈500万盘，从而获得了高超的围棋技能。

你再会算，也没有我快！人工智能就这样再一次引起全世界的高度关注。人工智能产生的目的就是帮助人类应对"可计算"任务，而人类在"不可计算"任务中的相对优势，会不会一点点被削弱、蚕食，已经引发公众焦虑。谷歌、脸书、IBM、微软等科技巨头在这场最新的科技竞赛中已砸入数十亿美元，梦想构建首个"通用学习机器"：一套能像生物系统一样学习的灵活、自适应的算法，仅使用原始数据就能从头开始掌握任何任务。

人工智能会有多强大？《未来简史》一书中描绘了这样一个场景："未来，人工智能从你出生那天就认识你，读过你所有的电子邮件，听过你所有电话录音，知道你最爱的电影……"

就像工业化时代机器取代了人类很多体力劳动一样，人工智能将取代人类的很多脑力劳动。未来，它将无所不在。

从互联工厂到智能制造

随着数字化技术大量引入，制造业的物理设备、生产过程、操作人员、物料、财务等传统要素，日益被数字设备、工业软件系统、各种网络连接并集成在一起，同时注入了大数据、虚拟现实、增强现实、工业云等全新要素。一个崭新的、逐渐智能化的工业体系开始出现。

第一个具有智能制造基因的数字化工厂是德国西门子安贝格电子制造厂。占地约 1 万平方米的厂房里仅有员工 1 000 人。近千个制造单元在信息物理系统的支持下联网互通，大多数设备都在无人操作状态下进行零部件的挑选和产品组装，工业软件于无形之中精确地控制着全厂的生产和质检活动，所有生产"痕迹"都形成了生产大数据。大数据所构建出来的数字世界精确映射、控制着物理世界的生产活动。自动流畅的数据让极细微的生产缺陷都无处遁形。它生产的每 100 万件产品中，次品约为 15 件，可靠性达到 99%，追溯性更是高达 100%！

在这场产业变革中，中国企业也脱颖而出。"我想把我的照片印在洗衣机上""我的冰箱从下单到生产一直到送货，我能够看到全过程吗？""我能够任意选择空调的颜色、款式和性能吗？"2015 年 3 月，全球第一台用户定制的空调在郑州的海尔互联工厂下线。同年 8 月，国内家电行业第一个透明工厂在海尔诞生，任何人都可以观察、监控产品制造的实时场景。用户从产品的"消费者"转变为产品的"创造者"。目前，海尔已经启动了 40 多条无人互联生产线，700 多个工序实现自动化，大量生产设备正在逐步具有某种"智能制造"的能力。

在全球工业界，无论是美国、德国、日本、英国这样的发达国家，还是中国、印度这样的发展中国家，都被卷入这股新浪潮。德国把这一体系命名为工业 4.0，美国称之为先进制造、工业互联网，日本称其为工业互联，而中国则提出了构建工业互联网、建设制造强国的战略理念。这些新工业体系和发展战略的共性，就是以数字化系统的普及、互联网的应用、机器人的上岗、智能产品的研发和智能材料应用等为特征的一次新工业革命。

从信息社会到智能社会

从20世纪的后半叶开始，世界各国的学者不断提出未来社会形态的猜想与学说。

根据学者的观察，美国从1956年开始进入信息社会。这一年，美国历史上第一次出现了从事技术、管理和服务工作的白领工人人数超过蓝领工人，脑力劳动者已占多数的现象。此后，人们从知识社会、后工业社会、网络社会等不同侧面，力图破解信息社会的密码。

2006年，联合国将每年的5月17日正式确立为"世界信息社会日"。按照2013年一份权威机构报告的预计，2020年我国将整体上进入信息社会初级阶段。

随着数字化、网络化、智能化技术的突飞猛进，未来社会的形态与特征，再次拥有崭新的视角，并被赋予新的含义。2017年，"智慧社会"被正式写进党的十九大报告。"智慧政务""智慧产业""智慧民生"等诸多应用的兴起，预示着一个新的社会形态正在来临。作为新一轮科技革命和产业变革的重要驱动力量，人工智能得到党中央高度重视。2018年10月，中共中央总书记习近平在中央政治局第九次集体学习时提出，"要推动智能化信息基础设施建设，提升传统基础设施智能化水平，形成适应智能经济、智能社会需要的基础设施体系"。建设智能社会从此破题。

这是一个继狩猎社会、农耕社会、工业社会、信息社会之后，由科技创新引领的全新社会、第五社会。经过了60多年的发展，人工智能在神经网络、深度学习算法等方面取得了巨大进步，中国人工智能企业数量、专利申请数量以及融资规模均仅次于美国，位列全球第二。在语音识别、视觉识别、机器翻译、中文信息处理等技术方面处于世界领先地位。全球最值得关注的100家人工智能企业中，中国有27家。其中，腾讯、阿里巴巴、百度、科大讯飞等是全球人工智能领域的佼佼者。而智能制造、工业互联网等技术又将工业领域的智能化提到一个前所未有的高度。这些就是我国构建智能化基础设施、发展智能新技术与新经济、建设智能社会的底气。

随着生产生活中越来越多的"懂人语、知人意、遂人愿、省人钱"的智能产品、服务的出现，我们即将进入一个以智能命名的新社会。智能化将是一次搅动中国乃至全球社会的崭新的狂飙突进浪潮，引领人类社会迈向新的台阶。这一浪潮的目标，就是让机器、组织、公司乃至我们身边的一切事物拥有与人接近的智能。

第二章
新赛道：
改写全球竞争规则

引　言　不同的转型方式，同一个转型方向

2008年金融危机爆发，引发了全球性的经济衰退。发达国家急需重振经济，传统优势产业——工业成为首选。彼时，正值光纤宽带、移动通信等技术大发展之际，移动互联网应用日新月异，工业和新技术手段的结合成为各国的发力点。由此，各国纷纷涌现出名称不一、实质相同的工业创新浪潮，例如德国工业4.0，日本的互联工业，以及美国、中国的工业互联网，而这股风潮的核心，就是将工业的机器设备、控制系统，乃至各种工业要素全面连接起来，实现智能控制、运营优化和生产组织方式的变革。这一浪潮从此风靡全球，影响至今。

与互联网将人与人（计算机与计算机）连接起来不同，工业领域的互联有着更高的技术门槛，还面临错综复杂、深不可测的工业设备厂商的利益壁垒。20世纪60—70年代，一些大型工业公司就研发了PLC（可编程逻辑控制器）、DNC（分布式数控）、MDC（制造数据采集）等数字化系统，将旗下的数控机床、机器人、检测设备等数字化设备进行联网数据采集，建构起了工业企业自动化系统的底层——车间数字化系统。此后，随着生产规模的扩大，不同车间、工厂间有了设备互联的需求，涌现出多种现场总线标准。由于各厂家产品都自成体系，全球所有机器间互联互通的梦想只

能是"镜花水月"。

以太网是计算机局域网中最常见的通信协议标准，最初是为办公自动化的应用而设计的，因其技术简单、开放性好、价格低廉等特点，在工业企业综合自动化系统中的资源管理层、执行制造层等得到了广泛应用，并加快向工业控制现场的底层延伸。但是以太网是一种随机网络，具有通信不确定性的特点，为此，世界上的各大公司纷纷转向研究基于以太网的通信确定性和实时性的问题。

工业互联网、工业 4.0 等浪潮兴起，让全世界的工业巨头深刻认识到，打破厂商壁垒的工业设备互联互通，给弄潮儿带来的机遇将远远超过挑战，这使长期以来一地碎片的工业网络通信市场格局有了彻底改写的可能。工业互联网的梦想，第一次让数据得以在不同工业设备之间自由流动，而软件与其附着的硬件设备解耦，正成为一种可以通用化、App 化的工业智能工具。随着物联网、大数据、边缘计算、人工智能、5G 等新技术的加入，各国政府发现，加持了各类技术的工业，重新焕发了生机，工业互联网不仅能重振传统工业，更能开启数字制造、智能制造的新天地。

美国智库信息技术和创新基金会（ITIF）的报告显示，数字制造可使全球工厂的生产力增长 10%～25%。

尽管各工业强国的工业转型旗帜不尽相同，但是发展工业互联网、推动工业数字化是一个不言而喻的共同方向。美国的工业企业和 ICT（信息和通信技术）企业联合举起了工业互联网的大旗，美国政府通过制造创新网络，支持着工业企业、研究机构、大学、社区乃至消费者的"超级连接"。德国则更加注重软件层面的突破，注重智能工厂和智能生产。日本则以自下而上的创新为特色，在机器人、物联网等领域发力。英国、法国等均遭遇过"去工业化"难题，更希望借助工业互联网实现产业复兴。越来越多的发展中国家也意识到了工业互联网的重要性，加快了相关部署。可以说，这股工业互联网浪潮正以摧枯拉朽之势席卷全球，给传统的工业带来了新生的力量。

第一节

美国：先进制造伙伴计划 + 工业互联网

与互联网一样，美国也是工业互联网的原生国家。"工业互联网"一词于 2012 年由美国通用电气公司提出，并很快形成 ICT 巨头与工业巨头共同参与的产业联盟。而美国政府稍早就启动的"先进制造伙伴计划"与工业互联网高度相关，紧密呼应，可以视为一枚硬币的"两面"。与其他国家相比，美国政府和产业界力推的先进制造业、工业互联网发展更注重推动以技术驱动的创新，希望通过覆盖制造业方方面面的创新推动产业重振。

美国为什么要走工业互联网之路

美国发展工业互联网的目的是，推动先进制造，确保最新的制造创新发生在美国。而激发美国启动先进制造战略的，则是新一轮金融危机后重振经济的迫切需求。

美国一直长于科技创新，尤其是在克林顿时代，美国政府极具前瞻性地提出"信息高速公路"战略，不仅由此造就了美国信息经济的辉煌，同时也在全球掀起了信息经济的发展浪潮。但是，美国虚拟经济过度膨胀却产生了"挤出"效应，美国制造业，特别是利润率不太高的生产环节大规模向亚洲、墨西哥等地转移，产业空心化问题严重，制造业整体竞争力大幅下降。2008年金融危机的爆发，沉重打击了尚未转移出去的美国制造部门，带来了一系列经济社会问题。

2009年，奥巴马入主白宫后，致力于重振美国经济增长，将以先进制造业为先锋、重振制造部门提到空前的高度，是奥巴马第一个任期内美国经济走出金融危机、实现稳步复苏的关键一环。

美国曾有媒体指出，在其他部门步履蹒跚之时，美国高端制造业的就业和产出均保持增长，还帮助美国保持了竞争优势，包括先进制造业在内的高端产业占私营企业研发开支的90%，以及美国总体专利数量的85%，同时主导了出口，每出口1美元商品，它们就占了60%。

奥巴马曾多次围绕先进制造业发表讲话，称美国只有处于科技创新的前沿，才能在21世纪创造稳定的就业，因此必须要发展前沿的先进制造业，同时还要确保最新的制造业创新诞生在美国，不能让德国等国家赶超。

而从实施效果和大量调研来看，先进制造在变革企业生产方式、提升企业运营效率、创新商业模式方面确实有着不可忽视的作用。麦肯锡的一项调研发现，此前几次工业革命中提升的大部分价值（80%~90%）来自用新机器替换旧机器。但是，在以数字化制造为特色的最新一轮工业革命中，这类资本密集型设备更新预计只会占价值提升的50%左右，在很多情况下，甚至不需要更换设备，而只需要安装具备通信功能的感应元件。

麦肯锡全球研究所在2015年公布的一份报告预测，仅用于制造业的物联网应用就会使制造业生产率提高10%~25%。美国通用电气公司的报告也预测，工业互联网在未来的20年可使美国的生产率增幅提升1~1.5个百分点，并使全球GDP增加10万亿~15万亿美元。

而具体到企业内部，麦肯锡一份针对制造业数字化的报告称，对端到端"数字主线"进行全面优化的企业，可以做到对以前没有抓取、覆盖或是利用的数据进行充分利用，覆盖从原材料到最终产品的所有数据，能因此避免由于数据缺失造成的效率低下问题，可使生产率最高提升26%（通常预期为3%～5%），维护成本降低10%～40%，商品上市时间缩短20%～50%，供求匹配准确率增至85%以上，设备停机时间降低30%～50%。

如今，美国先进制造强企众多，各类应用不仅应用在了美国本土，还被全球其他国家和地区广泛使用。

比如位于罗马尼亚的Petrobrazi炼油厂使用了美国互联工业企业霍尼韦尔公司的"互联工厂"，可对炼油厂的CCR Platforming（连续催化重整）装置进行规范监控，并通过霍尼韦尔UOP（环球油品公司）流程和故障模型持续提供工厂数据，并提供性能信息和工艺建议。

沙特阿拉伯矿业公司Ma'aden将美国工业互联网巨头美国通用电气公司的数字解决方案部署在其多种采矿业务上，覆盖其黄金、铜、铝和磷酸盐等矿场。Ma'aden因此可以改善矿物的品质带来的影响，降低燃料和能源的成本，提高设备的可靠性和可用性，降低维护成本，以及提高各业务的生产率和效率。

美国政府：坚定且持续推动先进制造

美国的工业互联网之路特色鲜明，即突出信息技术驱动的创新引领。这源于美国对于技术的一贯重视。美国政府认为，以工业互联网为基石的先进制造业是推动国家未来经济发展的新引擎。所谓"先进制造业"的"先进"两字，包含技术先进、产业先进、管理先进等多个含义。其具体内容包括三部分：一是产品设计、制造工艺的创新技术，如 3D（三维）打印等，这是制造业创新的核心技术；二是为制造业核心创新技术提供支撑的技术群，如软件工程、人工智能等新一代信息技术，以及标准框架、机器人技术、传感器技术等；三是质量管理、人员培训、评测推广等制造技术基础设施，这些集成在一起简称为先进制造业。

2008 年国际金融危机以来，美国持续推出先进制造业战略行动，高度重视充分发挥信息技术优势，积极探索制造业与互联网等信息技术融合创新发展路径，以工业互联网为抓手，强化创新驱动的前沿引领优势，确保全球领先地位。

2011 年，美国提出先进制造业，后提出相应的制造业创新网络计划。

2012 年，美国通用电气公司提出工业互联网概念。2012 年 3 月，美国首次提出建设"国家制造业创新网络"（NNMI）计划，目的是建立最多 45 个研究中心，加强高等院校和制造企业之间的产学研有机结合。

2013 年 1 月，美国总统执行办公室、国家科学技术委员会和高端制造业国家项目办公室联合发布了《国家制造业创新网络：一个初步设计》，投资 10 亿美元组建美国制造业创新网络，集中力量推动数字化制造、新能源以及新材料应用等先进制造业的创新发展，打造一批具有先进制造能力的创新集群。

2014 年，美国产业界、学界、军界经过讨论，达成发展工业互联网的共识，2014 年 3 月成立工业互联网联盟。

2014 年 10 月，美国总统执行办公室和美国总统科技顾问委员会联合发布《振兴美国先进制造业》报告，提出两大工作重点以及优先发展的三大技术领域。优先发展的三大技术领域包括：先进传感器、控制和制造平台技术（ASCPM），可视化、信息化和数字化的制造技术（VIDM），先进材料制造（AMM）。为了确保美国先进制造业的未来竞争力，先进制造伙伴执行委员会（AMPSC）确立了构造美国先进制造未来领导权生态体系的三大支柱：促进创新、技术人才培养和改善商业环境。其中，先进制造技术创新是确保美国先进制造业未来领导力的根本保证。

2018年10月5日，美国国家科学技术委员会下属的先进制造技术委员会发布《美国先进制造业领导力战略》报告，认为发展先进制造业需要大力发展制造业技术及基础设施。并提出一个未来四年计划，通过政府投资早期应用研究以及公私合作研发的方式来推动鼓励私营部门在先进制造业的投资和创新。

报告高度关注五个方面的新制造技术的开发与转化：一是未来智能制造系统（具体包括智能与数字制造、先进工业机器人、人工智能基础设施和制造业的网络安全等），二是先进材料和加工技术（具体包括高性能材料、增材制造和关键材料等），三是美国制造的医疗产品（具体包括低成本、分布式药物制造，连续制造和生物组织与器官制造等），四是领先集成电路设计与制造（具体包括半导体设计工具和制造，新材料、器件和架构等），五是粮食与农业制造业（具体包括食品安全与加工、测试和可追溯性，粮食安全生产和供应链，改善生物基产品等）。

除连续、密集地出台一系列政策，美国在财政方面也对工业互联网发展给予了大力支持。美国国家科学基金会连续14年将工业互联网核心使能技术——信息物理系统研发纳入国家科学基金会资助范围，2019年预计投资8 228万美元。美国国防部牵头成立数字制造与设计创新中心（DMDII），通过制定标准，建设测试平台，开发新型软件工具、模型和生产方法，拓展人工智能、区块链等新兴技术应用，重点支持先进制造工厂、智能机器、先进分析、信息物理系统安全等相关技术研发与产业化。美国能源部2016年底宣布，再提供3 500万美元用于制造研发项目，目标是促进美国制造商将下一代尖端系统商业化。美国国家标准与技术研究院（NIST）已向 21 家小企业提供 400 万美元的资助，以支持创新技术开发。美国商务部国家标准与技术研究院呼吁在 9 个特定技术领域进行创新，包括网络安全和隐私、物理基础设施和弹性以及数据和建模。

美国工业界：合力打造工业互联网

受益于通用电气、罗克韦尔、思科、IBM、微软等诸多领军企业的带动，美国依靠云计算、大数据、人工智能等强大技术能力，以及企业强烈的工业互联网应用意识，形成了多层次产业创新群体，工业互联网发展主导地位突出。

工业巨头坚定发力重点方向

美国通用电气公司被公认为工业互联网界的"开路人"。关于通用电气工业互联网构想的由来，《纽约时报》的一篇报道给出了诸多不为人知的细节。2009 年 6 月的一天，时任通用电气首席执行官杰夫·伊梅尔特突然陷入了沉思，当时他正在跟通用电气的科学家讨论研发中的喷气发动机，给发动机装上大量传感器，每次飞行都会产生大量数据。问题是，这些数据可以带来什么呢？

伊梅尔特坚信，数据有朝一日会变得和机器本身一样有价值，甚至可能比机器更有价值。但当时的通用电气还没有能力利用这些数据。于是，伊梅尔特决定要提高通用电气的软件能力。从那时候起，通用电气利用数年时间将臃肿的金融业务大部分资产剥离，回归工业巨头的本业，并朝着一个激动人心的崭新方向——全世界最强大的工业软件公司转型。

2011 年，通用电气低调地成立了一个软件中心，并开始在数字化方面持续增加投入。伊梅尔特当时曾表示，通用电气未来十年的成败都取决于这次转型——"要么转型，要么破产。"

2012年秋季，筹谋已久的通用电气正式提出了工业互联网这一概念，希望将工业设备与IT相融合，目标是组合高性能设备、低成本传感器、互联网、大数据采集及分析技术等要素，大幅提高现有产业的效率并创造新产业。

2015年，通用电气成立数字化部门通用电气Digital。

2017年，由通用电气Predix（工业互联网服务平台）直接驱动的订单涨幅达到150%，通用电气Digital收入已达40亿美元。2018年12月，通用电气宣布投资12亿美元，将Predix在内的通用电气Digital部门独立出来，构建通用电气全资拥有、独立运营的公司，并将拥有独立的品牌和标识、股权结构和董事会，整合通用电气数字集团领先的工业互联网解决方案，包括Predix、资产绩效管理、自动化、制造执行系统、运营绩效管理。

但不可否认，通用电气最近两年来遭遇发展低潮。业绩和现金承受空前压力，大幅裁员，剥离投资组合，2017年通用电气股价持续动荡，成为当年表现最差的道琼斯指数成分股。2018年6月，百年老店通用电气被"踢出"道琼斯工业平均指数，作为道琼斯指数30只原始股之一，通用电气这一遭遇引发无数唏嘘。很多观点认为，通用电气近几年在工业互联网方面铺的摊子太大。伊梅尔特此前面对全球工业界喊出了一句响亮的口号："通用电气昨天还是一家制造业公司，一觉醒来已经成为一家软件和数据公司了。"而对应的，其"三步走"发展策略——GE for GE（通用电气为通用电气）、GE for Customers（通用电气为顾客）、GE for World（通用电气为世界），也急急跨入了第三步，而且步子迈得太大。这也许恰恰说明，企业的工业互联网之路不能一味复制消费互联网发展之路，不能跑马圈地、急于求成，而是要和传统工业产业一样脚踏实地、步步为营。

软件企业加快突破关键技术

美国参数技术公司凭借 ThingWorx（物联网平台）被多家研究公司评为 2018 年全球工业互联网市场技术领导者。罗克韦尔在推出 FactoryTalk（通过分布式系统实现数据共享的服务平台）的基础上，尝试将人工智能应用于工业互联网。霍尼韦尔发布 ICS Shield（软件解决方案），为管理多种过程控制网络的工业客户提供工业互联网服务。微软 Azure IoT（云计算物联网平台）不断丰富远程设备监控、预测性维护、工厂联网与可视化等功能。英特尔推出边缘计算相关芯片和处理器，将云计算、大数据、人工智能技术优势下沉到设备终端。思科将推出支持 NB-IoT（窄带互联网）技术的 Jasper Control Center（贾斯珀控制中心），从各种工业以太网和现场总线中获取实时生产数据。更多初创企业获得资本青睐，2014 年成立的 Uptake（工业软件公司），通过发展工业互联网平台，在短短四年间获取超过 2.5 亿美元融资，市场估值高达 23 亿美元。提供边缘智能软件的 FogHorn（工业物联网初创公司）目前累计融资 4 750 万美元，仅 2017 年 B 轮融资就获取 3 000 万美元。Particle（物联网初创企业）推出工业互联网硬件、软件及连接平台，全球已有 8 500 家公司使用。C3 IoT（物联网应用开发平台）提供设备预测维护、能源管理等应用，获得多家行业巨头及政府订单，年收入超 5 000 万美元。

工业互联网联盟成为创新标杆

工业互联网具有全要素连接、全链条融通、全主体协同的显著特征，要求建立生态化、全球化的产业组织，促进各方面、各领域、各环节全面融合。而美国先进制造产业发展成果离不开行业组织的助力，其中最具代表性的就是工业互联网联盟（IIC）。

2014年3月，电信运营商AT&T（美国电话电报公司）、设备厂商思科、IBM、英特尔、通用电气五家企业作为初始发起人成立了工业互联网联盟。工业互联网联盟成立后积极吸纳各类企业巨头和顶尖机构加盟，突出体系架构和测试床建设，加快互联模式推广和市场布局。

全球影响力不断扩大。截至2018年底，工业互联网联盟成员有246家，包括北美、欧洲和亚洲的30多个国家和地区的产业和企业代表，覆盖工业互联网全生态链。美国国家标准与技术研究院、约翰·霍普金斯大学、宾夕法尼亚大学等顶尖科研机构，英特尔、思科、AT&T、博世、施耐德、富士通等全球巨头均是工业互联网联盟成员，中国华为公司、中国信息通信研究院等15家企业和研究机构也加入其中。

话语权进一步提升。工业互联网联盟目前已发布工业互联网参考架构（IIRA）、工业互联网分析框架等六个重要架构报告，加强对全球工业互联网发展的引领。在工厂与智能服务、新型网络技术、工业互联网安全、人工智能、车联网等领域，工业互联网联盟建立了26个测试床，50余家各国企业共同参与，对参考架构和关键技术进行验证，孵化新产品、解决方案及服务，对外输出成果和最佳实践，提升全球产业发展话语权。

新模式新应用加快探索推广。市场工作组通过发布《创新季刊》、举办成果展等形式，积极协助联盟成员推广最佳实践和经验。商业解决方案工作组（BSSL）则主要负责孵化新模式新应用，通过与日本产业价值链（IVI）促进联盟合作，形成工业互联网联盟应用案例模板，并积极布局与IVI实现应用案例的共通共享。2018年，BSSL启动了可信服务管理、工业互联网货币化等新模式和新业态研究，并积极寻求应用推广。通过加速推动最佳实践案例，建立应用案例和样板库等方式，为缩短产品上市周期、降低企业投资成本、实现转型发展等提供了有力支撑。

深入推动全球广泛合作。近年来，工业互联网联盟加强了国际合作力度，希望通过强强合作，加速产业生态繁荣，加速新技术、新标准的研制和推广进程。

工业互联网联盟与电气和电子工程师协会、国际标准化组织、国际电工委员会等在内的全球20多个知名行业组织建立合作关系，共同探讨工业互联网发展大计。2019年2月，工业互联网联盟和OpenFog（一种计算机开放架构）联盟宣布合并，充分发挥两者的互补性，极大地促进边缘计算技术在工业互联网中的应用，为行业发展提供更加清晰的市场前景。工业互联网联盟还与澳大利亚物联网联盟（IoTAA）达成协议，共同协调工业互联网发展。

此外，工业互联网联盟还着重加强国际拓展，持续扩大影响力和知名度。工业互联网联盟先后成立了德国、印度、中国区域分部，并围绕架构、安全、路线图等关键领域与德国工业4.0成立了6个联合工作组。此外，工业互联网联盟还与新加坡、俄罗斯、韩国等国家产业联盟实现了对接，意在聚合优势资源，增进产业协同，积极打造全球工业互联网产业生态。

工业互联网联盟对美国先进制造的发展形成了有效的推动效果，促成了大批相关标准和应用的产生。比如，工业互联网联盟2016年促成了几家成员企业共同开展智能航空行李管理项目，该项目能减少延迟、损坏和丢失行李，从而降低航空公司的经济风险，同时增加了行李定位功能，防止盗窃。该平台有效提高了客户满意度。

工业互联网给美国带来哪些变化

经过多年来政府的规划扶持、企业的主动发力、行业组织的大力推进，美国先进制造领域成效显著。

美国政府2018年8月发布的《美国制造2017》财年（2016年10月1日—2017年9月30日）报告显示，美国制造业在2017年大幅增长，在能源、国防和商务部门的支持下，新增6所研究机构，使美国制造业研究机构总数达到14所。与此同时，对该项目承诺的支持资金已增至30多亿美元，包括10亿美元的联邦基金和超过20亿美元的非联邦投资。由美国商务部、国防部和能源部赞助的美国14所制造业研究所开展了近270项重大应用研究和开发项目，重点涉及广泛的工业领域。参与项目的成员总数增加了50%，达到1 291个，其中844个是制造公司，549个是小型企业。

国家制造业创新网络（NNMI）是奥巴马政府于2012年推出的计划，2013年又提出10年内创建45个制造业创新研究所、布局未来制造业创新增长点的倡议。这项工作由总部设在美国商务部的国家标准与技术研究院的"先进制造国家计划办公室"负责运营，以政府资助的研究院为中心，推动制造业产学研合作，开发制造技术，拓宽技术转让渠道，并开展教育和劳动力培训工作。

布鲁金斯学会发布的《全球制造业记分卡》也肯定了美国先进制造业的成绩。该报告着眼于制造业环境的五个方面：总体政策和法规；税收政策；能源、运输和医疗成本；劳动力素质；基础设施和创新。并从这五个方面将美国与其他18个国家的制造业发展环境进行了对比。报告汇总了20个指标的数据，并以100分的比例对19个主要国家进行了评分，得分最高的是英国和瑞士（78分），其次是美国（77分）、日本（74分）和加拿大（74分），中国以61分排在第13位。

而美国非营利性智库信息技术和创新基金会发布的一份报告，也从另一个角度反映出了美国先进制造的效果。该报告称，自金融危机以来，28个欧盟成员国的劳动生产率每年仅增长0.7%，继续落后于美国的增长，只有丹麦和瑞典从信息通信技术中获得的收益高于美国。报告称，主要原因是欧盟信息通信技术的资本投资水平较低，占固定资产投资总额和占 GDP 的百分比均低于美国。

美国工业互联网发展的新考量

尽管美国的先进制造深耕多年，但是美国的制造业生产率并未呈现猛增态势。

信息技术和创新基金会的数据显示，美国 2011—2016 年间的制造业生产率仅增长 1%，这是自 1948 年有记载以来美国的最低纪录。同样，在 2007—2017 年，美国劳动生产率也仅有 1.1% 的年增长。

为此，美国近年来也在不断丰富先进制造的内涵和手段。而这一需求在需要拿真金白银去拼的企业身上表现得更为明显。

5G 加持成为大热

近年来，5G 渐热。2019 年，陆续已有韩国、美国、中国、英国等国家实现商用 5G。此前很多观点都认为，相比于个人消费领域，5G 在工业领域会发挥更大的作用。美国众多企业无疑也持类似观点。越来越多的企业在工业互联网和 5G 的结合领域发力。

高通公司此前就透露，正致力于为专用的工业物联网开发 5G NR（全球性 5G 标准）技术。高通称，将用可靠的超低延迟 5G NR 链路替换工厂的有线工业以太网。目前存在"严格的隐私和安全限制"的市场，可以通过专用或"本地"5G 来实现。这种专用网还可以严格控制时延。

德州仪器公司也发布了其 60GHz（千兆赫兹）传感器产品 IWR6x，助力毫米波（mmWave）传感器技术在全球工业市场中的应用。

竞逐边缘计算

由于物联网大热，科技业普遍认为，边缘计算因其技术上具备的敏捷、实时、智慧、安全等特点，将成为物联网终端的必然发展方向。为此，近年来越来越多的美国企业争相涌入边缘计算领域。美国亚马逊推出可以和客户即时互联、即时响应的 AWS Greengrass 边缘计算平台。微软发布了面向物联网的 Azure IoT Edge（边缘计算服务），将计算能力由 Azure 端推送至边缘设备。思科、英特尔等硬件厂商也在纷纷探索 MEC（移动边缘计算）技术及应用。美国信息技术公司 Nutanix 也推出了边缘计算服务，作为公司云服务的一部分。

高德纳咨询公司预测，今后 5 年，专用 AI（人工智能）芯片以及更强大的处理能力、存储和其他先进功能将被添加到种类更广泛的边缘设备上。这个嵌入式物联网世界极具多样性，加上工业系统等资产具有很长的生命周期，这将带来管理方面的重大挑战。从长远来看，随着 5G 日渐成熟，不断扩展的边缘计算环境会有更可靠的通信技术连回到集中式服务。

美国的工业互联网之路可以说是一次典型的先行者试探，其成功之处在于多个方面的发力：政府的系统规划和政策扶持，企业的战略布局和勇于转型，行业组织的紧密协作和力量聚集，等等。可以说，先进制造为美国的制造业带来了新生。如今，5G、人工智能等新技术迅猛发展，美国又将目光放在了最新一波的技术革命上，希望通过抢占技术高地引领下一波全球发展浪潮。

第二节

德国：打造工业 4.0 战车

工业 4.0：信息技术与制造的融合

2019 年 4 月初，德国汉诺威，来自全球 75 个国家和地区的 6 500 家参展商为这个小城提前带来了春天的热度——被誉为未来工业"风向标"的汉诺威工业博览会正在这里召开。自从 2011 年工业 4.0 的概念在汉诺威工业博览会上被提出后，汉诺威工业博览会就被深深打上了工业 4.0 的烙印。两年后德国政府将工业 4.0 上升为国家战略，制定出台了一系列相关措施。2013 年后，汉诺威工业博览会的主题就一直被定格为"Integrated Industry"（融合的工业），每年仅仅在副标题上体现差别。从 2014 年的"产业集成，未来趋势"、2015 年的"加入网络大家庭"、2016 年的"发现解决方案"、2017 年的"创造价值"、2018 年的"连接与合作"，到 2019 年的"工业智能"，历年汉诺威工业博览会的主题显示了工业技术与信息技术不断加深融合的工业 4.0 发展历程。

经过大约 10 年的推动，工业 4.0 重新奠定了德国引领全球制造业创新的地位，在企业效率改进以及竞争力提升等方面也产生了实际效果。博世集团洪堡工厂生产多品种、小批量的汽车驱动和控制部件。产品差异性更大，生产组织复杂，单个部件的生产周期从 5 秒到 125 分钟不等。经过工业 4.0 升级后，产品质量持续改善〔从 10 年前的 1 000 个 PPM（估计不良率）下降到 70 个 PPM〕，生产和交付效率明显提高，客户认可度不断提升，市场空间也更为广阔。德国联邦教育及研究部资助的工业 4.0 正在进行的科研项目多达 500 个，涉及的领域包括嵌入式系统、信息物理系统、物联网、虚拟现实和增强现实技术、智能制造等，分布在德国各地，主要集中在慕尼黑周边、斯图加特周边、鲁尔区以及柏林–波茨坦地区。强大的德国制造战车，装上了工业 4.0 淬炼的"核燃料"，它能跑多快，未来难以想象。

危机感催生的工业 4.0

工业 4.0 已成为德国的一张新名片。

那么，德国工业界为何如此青睐并全力投入工业 4.0？回答这一问题还需要将时间的指针拨回到更早的时候。

2008 年的一场金融风暴令欧洲经济深陷债务危机，而凭借制造业稳扎稳打的德国一跃成为欧洲经济的火车头。

但是，德国在经济危机中的"定海神针"——工业制造业却开始面临危机。

从外部环境来看，美国几乎掌握着 CPU（中央处理器）、操作系统、软件以及云计算等全部网络。近年来，谷歌开始进军机器人领域，研发自动驾驶汽车；亚马逊进入手机终端业务，开始实施无人驾驶飞机配送商品……美国互联网巨头正在从"信息"领域加速进入"物理"业务领域。显而易见，这一趋势对制造业的影响只是时间问题。

与此同时，新兴市场也在加快赶超步伐。

从内部环境来看，工业 4.0 是德国应对数字化浪潮和制造业竞争的战略选择。

全球产能过剩、人口日渐老龄化带给德国制造业的压力日益凸显。同时以互联网和 IT 为代表的新技术发展对工业制造的生产效率、研发速度与灵活性提出了更高要求。基于平台的赢者通吃竞争模式正在加速从消费领域向制造领域演进，谁能在工业互联网的竞争中占得先机，谁就能够把握住未来的主动权，重构制造业研发模式、生产方式和组织形态。德国希望通过整合产学研用各方资源突破核心技术、开展测试验证、制定行业标准和推广解决方案，打造制造业新生态，不断强化制造业竞争优势和垄断地位。

面对这种内外部形势，德国提出，工程和制造业等核心行业要做出改变，变得更有效率。

但是改变的推动力从何而来？德国将目光投向了以互联网和 IT 为代表的新技术。

拥有世界一流的机器设备、装备制造业和自动化工程的德国，在软件和互联网技术上却是弱项。在消费互联网时代，90% 的创新在欧洲之外产生，2015 年世界十大科技公司中美国雄霸八个席位，中国也占据两席，欧洲企业缺位。全球市值最大的 20 个互联网企业中也依然没有欧洲企业。

因此，德国的出路在于发挥制造业本身的强项，让信息技术为生产制造服务。顺着这一思路，工业 4.0 的概念应运而生。

工业 4.0 概念诞生于 2011 年在德国举行的汉诺威工业博览会。德国人工智能研究中心董事兼行政总裁沃尔夫冈·瓦尔斯特尔教授提出工业 4.0 概念，工业 4.0 第一次走进公众视线。他认为，要通过物联网等媒介来推动第四次工业革命，提高制造业水平。

自此，汉诺威工业博览会成为工业 4.0 的思想碰撞论坛和前沿展示阵地。

工业 4.0 的理念起初是，在工程和制造业中加入数字化技术可以实现两个目标：一是更加灵活，更加定制化，企业可以为顾客定制化生产产品；二是显著提高生产效率。

两年之后，大家非常清楚地认识到，对于德国工业在全球保持竞争力来说，工业4.0的这两个核心理念是远远不够的。

2013年4月，同样是在汉诺威工业博览会上，德国工业界发布了对工业4.0统一认识后的第一个思考成果——《保障德国制造业的未来：关于实施"工业4.0"战略建议书》（以下简称《战略建议书》）。

《战略建议书》从背景、内容框架、技术基础、核心本质、关键特征和关键措施等几个方面对德国工业4.0进行了系统阐述，勾画了工业4.0的全景，为政府、学界、产业界协同发力提供了方向性的指引。《战略建议书》的发布标志着德国工业4.0从概念思考到加速实施的转变。

很快，工业4.0在德国掀起燎原之势。

《战略建议书》发布同年，德国联邦教育及研究部和联邦经济及科技部将其纳入《高技术战略2020》的十大未来项目，投资预计达2亿欧元，用来提升制造业的电脑化、数字化和智能化。德国机械及制造商协会（VDMA）等设立了"工业4.0平台"；2013年12月，德国电子电气和信息技术协会发布了德国首个工业4.0标准化路线图。

2015年3月16日，德国经济和能源部、教育和研究部共同启动升级版工业4.0平台建设，接管本来由德国三大行业协会负责的工业4.0平台，并在主题和结构上对其重新改造。

2016年汉诺威工业博览会上，德国工业界与该标准化领域权威机构共同宣布正式设立"工业4.0标准化理事会"，提出工业4.0数字化产品的相关标准，并协调其在德国和全球范围内落地。参与设立的机构包括德国联邦信息经济协会、德国通信和媒体协会、德国标准化学会、德国电子电气和信息技术协会、德国机械设备制造业联合会以及德国电气工程和电子工业协会。通过理事会的设立，德国形成了由"工业4.0平台"、"工业4.0实验室网络"和"工业4.0标准化理事会"三大平台共同推进工业4.0从德国走向全球的局面。

根据德国工业4.0平台秘书长亨宁·邦廷提供的数据，在2017年，就有近25%的德国企业已经切实采用工业4.0解决方案，并在提高供货质量、推动企业快速上市、提高生产效率和更灵活应对市场方面价值明显。工业4.0平台为德国有组织过渡到数字经济提供支持的观点已得到德国工业界的普遍认同。

新工业革命的德国路径

在2013年发布的《战略建议书》中，德国提出的工业4.0愿景是，以信息物理系统的应用为标志，开启将"物及服务联网"扩展到制造业领域的时代。

具体而言，就是将物理设备连接到互联网上，让物理设备具有计算、通信、精确控制、远程协调和自治等五大功能，从而实现虚拟网络世界与现实物理世界的融合，推动制造业向智能化转型。

事实上，信息物理系统发轫于美国，但德国却选择其作为工业4.0战略的核心，这是结合了自身特点和优势做出的选择。

众所周知，德国具有雄厚的工业基础与全球领先的制造业，在机床、汽车等行业，占据绝对的领先优势，另外在嵌入式计算机技术、工业软件等工业自动化领域也处于全球领导者的位置，这是德国实施工业4.0的技术基础。

工业4.0只有开发出一套单一的共同标准，不同公司间的网络连接和集成才会成为可能。而以信息物理系统为工业4.0的战略核心能够将嵌入式计算机技术、工业软件、自动化设备等这些德国的优势技术攥成拳头，让德国制造业得以引领全球。

德国将信息物理系统作为工业 4.0 的核心技术，并在标准制定、技术研发、验证测试平台建设等方面做出了一系列战略部署。

德国工业 4.0 战略侧重基于信息物理系统的智能工厂和智能生产，认为信息物理系统可以将资源、信息、物体以及人紧密联系在一起，从而创造物联网及相关服务，并将生产工厂转变为一个智能环境。德国认为这是实现工业 4.0 的基础。

"智能工厂"是未来智能基础设施的关键组成部分，重点研究智能化生产系统及过程以及网络化分布生产设施的实现。"智能生产"的侧重点在于将人机互动、智能物流管理、3D 打印等先进技术应用于整个工业生产过程，从而形成高度灵活、个性化、网络化的产业链。

信息物理系统本质就是构建一套信息空间与物理空间之间基于数据自动流动的状态感知、实时分析、科学决策、精准执行的闭环赋能体系，解决生产制造、应用服务过程中的复杂性和不确定性问题，提高资源配置效率，实现资源优化。

感知和自动控制是数据闭环流动的起点和终点。

感知的本质是物理世界的数字化，通过各种芯片、传感器等智能硬件实现生产制造全流程中人、设备、物料、环境等隐性信息的显性化，是信息物理系统实现实时分析、科学决策的基础，是数据闭环流动的起点。与人体类比，可以把感知看作人类接收外部信息的感觉器官，提供视觉、听觉、嗅觉、触觉和味觉这"五觉"。

自动控制是在数据采集、传输、存储、分析和挖掘的基础上做出的精准执行，是数据闭环流动的终点。与人体类比，根据指令信息完成特定动作和行为的骨骼和肌肉可以被看作控制的执行机构。

工业软件是工业知识、技术积累和经验体系的载体。这个领域也是德国的强项。德国最大的企业是哪家？不是我们耳熟能详的西门子、大众，而是思爱普，一家引领德国工业4.0的工业软件公司。世界500强中，80%的公司都是思爱普的客户。与人体类比，工业软件代表了信息物理系统的思维认识，是感知控制、信息传输、分析决策背后的世界观、价值观和方法论，是通过长时间工作学习而形成的。

工业网络是连接工业生产系统和工业产品各要素的信息网络，主要用于支撑工业数据的采集交换、集成处理、建模分析和反馈执行，是实现从单个机器、产线、车间到工厂的工业全系统互联互通的重要基础工具，是支撑数据流动的通道。与人体类比，工业网络构成了经路脉络，可以像神经系统一样传递信息。

在工业自动化程度很高的德国，以上几点在实施工业4.0战略之前已经具备了一定基础，积累了一定的实力。例如，西门子早在20世纪90年代就曾在钢铁厂安装过神经网络。而如今，借助MindSphere（云开放式物联网操作系统平台），西门子能够将人工智能、边缘计算等新技术整合进生产流程。通过使用人工智能算法，西门子安贝格工厂利用来自铣床的数据判断机器主轴何时达到使用寿命需要更换。这可以使非计划停机时间降至最低，让每台机器每年节约1万欧元的成本。

但是，从工业领域的实施路径和落地方案来看，工业4.0不单纯是设备改造，也不是简单的软件堆叠，而是制造系统的集成、制造体系的重建、制造模式的再造。因此，工业4.0对德国的最大考验在于智能平台的建设。

工业云和智能服务平台是高度集成、开放和共享的数据服务平台，是跨系统、跨平台、跨领域的数据集散中心、数据存储中心、数据分析中心和数据共享中心，基于工业云服务平台推动专业软件库、应用模型库、产品知识库、测试评估库、案例专家库等基础数据和工具的开发集成和开放共享，实现生产全要素、全流程、全产业链、全生命周期管理的资源配置优化。工业 4.0 的提升生产效率、创新模式业态、构建全新产业生态的目标全部要借此实现。

服务平台将带来产品、机器、人、业务从封闭走向开放，从独立走向系统，客户、供应商、销售商以及企业内部组织的关系将被重组，生产体系中信息流、产品流、资金流的运行模式将被重构，新的产业价值链和竞争格局也将被重建。

因此，包括德国企业在内的国际巨头都在加快构建工业云和智能服务平台，向下整合硬件资源、向上承载软件应用，加快全球战略资源的整合步伐，抢占规则制定权、标准话语权、生态主导权和竞争制高点。与人体类比，工业云和智能服务平台构成了决策器官，可以像大脑一样接收、存储、分析数据信息，并分析形成决策。

信息物理系统建设的过程就是从单一部件、单机设备、单一环节、单一场景的局部小系统不断向大系统、巨系统演进的过程，是从部门级到企业级，再到产业链级，乃至产业生态级演进的过程，是数据流闭环体系不断延伸和扩展的过程，并逐步形成相互作用的复杂系统网络，从而突破地域、组织、机制的界限，实现对人才、技术、资金等资源和要素的高效整合，从而带动产品、模式和业态创新。

信息物理系统这种层级递进、相互作用的网络系统特征也正与德国工业生态相契合。

在拥有成熟工业生态的德国，形成了政府、企业、研究机构等多层次的社会协作体系。在这个体系中，各类企业、大学和研究机构组成开放的创新网络，各方根据自身优势在链条上的不同位置进行工作。在这个体系中，知识和信息得到充分共享，这其中既有消费者、供应商与企业之间的纵向共享，也有在同一产业企业之间的横向共享。

德国在打造工业4.0时也将这种纵横交织的共享模式进行了"拿来"，设计了企业内部灵活且可重新组合的纵向集成、企业之间价值链的横向集成、全社会价值链的端到端工程数字化集成。

纵向集成是指，为了提供一种端到端的解决方案，将各种不同层面的IT系统集成在一起，将企业内不同的IT系统、生产设施进行全面的集成，实现纵向整合灵活的、可重新配置的制造系统。

德国工业4.0首先以智能工厂为目标，建立信息物理系统子系统。每个子系统都涵盖所对应企业的相关资源，包括人力资源、生产设备、资金、在制品、原材料、半成品、库存等，实时感知企业资源的状态、维护其在信息系统内的抽象模型并做出相应的决策，执行人力资源管理、生产运营管理、财务管理等职能。在信息物理系统子系统的控制下，智能工厂可以根据需要自主地配置各项资源，实现从订单管理、需求分析、产品设计、工艺设计、生产制造到物料管理、维护维修、市场营销、外部物流的全过程。

横向集成是指，将各种使用不同制造阶段和商业计划信息物理系统的子系统整合起来，除了制造业企业外，还包括物流配送企业、能源企业、商贸零售业企业甚至金融企业等。这个"大一统"的信息物理系统建立起来之后，就可以通过系统的调度算法整合全系统的资源，实现工业4.0追求的个性化、分散式生产。

这一点对充分发挥社会化协同制造的优势、调动中小企业积极参与工业4.0意义非凡。据统计，德国约有360万家注册的中小企业，占德国企业总数的99.7%。德国有2 100万人在中小企业工作，占德国总就业人数的79.6%。这些中小企业对德国经济贡献巨大，出口额相当大一部分由中小企业创造，还提供了55%的经济附加值。

端到端的集成是指，"通过产品全价值链和为客户需求而协作的不同公司，使现实世界与数字世界完成整合"。纵向集成和横向集成的最终目标就是，实现贯穿产品以及相关制造系统的端到端集成。可以方便地实现从设计、工艺流程、加工过程的产品全价值链数字化工程；同时也可以实现包括订单管理、物流管理、设备管理、销售管理在内的相关制造系统的全价值链数字化工程。

德国工业4.0战略中，通过以上三种集成，全面打通企业内部（信息化系统及生产设备）、企业之间、社会化的集成和协同，实现灵活的、个性化的、高效的、社会化、智能的生产。

通过这三种集成，德国工业4.0把智能工厂作为智能化世界的一部分，以"工业智能化"带动"社会智能化"，为"社会智能化"提供整体方案，最终将第四次工业革命的影响散播到社会的方方面面。

工业4.0：一场自上而下的革命

基于信息物理系统的智能装备、智能工厂等智能制造正在引领制造方式变革，其背后是一个国家对产业生态的驾驭能力，是一个国家实力的消长。

工业4.0概念的提出者、德国工程院院长孔翰宁表示，工业4.0为德国提供了一个机会，进一步巩固其作为生产制造基地、生产设备供应商和IT业务解决方案供应商的地位。

从某种意义上说，工业4.0是德国针对自身特点推出的超越计划。

因此，德国选择了自上而下，由政府和大型企业主导的工业4.0推进路径。

在政策方面，德国政府强调，当今最重要的颠覆式创新是数字化，而工业互联网是一个改变游戏规则的关键因素。近年来，德国持续升级相关战略计划，为工业互联网体系化建设和持续性推进提供政策保障，大力支持工业4.0，保持和扩大制造业高端竞争优势。

2013年以来，德国相继发布《新高科技战略（3.0）》《数字议程（2014—2017）》《数字化战略2025》《德国工业战略2030》等，将信息物理系统作为工业4.0的核心技术，并在标准制定、技术研发、验证测试平台建设等方面做出了一系列战略部署。

2019年，《德国工业战略2030（草案）》指出，机器与互联网互联是极其重要的突破性技术，机器构成的真实世界和互联网构成的虚拟世界之间的区分正在消失，工业中应用互联网技术逐渐成为标配，这一变化才刚刚开始。明确提出将机器与互联网互联作为数字化发展的颠覆性创新技术加速推动，通过政府直接干预等手段确保掌握新技术，保证在竞争中处于领先地位。

在资金方面，德国联邦教育及研究部累计拨付上亿欧元经费支持工业4.0技术研发项目，德国经济与能源部出资5 600万欧元建立10个中小企业数字化能力中心。德国地方政府也积极筹措配套资金加快工业4.0落地。

为了统筹协调标准工作，德国成立了旨在协调和推进工业4.0发展进程的机构"工业4.0平台"。该平台汇聚了150多个组织的350多名利益相关者，将国际标准化作为重点工作持续推进，成立工业4.0标准化委员会（SCI4.0）推进国际标准对接与合作。已建立德国工业4.0的技术路线图和标准架构，发布了工业4.0参考架构（RAMI4.0）、364个应用案例和76个测试床，围绕工业数据空间等问题开展了系列前瞻性布局研究，发布了工业4.0组件之间的关系等成果文件。

为了描绘工业4.0下一步发展路径，德国政府成立的工业4.0平台在2019年4月正式发布了《工业4.0愿景2030》文件，强调了自动化、互操作性和可持续性等面向未来全球开放式数字生态链的指导原则。

2019年汉诺威工业博览会上，主办方德意志会展公司宣布了一项雄心勃勃的改革计划：自2020年起，汉诺威工业博览会将更加专注于工业转型，同时，所有展台将重新划分至五个更能反映未来趋势的展区。其中新增的数字生态系统展的一项重要展示内容为人工智能和5G。"人工智能是工业4.0的核心。"德意志会展公司董事会主席约亨·科克勒指出。人工智能处理大量数据及做出明智决定的能力，使大规模的个性化生产成为可能。

为此，近年来，德国陆续提出了以人工智能领域发展带动产业升级战略规划。

2017年9月，德国联邦教育及研究部启动了"学习系统"人工智能平台，计划通过开发和应用"学习系统"，提高工作效率和生活品质，促进经济、交通和能源供应等领域的可持续发展。

2018年7月，德国《联邦政府人工智能战略要点》出台，由德国联邦经济和能源部、联邦教育及研究部、联邦劳动和社会部共同起草。文件提出，当前亟须采取的措施包括：为人工智能相关重点领域的研发和创新转化提供资助，优先为德国人工智能领域专家提高经济收益，同法国合作建设的人工智能竞争力中心要尽快完成并实现互联互通，设置专业门类的竞争力中心，加强人工智能基础设施建设等。

2018年底，德国政府公布了人工智能战略，计划在2025年前投资30亿欧元推动人工智能发展，主要举措包括建设人工智能中心，研发更贴近中小企业的新技术，扶持初创企业及规划建设欧洲人工智能创新集群等。德国总理默克尔表示，人工智能是德国成功实现工业4.0的重要前提，德国在这一领域需要赶超。

领先企业积极推动工业 4.0

企业是工业互联网发展的主力军,制造企业、自动化企业、IT企业都积极参与工业 4.0 的建设与推广。在制造业自动化领先基础上,以西门子、思爱普等为代表的德国企业巨头不断强化信息技术应用,加快数字化工业布局。

德国老牌工业企业西门子在巨大的数字化转型压力下,率先推动工业 4.0 发展。

西门子从 2007 年开始,在数字化领域开展了一系列并购,致力于实现信息系统与自动化控制系统集成。在该公司发布的《愿景2020+》中,西门子明确将数字化工业作为未来三大业务方向之一。

位于德国巴伐利亚州东部城市安贝格的西门子工厂,就是德国政府、企业、大学以及研究机构合力研发全自动、基于互联网智能工厂的早期案例。占地约 1 万平方米的厂房内,员工仅有 1 000 名,近千个制造单元仅通过互联网进行联络,大多数设备都在无人力操作的状态下进行挑选和组装。最令人惊叹的是,在安贝格工厂中,每 100 万件产品中,次品约为 15 件,可靠性达到 99%,追溯性更是达到 100%。这样的智能工厂能够让产品完全实现自动化生产。

西门子将工业互联网平台作为数字化转型的关键杠杆,2017年数字化业务收入超过 140 亿欧元。从 2007 年开始,在数字化领域开展了一系列并购,致力于实现信息系统与自动化控制系统集成。西门子还联合库卡、费斯托、艾森曼等 18 家合作伙伴共同创建了"MindSphere World"(全球用户组织),打造 MindSphere 平台的生态系统。最新发布 MindSphere 平台 3.0 版本,强化工业 App 开发与应用服务能力,通过大数据分析做出性能数字化双胞胎,优化产品设计,实现闭环生产。博世融合 Eclipse[开放源代码的基于 Java(计算机编程语言)的可扩展开发平台]开源组织,打造从数字双胞胎到嵌入式编程的边缘开放生态，博世物联网平台集成了10余种工业协议，基于模块化OSGi（开放服务网关协议）架构下发至网关设备上进行灵活配置。

在网络化协同生产、个性化定制、服务型制造等生产新模式的驱动下，工业软件定制化、平台化、网络化和智能化已成为德国工业软件巨头推动产品变革的重要方向。

从软件到硬件，从生产到服务，实力较强的德国大企业在开发工业4.0应用的同时，不断拓展自身的生态系统，培育更加自主、全面提供完整解决方案的能力，以求在工业4.0带来的产业链重塑中抢占更多先机。

库卡公司在2019年汉诺威工业博览会上展示了自主开发的KUKA Connect（库卡连接）工业云平台，用户可在任何时间、任何地点查看和分析工业机器人的运行状态。KUKA Connect同时提供第三方合作伙伴的工业App，创造围绕库卡机器人的工业生态。

库卡公司监事会主席顾炎民把"智慧工厂"描述为对库卡工业机器人、云端系统和制造业物流等业务的整合，称它是"一个完整的工业4.0解决方案"。

同时，库卡还与一批咨询公司携手，为客户提供关于"智慧工厂"大规模定制化生产的咨询服务，将方案提供延伸到了生产前期。

与此同时，德国企业还借助资本优势收购新兴技术公司，弥补软件开发、数据分析、安全等弱势领域。西门子花费6亿美元并购低代码应用开发平台Mendix，使其工业App开发及部署时间有望减少90%；收购UGS（全球产品生命周期管理软件领导品牌）获得Teamcenter（产品生命周期系统软件），实现实时动态调整产品设计乃至整个价值链；投资工业互联网安全初创公司Claroty，提供威胁检测和监控软件。

通过工业4.0战略的实施，德国将成为新一代工业生产技术（即信息物理系统）的供应国和主导市场，使德国在继续保持国内制造业发展优势的前提下再次提升它的全球竞争力。为此，德国以标准研制和国际化对接为重点，依托在制造工程工业上的领先地位，广泛开展国际合作，希望让工业4.0从一个"德国课题"变成"世界性课题"，也为本土企业走向国际市场提供了便利。

健全、强健工业基础，自主可研发制造核心技术和部件，最顶尖的工业企业，政府耗资上百亿欧元的高科技战略，推动了德国工业4.0的快速演进。

据德国政府成立的旨在协调和推进工业4.0发展进程的机构"工业4.0平台"的不完全统计，目前德国共有近300家制造业企业生产或使用工业4.0应用。西门子、博世、思爱普等大型企业引领着工业4.0的方向。

"我们在工业4.0领域付出的努力收效显著。数字化和互联化解决方案提升了工厂的效率、灵活性和生产力。"德国博世集团董事会成员、博世工业技术业务负责人罗尔夫·纳约克表示。

据介绍，工业4.0已经充分融入博世集团生产制造的过程中，并且成效显著。过去四年来，博世集团在工业4.0应用领域的销售额已累计超过15亿欧元，并计划最早于2022年实现工业4.0相关业务的年销售额突破10亿欧元。

作为德国的新名片，工业4.0闪烁着金光，成色十足。

第三节

日英法：力推工业数字化转型

日本：社会4.0引领的"互联工业"

日本一直致力于发展协同机器人和无人工厂，力图通过创新数字网络、软件系统、人工智能、机器人、物联网等技术，抢占未来智能时代的制高点。

2019年1月，日本首相安倍晋三在达沃斯论坛提出了社会5.0的概念，称在这样一个社会中，利用人工智能、物联网和机器人等技术，数据将取代资本连接并驱动万物，并帮助不断缩小贫富差距。

这个"5.0"的未来社会需要各种各样的智能化系统支持，比如无人机送货、人工智能家电、智能化医疗与监护、自动化产业、全自动驾驶等。

为了实现社会5.0，日本提出了6大必须完全攻克的关键技术：

1. 能够在信息物理系统中进行知觉控制的人类智能扩展技术；

2. 创新的人工智能技术和人工智能应用系统；

3. 人工智能应用的自动进化安全技术；

4. 信息输入和输出设备及高效网络技术；

5. 支持大规模定制的新一代智能制造系统技术；

6. 面向制造智能产品的崭新的计测技术。

社会 5.0 显示了日本将局部人工智能推广到全社会各个领域的决心，这一宏伟目标落地的重要抓手之一，就是"互联工业"。

2017 年 3 月，安倍晋三在德国汉诺威工业博览会上提出了"互联工业"的理念。德日共同发表的"汉诺威宣言"宣布，将推进"通过连接人、设备、技术等实现价值创造的互联工业"。

与中国的工业互联网有所不同，日本的"互联工业"与打造超智能的社会 5.0 密切相关。它强调物与物关联、人与机械和系统的协同与共创、人与技术的关联、跨越国境企业之间的关联、跨越年代人与人的关联、技能及智慧的继承，以及生产者与消费者的关联。

日本经济产业省 2018 年 6 月发布《日本制造业白皮书（2018）》，把"互联工业"作为未来产业。这一白皮书分析了日本工业特别是制造业的困境——以全面质量管理为代表的"持续改进"优势已经被全球互联网主导的"非连续创新"削弱，否定了日本机械学会之前提出的产业结构优化的思路，提出了第四次工业革命背景下日本工业的数字化对策。

这一白皮书建议，应将数字时代所追求的高质量的数据和专有知识数字化、体系化，重新构建"现场力"。由管理层主导建立基于产品溯源的整体质量保障机制；获取附加价值，推动"互联工业"；进行制造业人才的保障和培养；支撑制造业基础的教育和研发。推动面向社会 5.0 的人才培养和研发，从人才培养的角度来考虑工业革命：培养优秀人才和高科技年轻研究者；推动小学、初中、高中的数学教育及编程教育；推动人工智能、大数据、物联网、光量子技术等先进技术的研究。

"互联工业"推动了日本制造业向工业互联网平台转型。比如，丰田零部件供应商电装株式会社的一个项目就是，利用物联网连接全球130家工厂，目标是到2020年使生产率提高30%。在自动化领域，安川MMcloud（云开发平台）等崭露头角，成为各家企业围绕产品提供增值服务的良好载体。在生产制造领域，日立、东芝分别构建了Lumada（物联网核心平台）和SPINEX（物联网平台），在优化自身价值链和降低运营成本的同时，为客户创造新价值。

"互联工业"倡导不要从孤立的制造视角看待问题，要力图解决社会课题。同样是丰田汽车，2018年10月，它与软银合资成立移动出行公司Monet，推出基于共享汽车的"移动社区"服务。丰田大力推广出行平台e-Palette不再是汽车产品，而是"汽车+社会"的服务。消费者全天的生活需求，都可以被这些自动驾驶的车辆满足。对于日本而言，互联工业的一大驱动因素来自严重的人口老龄化以及由此引发的劳动力缺乏现象。为此，日本政府目前高度重视人工智能的发展。日本政府正全力营造利于研究开发型高新技术企业创业的环境，并提出截至2023年底将催生至少20家市值总额超过10亿美元的未上市企业。为实现导入人工智能等尖端技术的社会，日本在东京设立了官民合作组织"第四次产业革命日本中心"。除经济产业省外，日立制作所及日本电气股份有限公司等也参与了该中心的策划。该中心主要聚焦人工智能和物联网相关课题及法律建设。

而根据2019年的最新动向，日本政府分析了制造业现状后指出，要进一步加大对人工智能技术的利用。日本政府认为，在生产第一线的数据化方面，中小企业与大企业相比有落后倾向。建议称，在拥有卓越技能的熟练劳动力在职期间，应利用人工智能等，加紧实现技术传承和节省劳力。

英国：工业革命"摇篮"的"再工业化"

英国是全球工业革命的摇篮，第一次工业革命就发源于英国。

自20世纪80年代以来，英国开始推行"去工业化"战略，不断缩减钢铁、化工等传统制造业的发展空间，将汽车等许多传统产业转移到劳动力及生产成本相对低廉的发展中国家，集中精力发展金融、数字创意等高端服务业。

2008年席卷全球的金融危机，让过于倚重金融服务业的英国尝到了苦头。金融危机爆发后，英国GDP一度转向负增长，英国政府开始意识到，以金融为核心的服务业无法持续保持国际竞争力，于是英国开始探索重振制造业之路。在2008年和2016年，英国相继提出了"高价值制造战略"和"工业2050战略"，将制造业复苏作为英国经济发展的重中之重，颁布了一系列扶持政策。所谓"高价值制造战略"，是指应用先进的技术和专业知识，创造能为英国带来持续增长和高经济价值潜力的产品、生产过程和相关服务，加大制造业在促进英国经济增长中的作用。

2012年，英国技术战略委员会确定了高价值制造业创新的五大重点领域，包括：资源效率、制造业体系、新材料与制造业技术融合、制造业工艺与新型商业模式等。

此外，在2013—2014年度，英国政府还资助了14个创新中心、特殊兴趣小组等机构的建设，涉及领域包括生物能源、智能系统和嵌入式电子、生物技术、材料化学等。

2013年，基于一项对未来制造业的预测性战略研究，英国提出了"工业2050战略"。报告认为，信息通信新技术、新材料等科技将在未来与产品和生产网络融合，极大改变产品的设计、制造、提供甚至使用方式。未来制造业的主要趋势是个性化的低成本产品需求增大、生产重新分配和制造价值链的数字化。这将对制造业的生产过程和技术、制造地点、供应链、人才甚至文化产生重大影响。

报告提出，制造业并不是传统意义上"制造之后进行销售"，而是"服务再制造（以生产为中心的价值链）"，提出了未来英国制造业的四个特点。一是快速、敏锐地响应消费者需求。生产者将更快地采用新科技，产品定制化趋势加强。制造活动不再局限于工厂，数字技术将极大改变供应链。二是把握新的市场机遇。金砖国家和"新钻十一国"将加大全球需求，但英国的主要出口对象仍然是欧盟和美国。高科技、高价值产品是英国出口的强项。三是可持续发展的制造业。全球资源匮乏、气候变化、环保管理完善、消费者消费理念变化等种种因素让可持续的制造业获得青睐，循环经济将成为关注重点。四是未来制造业将更多依赖技术工人，要加大力度培养高素质的劳动力。

"工业2050战略"是英国对第四次工业革命的顶层设计，此后，在这一战略方向的指引下，英国又陆续推出了一系列项目、计划推进工业产业的转型升级。

为应对脱欧后经济振荡等一系列问题，2017年1月英国政府又提出"现代工业战略"，希望依托"现代工业战略"，扭转英国高度依赖金融服务业的失衡的产业结构，提高劳动生产率，奠定英国工业在全球领先的地位。

英国作为老牌工业强国，具有雄厚的工业基础，工业发展处于3.0向4.0过渡发展的阶段，"现代工业战略"实际上是英国再工业化，重新确立全球工业领先地位的发展之路。

"现代工业战略"绿皮书涵盖十大重点，主要包括加大对科研与创新的投资，提升技能，升级基础设施，支持初创企业，完善政府采购制度，鼓励贸易、吸引境外投资，提高能源供应效率及绿色发展，培育世界领先产业，驱动全国经济增长以及创建合适的体制机制、促进产业集聚和地方发展等。

"现代工业战略"注重创新对工业发展的驱动作用，以智能制造为主要发展方向。不仅仅体现在涉及范围上，更重要的是在智能制造的深度研发与应用领域。为培育世界领先产业，英国与具有强有力领导的部门合作，重点放在先行发展的行业，例如生命科学、超低排放车辆、工业数字化、核工业、创意产业。然而，英国"现代工业战略"的核心手段是投资，为此准备了47亿英镑的专项研发经费。英国政府希冀通过政府主导，加大对科研创新、基础设施升级、劳动力技能培训等方面的投资，释放经济活力，刺激经济发展。

例如，2018年，英国宣布向人工智能行业投入10亿英镑（约合人民币88亿元）的联合投资，作为"现代工业战略"中一系列有针对性的公司合作投资的一部分。这笔针对人工智能的投资包括3亿英镑（约合人民币26.42亿元）的私人投资，投资项目包括剑桥大学人工智能超级计算机、日本和加拿大风险投资公司位于欧洲的英国基地。

在"现代工业战略"绿皮书中，英国政府明确提出"以更为积极的角色来促进工业部门发展和确保经济红利全国共享"。政府改变以往的经济政策，由以前创造发展环境转变为政府直接干预和指导产业发展。

法国：以"新工业法国"蓝图打造未来工业

提到法国，人们的第一印象往往是浪漫、时尚，但让人不容忽视的是，法国还是全球最发达的工业国家之一。法国拥有相当数量的世界顶尖制造企业，例如空中客车、施耐德电气、达索工业集团、雷诺日产联盟、标致雪铁龙集团、米其林以及达能等。此外，还有零售商家乐福，享誉世界的时尚品牌香奈儿、迪奥、路易威登、爱马仕、欧莱雅、兰蔻等。凭借工业积淀和基础科学底蕴，法国工业实力始终不容小觑，从传统行业的飞机、高铁、核电，到今天新兴领域的数字技术、环保节能、3D打印，法国是在很多领域掌握着尖端技术的领导者。

与英国等老牌工业国非常相似，自20世纪80年代开始，法国开始进入"去工业化"时代，制造业就业岗位从1980年的510万下降到2013年的290万，制造业增加值占GDP比重从20.6%下降到10%。

"工业强则国家强"，面对伴随"去工业化"而来的工业增加值和就业比重的持续下降，法国政府于2013年9月推出了"新工业法国"战略，旨在通过创新重塑工业实力，使法国处于全球工业竞争力第一梯队。

该战略为期十年，主要解决三大问题：能源、数字革命和经济生活。包含新一代高速列车、电动飞机、数字化医院、增强现实等34项具体计划，展现了法国在第四次工业革命中实现工业转型的决心和实力。

"新工业法国"战略提出时，法国正遭遇"去工业化"的阵痛，工业增加值以及就业比重均不断下降，当时的法国总统奥朗德称，法国工业"失去了十年"。因此，"新工业法国"战略的设计原则更侧重于法国已有优势领域的提振，对智能制造等颠覆性创新领域关注不足。

2015年4月，"新工业法国"战略实施两年后，法国经济部、工业与数字事务部宣布"新工业法国"进入第二期，启动"未来工业"计划，并将原先的34个优先发展项目聚焦为以"未来工业"为核心，以数据经济、智慧物联网、数字安全、可持续发展城市等9个新兴支柱领域，明确提出通过数字技术改造实现工业生产的转型升级，和以工业生产工具的现代化帮助企业转变经营模式、组织模式、研发模式和商业模式，从而带动经济增长模式的变革，建立更具竞争力的法国工业。

"未来工业"计划被称为"法国版的工业4.0"，这项计划向有潜力的3D打印、物联网、增强现实等新技术企业提供支持，帮助它们在3～5年内成为欧洲乃至世界的领军企业。从2016年开始，未来工业技术平台被安装并向工业企业开放，用以测试和实现自动化生产技术和尖端数字技术。

与此同时，地方政府将向中小规模和中等规模企业提供有针对性的个性化诊断服务。同时还会向企业提供财政资助，支持企业的生产能力现代化进程。此外，对年轻一代进行新兴职业相关培训，特别是数字技术和自动化技术。

国际合作方面，"未来工业"计划与德国工业4.0平台开始合作，通过欧洲投资计划范畴内的共同项目实现目标。进度安排上，2015年秋，发布法、德合作平台"工业4.0"；2016年2月，公布法国未来工业标准化战略。

在这一阶段，法国政府的顶层设计进行了两大完善：一是意识到智能制造已成为全球制造业发展的大趋势，将旨在发展数字化生产以及推动企业实现相关商业模式转型的"未来工业"确定为振兴本国制造业的重中之重；二是将工业和人工智能技术的发展紧密衔接。2018年3月，法国总统马克龙在位于巴黎的法兰西学院公布法国人工智能发展战略，旨在推动法国成为人工智能领域的全球领先国家之一。按照战略规划，法国国家工业委员会将制定具体路线图，推动人工智能技术在垂直行业应用的研发。法国圈定汽车、能源、金融、航天等法国比较有优势的工业行业作为人工智能应用研发的重点。法国将通过简化科研人员创办企业的手续、允许科研人员将自己一半的工作时间投入私人机构等多种办法,加强产学研结合。

在打造"未来工业"的实践中,法国政府注重鼓励和引导,为企业创造良好的软环境,比如,设立开放性的未来工业技术平台,供企业免费测试前沿技术,将一些发展较好的企业设为"未来工业"示范企业。

经济部牵头组建"未来工业"联盟,统筹中央部委、地方公共机构、各大工会和科研机构等各方面力量共同推动"未来工业"发展。设立两个特殊基金支持企业投资信息化改造,分别是25亿欧元的税收优惠(所有实施信息化改造的企业均可享受)以及21亿欧元的发展贷款(主要针对中小企业的信息化、自动化、工业节能改造)。

法国还在"投资未来"基金框架下设立了3.5亿欧元的"未来工业"补贴,并投入4.25亿欧元基金支持新兴技术发展,还在各地区为企业提供技术分享和测试平台。法国的目标是,在未来3~5年内,在增材制造、物联网和增强现实等领域处于欧洲甚至是世界的领先地位。

工业互联网是继互联网之后的又一个伟大发明,不仅要把各工业门类、工厂、企业、产业链上的机器、物品、生产要素连接起来,更要把世界的机器、产品、生产者、使用者连接起来。无论是美国的先进制造网络计划、德国工业的工业4.0,还是日本的工业互联、法国的"未来工业"、英国的现代工业战略,在经历各国内部的酝酿发动、政企联动、产业行动之后,下一个紧迫的课题,就是如何像当年的互联网一样跨越国界,跨越极其复杂的行业、学科和技术壁垒,实现机器与机器的"握手",以及全世界工业大数据的汇流。

美国、德国、日本、英国、法国等主要工业国家重新投资工业、武装工业、连接工业、发展工业已成潮流,在推进工业互联网发展的历史进程中，各国工业标准化组织的互联与协作极具战略意义。中国国务院总理李克强和德国总理默克尔在会晤时提出，中国应与德国工业 4.0 等发展战略进行更好的对接，深化制造业、能源、航空等领域的合作。日本和德国于 2016 年和 2017 年两次签署政府间协议，推动合作升级，在产业组织层面加强对接。2016 年 3 月，德国工业 4.0 与美国工业互联网产业联盟签署合作协议，对参考架构进行对接，并展开深度合作。美国、日本、新加坡等国家联盟间紧密合作，与国际工业技术标准组织间的对接也不断深化。如今，各国政府积极布局工业互联网，推动工业互联网从概念探讨迈入产业实践。在企业层面，跨界合作不断推进，工业巨头与 ICT 企业优势互补，借力提升各自平台的综合能力，并依托国际产业组织，推进技术、标准、测试、安全等工作。

一张覆盖全球的工业互联网呼之欲出！

第三章
新动能：
从制造大国到"制造强国"与"网络强国"

引　言　"两个强国"有大未来

经过改革开放 30 多年的不懈努力，到 2010 年，中国成为世界第一大工业国，制造业占世界比重接近 20%，拥有全世界最大、最全面的配套产业链。

彼时，我国已成为全球头号网络应用大国。从 2008 年起，我国固定电话用户数、移动电话用户数、网民数、宽带网民数四个指标全部位列世界第一。

正当中国在工业化道路上奋力追赶时，迎头碰上信息文明的硕果在互联网时代绽放。工业互联网，就是我国制造强国和网络强国"两个强国"建设最重要的交叉地带。在迈向制造强国、网络强国的进程中，我们的优势明显，未来大有可为。

党的十九大吹响了中国全面建设社会主义现代化强国的号角。面对新一代信息技术创新与全球再工业化两大潮流的交汇，党的十九大报告强调，加快发展先进制造业，推动互联网、大数据、人工智能和实体经济深度融合。在十九大结束后仅一个月，国务院印发了《国务院关于深化"互联网＋先进制造业"发展工业互联网的指导意见》，对工业互联网发展进行了系统规划。指导意见印发不足半月，习近平总书记在中共中央政治局就实施国家大数据战略第二次集体学习时指出，"要深入实施工业互联网创新发展战略，系统推进工业互联网基础设施和数据资源管理体系建设"。总书记一锤定音，工业互联网正式上升为国家战略。

主管部门、地方政府、产业界乃至社会方方面面立即行动起来。《工业互联网发展行动计划（2018—2020年）》发布，为我国工业互联网绘制了发展的路线图。工信部、财政部积极组织实施工业互联网创新发展工程。《工业互联网App培育工程实施方案（2018—2020年）》《工业互联网平台建设及推广指南》《工业互联网平台评价方法》《工业互联网网络建设及推广指南》等一系列政策指导文件的出台，让我国工业互联网发展迎来政策的"春天"。

截至2019年3月，已有20个省、自治区、直辖市出台本地工业互联网发展规划和政策。中国信息通信研究院联合各大企业、社团、院校、院所发起成立的工业互联网产业联盟，短短3年就发展会员逾千家，还成立了工业互联网顶层设计、技术标准、产业实践、国际合作、投融资等多个工作组。一批工业制造企业、基础电信、互联网、自动化、软件、集成商快速推出工业互联网平台和相关产品。一个多方协同、融合发展、欣欣向荣的工业互联网生态正在形成。

第一节

为什么要发展工业互联网

再也不能失去的机遇

2008年金融危机波及全球，中国经济同样也遭受了重大冲击，2008—2009年中国工业增加值增速大幅放缓；2010—2011年在"四万亿计划"刺激下，工业增加值短暂反弹后持续下行，此后几年增速在6%上下小幅波动。

自从加入WTO（世界贸易组织）以后，依靠数以亿计的低廉、勤勉的劳动力，中国迅速发展成为世界"制造工厂"。随着中国人口结构的变化，15岁及以上就业人口占全国总人口比重不断下降，加上法律保障等方面原因，中国的工资水平经历了持续10年的迅猛上涨。中国制造业的平均工资（时薪）已经超过巴西和墨西哥等国水平，并且正在迅速赶上希腊和葡萄牙。这给制造业带来了一个窘迫的现实，用工成本不断上升，人口红利正在逐渐消失，这导致制造业发展速度放缓，进入瓶颈期。

经济新常态，有危机也有机遇。与亟待转型升级的制造业相比，蓬勃发展的互联网行业则构成了一幅充满生机和活力的新经济图景。

作为应对危机、提振经济的重要举措，2009年，中国发放了 3G（第三代移动通信技术）牌照，拉开了移动互联网的大幕。3G、4G（第四代移动通信技术）先后到来对中国制造最重要的意义是，开启了全民电商的新时代。企业产品大量的图片，甚至视频都能得到富有震撼力的呈现，移动支付、便捷物流让低端、小额的商品也能做出"大买卖"，制造企业得以生存、成功的概率大大提高。仅仅6年后，数以亿计的"拇指族"就将中国抬上了全球第一大电子商务大国的位置。

由于网购的普及，很多濒临倒闭的工厂，按照中国网民的偏好，重新修改款式，修订尺码，再次开足马力生产。借助移动互联、电子商务和逐渐启动的消费内需的强大威力，中国制造度过了"劫波"。然而，活下来的企业，如何才能活得更好？中国制造的未来，究竟路在何方？

2012年，美国工业巨头通用电气发布的数字化转型"宣言书"——《工业互联网：突破智慧和机器的界限》，给予中国制造业崭新的启示，将工业革命的成果及其带来的机器、机组和物理网络，与近期的互联网成果——智能设备、智能网络和智能决策融合在一起，将让机器更加智慧、高效地生产，为制造业乃至整个经济带来巨大的战略价值。埃森哲公司预测：到2030年，工业互联网将为全球GDP贡献15万亿美元。通用电气也曾预测：工业互联网将使中国工业企业效率提高20%，成本下降20%，能耗下降10%。

执掌通用电气16年的董事长兼CEO杰夫·伊梅尔特在退休告别辞中写道："未来到来，永远不要为曾经的投入而后悔……工业互联网和增材制造将定义通用电气的未来，不要放弃。"中国互联网巨头马云提出：没有互联网的制造业是没有希望的，当然没有制造业的互联网更没有希望，制造业必须学会拥抱互联网。

天下之事未有久而不变者。眼看工业互联网将是竞逐下一代科技革命和产业变革的关键抓手，各国都在紧锣密鼓地布局，中国曾经错失很多次科技革命的宝贵机遇，这次，中国绝不能落下。

战略抉择已经箭在弦上

工业化是现代化的基础和前提，制造业是推动工业化和现代化的主力军。对于中国这样的大国而言，没有强大的、高质量发展的制造业，工业化和现代化的奋斗目标就难以实现。

欧美国家之所以能雄霸世界几百年，就是因为每次都能踏准工业革命、科技革命的节奏，握住了变革的金钥匙，从而执世界之牛耳。我国若想实现中华民族的伟大复兴，就必须把握住新一轮科技革命和产业变革的机遇，不但看得要准，而且下手要狠。

面对新一代信息技术创新与全球再工业化两大潮流的交汇，互联网与中国制造的联姻谋划已久。网络技术的广泛普及和深度应用，不仅再一次解放了人类的"体力劳动"，而且开始大范围解放人类在生产中的"脑力劳动"，掀起了以数字化、网络化、智能化为突出标志和主要方向的新工业革命。

首先，从国内情况看，我国面临制造业升级、经济高质量发展的大背景。制造业经过多年高速增长，"有没有"的问题已基本解决，"好不好"的问题日益突出，主要表现在低端产品过剩，高端产品不足，供给无法精准匹配需求。特别是近年来，我国制造业增速明显回落，面临产能过剩、供需失衡、新旧动能转换缓慢等一系列突出矛盾，原有的以数量、规模、速度为主要特征的增长模式，已难以适应、把握、引领经济发展新常态的要求。正如习近平总书记指出的，"我国经济规模很大，但依然大而不强；我国经济增速很快，但依然快而不优。主要依靠资源等要素投入推动经济增长和规模扩张的粗放型发展方式是不可持续的"。要改变这种状况，最根本的是要坚持质量第一、效益优先，转变发展方式，推进结构调整，推动质量变革、效率变革、动力变革，走制造业高质量发展道路。

其次，从国际视角来看，产业竞争博弈的焦点在制造业。当前，制造业国际竞争格局深刻变化。发达国家纷纷实施"再工业化"战略，加强对先进制造业前瞻性布局，抢占未来产业竞争制高点。2019年2月，德国发布《国家工业战略2030》，强调要坚持以制造业为基础的发展模式，提出将制造业增加值比重由目前的23%提高到25%。2018年，美国政府发布《美国先进制造业领导力战略》等政策文件，提出聚焦发展人工智能、先进制造、量子科技和5G技术等关键领域。与此同时，一些发展中国家也积极利用低成本劳动力优势，承接国际产业转移。因此，无论是参与国际竞争，还是适应国内消费升级，都要求制造业加快向高质量发展转变。

工业互联网作为新一代信息技术与制造业深度融合的产物，日益成为新工业革命的关键支撑和深化"互联网+先进制造业"的重要基石，对未来工业发展产生全方位、深层次、革命性影响。工业互联网通过系统构建网络、平台、安全三大功能体系，打造人、机、物全面互联的新型网络基础设施，形成智能化发展的新兴业态和应用模式，是推进制造强国和网络强国建设的重要基础，是全面建成小康社会和建设社会主义现代化强国的有力支撑。

一方面，工业互联网是以数字化、网络化、智能化为主要特征的新工业革命的关键基础设施，加快其发展有利于加速智能制造发展，能更大范围、更高效率、更加精准地优化生产和服务资源配置，促进传统产业转型升级，催生新技术、新业态、新模式，为制造强国建设提供新动能。工业互联网还具有较强的渗透性，可从制造业扩展成为各产业领域网络化、智能化升级必不可少的基础设施，实现产业上下游、跨领域的广泛互联互通，打破"信息孤岛"，促进集成共享，并为保障和改善民生提供重要依托。

另一方面，发展工业互联网，有利于促进网络基础设施演进升级，推动网络应用从虚拟到实体、从生活到生产的跨越，极大地拓展了网络经济空间，为推进网络强国建设提供新机遇。当前，全球工业互联网正处在产业格局未定的关键期和规模化扩张的窗口期，亟须发挥我国体制优势和市场优势，加强顶层设计、统筹部署，扬长避短、分步实施，努力开创我国工业互联网发展新局面。

具体来说，工业是供给侧结构性改革的主战场，工业互联网通过激发新动能、改造旧动能，成为提升产业发展质量和效益的重要途径。以去库存为例，利用工业互联网可以实现环节之间、企业内外、供需两侧的互联互通，形成生产企业乃至整个产业资源和能力的全面调度，从而有效解决库存积压这个制造业的老大难问题。

总之，促进新一代信息技术与制造业深度融合，打造工业互联网，是让传统制造业重获新生，拥抱数字化新浪潮的关键抓手。

"志之所趋，无远弗届，穷山距海，不能限也。"其实在此之前，我国很多企业都已经开始进行工业互联网建设的探索，并取得了积极进展。也可以说，工业互联网平台本身并不是100%的新事物，它其实是云计算、物联网、大数据、人工智能面向工业场景的交叉叠加，叠加的元素与深度决定了工业互联网平台的发展程度。

工业互联网的实质就是，将不断发展的信息技术融入生产体系（如制造、能源）、基础设施（如交通、电网、城市建设）、机器设备（如机器人、医疗、仪器仪表）中，实现创新链、价值链、产业链的循环与贯通，构建物质空间和数字世界的映射交互。将数据这一被誉为"石油""金矿"的资源转变为现实生产力，为只有机械动作、缺乏"灵魂"的机器设备赋予智慧，从而进一步解放体力劳动和脑力劳动，提升产业的附加值，创造新的财富，这也是产业发展的原动力和大方向。

"什么是工业互联网？""要不要发展工业互联网？""怎样发展工业互联网？"这些问题开始引发越来越多国内相关人士和组织的思考。与此同时，越来越多与"工业""互联网"相关的企业，也开始对标国外的模板，尝试打造、宣传自己的工业互联网。2017年，三一重工、海尔集团、航天科工分别发布了（工业互联网平台）根云、COSMOPlat、INDICS，这是我国直接以工业互联网为名发布的最早的三家平台。正如我国高铁装备行业目前唯一的女总工程师梁建英所说："巨人的肩膀不好站，必须让自己成为巨人。"

发展工业互联网，战略抉择已经箭在弦上。

第二节

国家战略行动路线

工业互联网上升为国家战略

2017年10月18日，习近平总书记在中国共产党第十九次全国代表大会上做报告。报告提出，加快建设制造强国，加快发展先进制造业，推动互联网、大数据、人工智能和实体经济深度融合。发展工业互联网有了总体性、方向性的指导思路。

党的十九大召开不到两个月，2017年12月8日，习近平总书记在中共中央政治局就实施国家大数据战略第二次集体学习时指出："要深入实施工业互联网创新发展战略，系统推进工业互联网基础设施和数据资源管理体系建设。"发展工业互联网正式上升为国家战略。

在2018年底召开的中央经济工作会议上，习近平总书记在部署2019年工作时提出：我国发展现阶段投资需求潜力仍然巨大，要发挥投资关键作用，加大制造业技术改造和设备更新，加快5G商用步伐，加强人工智能、工业互联网、物联网等新型基础设施建设。工业互联网成为国家重点发展的新型基础设施。

聚四海之气、借八方之力。2018年全国两会上，"发展工业互联网平台"首次写入政府工作报告；2019年政府工作报告再次将工业互联网列入工作重点，提出"打造工业互联网平台，拓展'智能+'，为制造业转型升级赋能"。

习近平总书记多次在重要场合提及工业互联网，工业互联网连续两年被写入政府工作报告，充分体现了党中央、国务院对工业互联网的高度重视和抓好这项工作的坚强决心。工业互联网重大决策的实施，进一步深化了党的十六大以来提出的两化融合发展战略，也将其推向了新的历史高度。

国务院发布纲领性指导意见

2017年11月，国务院印发《国务院关于深化"互联网+先进制造业"发展工业互联网的指导意见》（下称《指导意见》），作为中国发展工业互联网的纲领性文件，《指导意见》对工业互联网的发展进行了全局性、系统性的规划。

从"互联网+"到"互联网+先进制造业"，再到工业互联网，我国不断用互联网基因赋能制造业领域，"盘活"传统制造企业。工业互联网为推进"互联网+"行动、深化制造业与互联网融合发展，提供了实现路径，并与宽带中国战略以及物联网、云计算等新技术发展政策文件统筹衔接，各有侧重。

《指导意见》将我国工业互联网发展分为三个阶段，并分别确立了目标。

第一阶段：到2025年，我国基本形成具备国际竞争力的基础设施和产业体系。

第二阶段：到2035年，建成国际领先的工业互联网网络基础设施和平台，形成国际先进的技术与产业体系，工业互联网全面深度应用并在优势行业形成创新引领能力，安全保障能力全面提升，重点领域实现国际领先。

第三阶段：到 21 世纪中期，工业互联网网络基础设施全面支撑经济社会发展，工业互联网创新发展能力、技术产业体系以及融合应用等全面达到国际先进水平，综合实力进入世界前列。

《指导意见》着眼全球工业互联网发展共性需求和我国亟须弥补的主要短板，围绕打造网络、平台、安全三大体系，推进大型企业集成创新和中小企业应用普及两类应用，构筑产业、生态、国际化三大支撑，提出了工业互联网发展的七项主要任务，并重点突出三大体系构建。在网络基础方面，重点推动企业内外网改造升级，构建标识解析与标准体系，建设低时延、高可靠、广覆盖的网络基础设施，为工业全要素互联互通提供有力支撑。平台体系方面，着力夯实平台发展基础、提升平台运营能力、推动企业上云和工业 App 培育，形成"建平台"与"用平台"有机结合、互促共进的良好发展格局。在安全保障方面，着力提升安全防护能力、建立数据安全保护体系、推动安全技术手段建设，全面强化工业互联网安全保障能力。

《指导意见》部署了七项重点工程：工业互联网基础设施升级改造工程，工业互联网平台建设及推广工程，标准研制及试验验证工程，关键技术产业化工程，工业互联网集成创新应用工程，区域创新示范建设工程，安全保障能力提升工程。

《指导意见》提出了建立健全法规制度、营造良好市场环境、加大财税支持力度、创新金融服务方式、强化专业人才支撑、健全组织实施机制六大保障措施，以确保各项推进工作顺利进行，尽早实现发展目标。

发展工业互联网是一项前瞻性、融合性、基础性、全局性的重大系统工程，需要立足当下，放眼未来，动员全社会各方力量，在充分发挥市场在资源配置中的决定性作用前提下，更好地发挥政府的引导和推动作用。

政策密集出台部署推进有力

作为工业和信息化发展的主管部门，工业和信息化部认真贯彻落实党中央、国务院决策部署，着力做好中国工业互联网发展的顶层设计和统筹规划，推出一系列政策措施，为工业互联网的健康可持续发展保驾护航。

2018年全国工业和信息化工作会议上提出，要深入实施工业互联网创新发展战略，开展工业互联网发展"323"行动，实施工业互联网三年行动计划，制定出台《工业互联网平台建设及推广指南》，实施工业互联网安全防护提升工程。由此，一份份文件，一项项方案，一条条细则，描绘出中国工业互联网发展的政策"蓝图"。

2018年2月，国家制造强国建设领导小组下设立工业互联网专项工作组，负责统筹协调我国工业互联网发展的全局性工作。工业和信息化部部长苗圩任组长，国家发改委副主任林念修、科技部副部长徐南平、工业和信息化部副部长陈肇雄、财政部副部长刘伟任副组长；教育部、人力资源和社会保障部、环境保护部、交通运输部、商务部、卫生计生委、人民银行、国资委、税务总局、工商总局、质检总局、安全监管总局、知识产权局、工程院、银监会、证监会、保监会、能源局、国防科工局、外专局等20多个相关部门的领导担任工业互联网专项工作组成员。

紧接着，在第一次工业互联网专项工作组会议上成立了工业互联网战略咨询专家委员会。中国工程院院士周济担任主任，中国工程院院士邬贺铨担任副主任，共计42人组成的工业互联网战略咨询专家委员会成员主要为专项工作组提供决策咨询，国内工业、工程、通信、IT等领域的"最强大脑"形成了强有力的决策支撑力量。

方向定了，就不怕路远。从此，中国工业互联网发展有了组织保障，相关举措稳步推进，把春天的期待化成今后的行动。

出台三年行动计划

早在2017年底召开的全国工业和信息化工作会议上，工信部就提出开展工业互联网发展"323"行动。"323"行动是指，打造网络、平台、安全三大体系；推进两类应用，一是大型企业集成创新，二是中小企业应用普及；构建产业、生态和国际化三大支撑。

2018年6月7日，工信部正式发布《工业互联网发展行动计划（2018—2020年）》（下称《行动计划》），从政策上全方位布局我国工业互联网发展，三年发展路径、目标清晰可见。

2018—2020年这三年是我国工业互联网至关重要的起步阶段，《行动计划》为我国工业互联网的"三步走"战略制定了路线图，并详细划分了目标、任务及落实主体。《行动计划》提出到2020年底，我国将实现"初步建成工业互联网基础设施和产业体系"的发展目标，具体包括建成5个左右标识解析国家顶级节点、遴选10个左右跨行业跨领域平台、推动30万家以上工业企业上云、培育超过30万个工业App等内容。

《行动计划》的重点任务可以总结为"八个行动、一推进、一落地"，即基础设施能力提升行动、标识解析体系构建行动、工业互联网平台建设行动、核心技术标准突破行动、新模式新业态培育行动、产业生态融通发展行动、安全保障水平增强行动、开放合作实施推进行动，以及加强统筹推进、推动政策落地。

工业互联网要发展，标准需先行。为发挥标准在工业互联网产业生态体系构建中的顶层设计和引领规范作用，工业和信息化部联合国家标准化管理委员会共同发布了《工业互联网综合标准化体系建设指南》，指导企业发展工业互联网中的标准建设。

围绕《行动计划》提出的重点任务，工业和信息化部连续发布了《工业互联网 App 培育工程实施方案（2018—2020 年）》《工业互联网平台建设及推广指南》《工业互联网平台评价方法》《工业互联网网络建设及推广指南》等一系列政策指导文件，我国工业互联网发展迎来政策的"春天"。

指导企业建网用网

在网络建设方面，工业和信息化部印发了《工业互联网网络建设及推广指南》（下称《网络推广指南》），在三年行动计划的基础上，进一步明确网络发展目标，引导企业加快网络建设、创新网络应用，强化对企业建网用网的政策支持和引导，不断完善产业生态。

针对我国工业企业建网用网经验不足、网络技术方案选择困难、网络供需对接不充分等突出问题，《网络推广指南》提出，要打造企业内网络和企业外网络的建设的标杆网络，打通网络需求方和供应方的对接渠道。标杆网络建设的目的是，打造可复制的"精品网络"，探索 5G、IPv6、TSN、工业 PON、工业 SDN（软件定义网络）、NB-IoT、边缘计算、无线专网等新技术在工业互联网网络中应用的成熟模式，推动工业企业内网的 IT 化、扁平化、柔性化，打通信息孤岛，促进企业数字化转型。

标识解析体系是工业互联网的"神经枢纽"，是真正打通工业互联网产业链条的"金钥匙"。2018 年以来，我国工业互联网标识解析体系节点建设加速。2018 年，北京、广州、武汉、上海、重庆五个顶级节点已经全都上线试运行，标识分配与注册量超过了 5 000 万，东西南北中的布局架构初步形成。

在标识解析体系节点建设的过程中，需要企业、行业、地方政府等各方的参与，为打造健康、可持续的工业互联网大生态夯实基础。

以国家五大顶级节点为中心，向下辐射，建设各个二级节点是标识解析体系构建和标识解析应用推进的重要力量。与顶级节点"具备跨地区、跨行业信息交换能力的基础设施和服务系统"的定位不同，二级节点是具备企业信息共享和行业公共服务能力的产业平台。目前，我国已初步建设10个行业或区域的二级节点基础平台。

工业互联网的网络体系构成了工业智能化的"血液循环系统"，《网络推广指南》指导企业加快工厂网络基础设施的建设，从根本上解决企业发展工业互联网智能化的联网问题，从基础的设备信息化到工厂内OT和IT网络的连通，正在一点点"织密"网络这张基础网。

制定平台建设和评价规则

工业互联网平台作为工业全要素、全产业链、全价值链连接的枢纽和工业资源配置的核心，是建设工业互联网的重头戏。它向下连接海量工业设备，向上对接面向各类工业场景的优化应用，发挥着工业资源汇聚和配置的关键作用。

2018年7月，工业和信息化部发布《工业互联网平台建设及推广指南》（下称《平台推广指南》）和《工业互联网平台评价方法》（下称《评价方法》），这两个文件为企业发展工业互联网平台提供了行动指南和评价标准"参照系"。

"建平台"和"用平台"双轮驱动是工业互联网平台建设及推广的主线，发展工业互联网平台只有找到"杀手级"应用，才能带动新技术、新应用、新产业和商业模式的快速迭代和持续演进。但现实情况是，我国仍缺乏具有产业链集成整合能力的龙头，平台企业基本处于单打独斗状态，难以形成有效的资源汇聚效应。

同时，受限于我国工业知识沉淀经验不足，平台功能缺乏完整性，导致与实际业务需求结合不够紧密，平台应用需要进一步推广和普及。

《平台推广指南》部署了2018—2020年系统推进工业互联网平台创新发展工作的总体思路、发展目标和主要行动，形成"建平台"与"用平台"融合的发展机制。《平台推广指南》系统解构了中国建设工业互联网平台的思路，让想发展工业互联网平台的企业"有章可循"。

《评价方法》填补了国内工业互联网平台建设评价标准方面的空白。《评价方法》给出所有平台都应具备的通用基础评价体系，在此基础上，围绕各类细分平台应用特点延伸出针对性的评价内容，既为工业互联网平台的建设及运营水平评估提供依据，又实现为工业互联网平台功能及性能的检验提供参考，是驱动我国工业互联网平台能力水平不断提升，实现高质量发展的"标尺"。

工业App是工业互联网众多环节中最靠近用户的一环，是推动工业互联网平台持续健康发展的重要路径，用户通过工业App能够直接了解工业互联网产业链条中的各环节的运行状态、指标等。

工信部制定了《工业互联网App培育工程实施方案（2018—2020年）》，努力完成到2020年培育30万个面向特定行业、特定场景的工业App的目标任务。

由于工业体系学科众多、领域庞大，并且关系错综复杂，因此，该方案主要从高支撑价值的安全可靠工业App、基础共性工业App、行业通用工业App、企业专用工业App四个方向来规划培育路线。

至此，我国发展工业互联网平台在政策方面有了全方位的指导，企业发展工业互联网平台和App时只要遵循政策条例，就能找到正确的发展方向。

完善安全保障政策体系

我国工业互联网正处于发展起步阶段,与发达国家相比,总体发展水平和现实基础仍然不高。企业网络安全意识相对薄弱,安全防护水平有待提升。迫切需要政府、产业和企业协同联动才能有效实现安全保障能力的体系化布局,以提升工业互联网整体安全防护能力。

在工业互联网安全方面,工信部等十部门印发了《加强工业互联网安全工作的指导意见》,其中明确提及,到2020年底,工业互联网安全保障体系初步建立。制度机制方面,建立监督检查、信息共享和通报、应急处置等工业互联网安全管理制度,构建企业安全主体责任制,制定设备、平台、数据等至少20项亟须的工业互联网安全标准,探索构建工业互联网安全评估体系。技术手段方面,初步建成国家工业互联网安全技术保障平台、基础资源库和安全测试验证环境。产业发展方面,在汽车、电子信息、航空航天、能源等重点领域,形成至少20个创新实用的安全产品、解决方案的试点示范,培育若干具有核心竞争力的工业互联网安全企业。到2025年,制度机制健全完善,技术手段能力显著提升,安全产业形成规模,基本建立起较为完备可靠的工业互联网安全保障体系。

除此之外,工业和信息化部还在加快编制工业信息安全标准体系建设指南,以及工业互联网安全保障技术体系方案,同时指导工业互联网产业联盟发布《工业互联网安全总体要求》《工业互联网平台安全防护要求》等联盟标准。

夯实安全底座对于工业互联网网络体系的构建、平台体系的健康发展尤为重要。从最基础的数据安全,到协议安全,再到工控安全等,工业互联网的安全构成错综复杂,因此,构建上下联动、多级协同的工业互联网安全综合保障网络体系才是安全工作的重点。

开展多项行动保障政策落地

为了落实好这些政策,政府部门组织开展多项活动,调动企业的积极性。

为配合培育工业 App 计划,2018 年工信部开展了"工业互联网 App 优秀解决方案征集活动",遴选出 89 个具有代表性的工业 App 案例,供其他企业或行业借鉴。有了标杆示范型案例,想发展工业互联网的企业就有了参考系,同行业的企业就有了"对照表"。

与此同时,为了更好地引导企业发展工业互联网,工业和信息化部遴选出 72 个项目作为 2018 年工业互联网试点示范项目,涵盖制造企业、信息技术企业、互联网企业、电信运营商、高校及科研院所等组织类型,通过试点先行、示范引领,总结推广可复制的经验、做法,推进工业互联网发展。工业和信息化部还联合财政部组织实施了工业互联网创新发展工程,重点围绕网络、平台、安全三大体系,前瞻布局工业互联网,全面支撑制造强国和网络强国建设。

2018 年,工业互联网创新发展工程共遴选出 29 个工业互联网安全项目落地实施,在实践中牢筑工业互联网安全"防火墙"。同年,工业和信息化部举办了"护网杯"——2018 年网络安全防护赛暨首届工业互联网安全大赛,起到了提升电信网和互联网、工业互联网等网络信息基础设施安全防护水平,挖掘培养网络安全优秀人才的重要作用。

工业和信息化部"频频落子",快速布局,在网络、平台、安全三方面培育工业互联网发展的沃土。我国工业互联网发展的种子一定会乘着政策的春风,在祖国大地生根发芽。

第三节

产学研用金协同推进

2019年元宵节刚过,北京国家会议中心迎来了来自政府、企业的国内外专家学者及众多领域行业代表约5 000人。面积达5 500平方米的展厅人头攒动,这里是以"智联赋能,融通创新"为主题的2019工业互联网峰会现场。舆论惊呼,中国工业界和互联网业界的巨头扎堆在这里"过年"。

这是第三届工业互联网峰会,持续两天,从早到晚安排得满满当当,开幕式、专题论坛、主论坛、六个分论坛……几乎场场火爆,听会的人挤满走道。演讲嘉宾既有来自工业企业、信息通信企业的高管,科研院所的专家学者,也有相关部门的政策制定者。短短几个月后,这些嘉宾又纷纷出现在南京、宁波、广州、台州、东莞等工业城市,为"嗷嗷待哺"的制造业企业家们,带去最新的政策信息和前沿的典型实践。

自2017年11月27日《国务院关于深化"互联网+先进制造业"发展工业互联网的指导意见》发布以来,地方政府、工业企业、ICT企业、科研院所等产业链各环节对工业互联网的热情空前高涨,纷纷从不同的角度发力,形成了政、产、学、研、用、金协同推进工业互联网创新发展的良好局面。

地方政府因地制宜培育经济新生态

为落实国务院的战略部署，各级地方政府以《指导意见》为指引，结合本地实际，相继推出本地的工业互联网发展政策，指导本地工业互联网发展。

据统计，截至 2019 年 3 月，已有北京、上海、天津、重庆、河北、广东、福建、辽宁、安徽、河南、吉林、青海、甘肃、贵州、山西、江西、浙江、宁夏、湖北、江苏等 20 个省、自治区、直辖市出台本地工业互联网发展规划和政策。湖南、山东、广西等省（区）也将加快发展工业互联网作为推动制造业高质量发展的重要内容，积极开展部署企业上云、平台建设、技术改造等重点工作。从各地方政府推出的政策举措看，均结合本地产业基础和优势，重视各类要素投入保障，并强调通过引入外部资源，加快地方工业互联网创新发展，同时形成较强的辐射带动力。

上海工业互联网的最大特色就是一个"早"字。

早在 2004 年，上海一家中国软件企业的技术人员就提出了工业互联网的概念，并致力于将工业设备通过公用互联网互联互通。他们认为从技术的层面，工业互联网属于一个交叉性学科的综合应用，涉及工业信息安全、网络通信技术、广域自动化三个领域的问题。只有把这三个技术融合在一起，才能构成一个工业互联网的基础架构。同时，他们还提出可以从两个角度理解工业互联网：一是依托公众网络连接专用网络、局域网，比如石油传输管线、铁路交通、电网等；二是以生产自动化为基础，实现企业全面信息化，然后再升级为工业互联网。

上海率先发展工业互联网并不是偶然。上海的企业数量众多、细分领域较为强劲、行业分布广泛、产业链相对齐全，这些特点从一开始就为工业互联网的发展奠定了基础。

早于国家指导意见的发布，2017年2月10日，上海市政府办公厅就印发了《上海市工业互联网创新发展应用三年行动计划（2017—2019年）》，明确顶层规划设计。两个月后，上海市经济信息化委、市财政局联合印发《上海市工业互联网创新发展专项支持实施细则》，在工业互联网政策和标准的制定上进一步完善。

2018年7月，上海市政府因势利导，正式对外发布《上海市工业互联网产业创新工程实施方案》（以下简称《方案》），进一步明确未来三年上海工业互联网发展的路线图。《方案》提出"533"发展思路，计划到2020年全力争创国家级工业互联网创新示范城市，并带动长三角世界级先进制造业集群发展，以工业互联网擦亮"上海制造"新名片。

广东是制造业大省、信息通信业大省、经济大省，各类优势产业的标签离不开地方政府的大力扶持。

2016年，广东省工业和信息化厅成立了一个新部门——制造业与互联网融合发展处。成立之初这个部门没有任何KPI（关键绩效指标）、没有任何业务，主要任务就是搞研究，研究制造业的数字化转型到底怎么转、路径到底怎么设计。

这个处就是现在经过机构改革后的工业互联网处。从政府机构的成立到改名，最直接反映的就是广东近年来转型的新动力：以智能制造为主攻方向，推动互联网从消费领域向工业领域加快渗透。

广州是中国先进制造业重要基地，拥有41个工业大类中的35个行业，是华南地区工业门类最齐全的城市。据统计，广东拥有的制造行业里，有16个行业产值一直居全国前三位，5个居第一位。拥有56万家工业企业、4.7万家规模以上的企业数量，有425个专业镇和特色产业集群，2.13万家工业企业实现机器换人，自动化程度非常高。

2018年3月22日，广东发布《广东省深化"互联网+先进制造业"发展工业互联网的实施方案》和《广东省支持企业"上云上平台"加快发展工业互联网的若干扶持政策（2018—2020年）》。《扶持政策》是全国首个发布的支持工业互联网发展的地方政策。文件提出"平台降一点、政府补一点、企业出一点"的原则，在今后3年给予不低于30%的整体优惠支持企业上（公有）云上平台，促进制造业降本提质增效。

广东提出，到2020年，推动1万家工业企业运用工业互联网新技术、新模式实施数字化、网络化、智能化升级，带动20万家企业"上云上平台"。政府实实在在设机构、做研究、出政策、大扶持，制造大省广东在工业互联网发展的道路上信心满满、后劲十足。

江苏、浙江两省有着较好的制造业基础，同时在信息通信技术、数字化转型方面也走在全国前列。在工业互联网的推进发展中，企业上云和平台打造成为两省的关键词。

早在2017年，浙江省就印发了《浙江省"企业上云"行动计划（2017年）》，提出新增十万企业上云的发展目标，并于当年提前完成。2018年4月，浙江省正式启动《深化推进"企业上云"三年行动计划（2018—2020年）》，深度支持企业上云，对未来3年的发展提出了具体目标，并对工业互联网平台建设提出了要求。

江苏省同样在2017年出台《加快推进"企业上云"三年行动计划的通知》，提出到2020年底，重点在全省建设10个在国内具有一定影响力的工业云平台、50个省级示范工业云平台；新增"上云"企业10万家，创建200家五星级、1 000家四星级、5 000家三星级"上云"企业；培育20家以上具有国内一流水平的云应用服务商；打造100个工业互联网标杆工厂；创建30个"互联网+先进制造"特色基地。

工业互联网平台被誉为工业互联网的"操作系统"，是制造业新生态竞争的核心，其潜在商业价值巨大，自然也成为各地推进的重中之重。

2018年6月，浙江省发布工业互联网战略，提出将率先推进建立"1+N"工业互联网平台体系和行业联盟。到2025年，将承载30个行业级子平台，孵化10万款工业App，服务30万家工业企业。其中，"1"是指培育一个具有跨行业、跨领域、具有国际水准的国家级工业互联网平台；"N"是指培育一批行业级、区域级、企业级等多级工业互联网平台。

2018年7月，江苏省政府出台《深化"互联网+先进制造业"发展工业互联网的实施意见》，组织实施了工业互联网"528"行动，即强化网络、平台、安全、生态、支撑5大体系，突出"建平台""用平台"两大核心，推进工业互联网基础设施能力提升工程、工业互联网平台建设培育工程、工业App培育工程、工业互联网安全监管工程、工业互联网关键技术产业化工程、星级上云企业建设工程、工业互联网标杆工厂建设工程、互联网+先进制造业特色基地建设工程等八大任务工程。

在首都北京，2017年9月22日，北京制造业创新发展领导小组印发《北京市推进两化深度融合推动制造业与互联网融合发展行动计划》，提出要加快部署工业互联网。2018年7月2日，2018软博会北京工业互联网创新发展论坛召开。论坛举行了北京工业互联网创新发展联合宣言仪式，正式启动北京工业互联网平台建设。11月29日，北京制造业创新发展领导小组印发《北京工业互联网发展行动计划（2018—2020年）》，旨在加快推动北京市工业互联网发展，构建"高精尖"产业体系。

在中部省份湖北省，2018年9月29日，湖北省人民政府发布《湖北省工业互联网发展工作计划（2018—2020年）》，提出到2020年底，基本完成面向先进制造业的低时延、高可靠、广覆盖的工业互联网基础设施和配套管理能力建设；围绕工业互联网标识解析节点，培育工业互联网标识解析产业生态；工业互联网覆盖所有千亿级行业，建设20个在全国具有一定影响力的行业级工业互联网平台，培育2~3个全国一流的工业互联网平台，形成湖北省工业云（平台）体系；带动3万余家企业接入湖北工业云（平台），促进省大中小企业融通发展；形成1~2个国家级工业互联网产业示范基地；建立与工业互联网发展相适应的安全保障体系。

在西部大省四川省，2017年6月27日，四川省人民政府印发《四川省深化制造业与互联网融合发展实施方案》。2018年11月，中共四川省委、四川省人民政府《关于加快构建"5+1"现代产业体系推动工业高质量发展的意见》印发。2018年以来，有关推进工业互联网发展的政策举措越来越密集：成立四川省工业大数据创新中心、发布四川工业互联网平台首批实践案例、成立工业云制造（四川）创新中心和工业云制造创新联盟……2019年3月，四川省经济和信息化厅发布《关于深化"互联网+先进制造业"发展工业互联网的实施意见（征求意见稿）》，推动四川省工业高质量发展。

因地制宜是各地发展工业互联网的一大特点，工业互联网已经被各地方政府视为打造先进制造业、加快传统产业转型升级、推进经济高质量发展的新突破口。除了对未来工业互联网的发展和应用做出总体规划外，各地还根据各自产业现状，制定了符合地方发展需要的制造业升级路径。例如，江苏省明确表示，将工业互联网应用于新型电力（新能源）装备、工程机械、物联网、生物医药和新型医疗器械、核心信息技术、汽车及零配件等6个先进制造业集群，力争在2020年前打造50个标杆项目，并提升相关制造业园区和企业的竞争力。北京市则将高端装备、电子信息、汽车、生物医药、航空航天等行业，作为利用工业互联网实现产业升级的重点领域。

产学研用金协力打造产业大生态

工业互联网峰会近几年的成功举办，让幕后的主办单位之一——工业互联网产业联盟走到台前。

时间退回到 2015 年 12 月，2016 年全国工业和信息化工作会议明确提出"有序推进工业互联网发展。研究制订总体方案、标准体系框架及推进策略。推动成立工业互联网产业联盟"。工业互联网产业联盟的成立被提上了议事日程。

2016 年 2 月 1 日，工业和信息化部直属单位中国信息通信研究院，作为我国从事工业互联网系统研究和整体推进最早、最活跃的单位，联合制造业、信息通信业、互联网等相关领域企事业单位、社团组织、高等院校、科研院所等 143 家机构，发起成立了工业互联网产业联盟（以下简称联盟）。

3 年之后，工业和信息化部部长苗圩在工业互联网峰会上表示，工业互联网是人类社会对发展未来产业的共识，推进的过程当中还面临着很多的问题，这不是单个企业乃至一个国家能够独自完成解决的，必须携起手来共建共享。要坚持开放包容发展，继续依托产业联盟的平台，加强国家之间、企业之间的交流和经验分享，建立和完善多层次的合作机制，共同构建全球协同、兼收并蓄的工业互联网产业发展的大生态。

联盟自成立以后在技术研发、应用推广等方面为我国工业互联网发展提供了重要支撑。截至 2019 年 3 月，联盟会员数量已突破千家，形成"12+9+X"的组织架构，即 12 个工作组、9 个特设组以及 X 个垂直行业领域，分别从工业互联网顶层设计、技术标准、产业实践、国际合作、投融资等方面开展工作。

联盟成功举办工业互联网峰会、工业大数据创新竞赛、工业App开发与应用创新大赛等多项活动，形成《工业互联网体系架构》等一系列研究成果，遴选出一批工业互联网测试床、解决方案及优秀应用案例，并开展了工业互联网平台可信服务评估评测、性能评测及工业互联网安全评估评测等工作，已成为协同各方跨界创新、推动产业生态构建的重要载体。

与此同时，依托联盟，在上海、广东、重庆、江苏等地成立了分联盟，成为各地方政府和企业间的纽带，加快推动各地方工业互联网工作部署和实施，引导企业在地方开展工业互联网建设，打造当地工业互联网产业生态。

工业互联网产业联盟可以看作当前工业互联网产学研用协同发展的一个典型代表和范式。工业互联网涉及云计算、大数据、人工智能等新一代信息技术，涉及自动化、软件、电子、装备等工业使能技术，涉及大量工业应用场景和垂直行业。任何一家企业都不具备全覆盖能力，需要各学科、各行业突破原有的思维模式、技术路径。

产业联盟为企业之间的优势互补、跨界合作提供了重要载体。高效运作的产业联盟能在促进跨界合作的基础上，构建新的利益纽带，加速共性技术、前沿技术的突破与扩散，加速新商业模式的出现与推广，进而形成新的分工体系、供需关系和协作网络，最终促进产业生态重塑。

因此，产业联盟的建立不仅促进了不同企业间的合作与协同发展，还促进这些企业快速、有效地突破产业共性问题，并形成规模化发展态势。

《国务院关于深化"互联网＋先进制造业"发展工业互联网的指导意见》提出，建设工业互联网创新中心，有效整合高校、科研院所、企业创新资源，围绕重大共性需求和重点行业需要，开展工业互联网产学研协同创新，促进技术创新成果产业化。《指导意见》还提出，强化工业互联网区域发展统筹谋划，开展示范基地建设，为党的十九大报告提出的培育若干世界级先进制造业集群提供重要支撑。

上海作为我国重要的金融中心、贸易中心和综合性工业基地，于2017年率先落地成立国家级工业互联网创新中心，成为上海乃至全国工业互联网领域龙头科研机构及技术转化产业载体；率先推动松江区获批全国首个工业互联网产业示范基地，重大产业项目集聚效应不断增强；率先推动长三角工业互联网平台、标识解析集群联动合作，助力世界级先进制造业集群发展。

广东省是我国先进制造业的集聚区，广州市是广东省重要的制造业基地，而广州开发区的工业产值占广州市的40%，全区规模以上工业企业829家，其中12家工业企业年产值超过百亿元，省、市、区均具有发展工业互联网的独特优势。2018年伊始，广州开发区与中国信息通信研究院共同打造广东省工业互联网产业示范基地，以联合共建广东省工业互联网创新中心为载体，共同致力于工业互联网、5G、智慧城市等领域的产业发展和应用创新，推进广东省工业互联网生态体系建设，探索区域特色工业互联网创新模式和发展路径。

山东省工业互联网创新中心由海尔牵头，以大规模定制模式应用普及以及可持续化为发展根基和创新使命，重点研究工业互联网行业痛点的颠覆性解决方案，推动科技成果产业化和工业互联网新旧动能转化。同时，该创新中心是以用户体验为中心的大规模定制模式研究中心，能有效地进行资源整合，带动产业链上下游企业变革升级智能制造新模式，创造用户价值，实现价值链各相关方共创共赢，让用户全流程参与产品的创意交互、协同设计、透明生产、体验迭代等环节。

对复合型人才的渴求，使工业互联网快步走进了国内高校。2016年，四川大学成立全国首家工业互联网研究院，以计算机学院、制造学院和网络安全学院的相关专业为支撑学科，以"四川大学世界一流大学建设"提出的超前部署学科"工业互联网工程技术学科"为科研导向，以四川大学双创中心为实验基地，以国内外工业互联网行业高水平科研工作者为团队主力，集研发工业互联网前沿（底层）技术、解决工业互联网在行业应用中的重大问题、培养行业内优秀人才等目标于一体，旨在打造一个具有丰厚资源的科研平台。

企业是工业互联网的主体，目前参与工业互联网的企业主要包括两大阵营，即应用性企业和基础性企业，前者包括各类离散和流程型制造企业，后者包括基础电信、互联网、自动化、软件、系统集成商和部分先发性制造企业等。

信息化水平高的制造业龙头企业是工业互联网的主力军。先进制造企业航天科工、海尔、富士康等将自身数字化转型经验转化为平台服务，分别推出INDICS、COSMOPlat和Beacon工业互联网平台；装备和自动化企业三一重工、徐州重工凭借工业设备与经验积累创新服务模式，推出根云、Xrea工业互联网平台。企业数字化向更广的边际延伸，并且在这些平台上，基于数据的整合，提供智能化服务，为各类制造企业迈向智能制造搭建桥梁。

信息通信企业是关键使能技术的开拓者。作为信息基础设施的提供者，我国三大电信运营商在工业互联网领域积极布局，中国电信已将工业互联网作为重点战略工作，定位于以工业连接为起点，构建产业生态，助力制造强国建设。中国移动也进行了工业互联网方面的探索，其中OneNET（物联网开发平台）连接数达3 000万，企业用户突破5 000家。中国联通提出了"M2M平台+"（M2M即端到端）生态战略，具备广泛的M2M连接能力，蜂窝 M2M 接入网络已覆盖全国 31 个省份、300 多个城市，有超过 60 万个基站。信息技术企业华为、浪潮发挥 IT 技术优势，将已有平台向制造领域延伸，分别推出工业互联网平台 FusionPlant 和 M81。

拥有生态优势的互联网龙头企业正异军突起。互联网企业阿里巴巴在其云服务基础上叠加工业解决方案，构建"工业 ET 大脑"。同时与航天云网、徐工集团等垂直领域巨头合作，提供机器学习、数据模型建模技术。腾讯已启动战略升级计划：扎根消费互联网，拥抱产业互联网，联合三一重工打造根云平台，为制造企业提供专业数据分析、应用开发等服务。

软件服务企业凭借自身行业经验以及应用优势成为工业互联网赛道不可忽视的种子选手。软件云化、工业 App 发展迅速，用友、石化盈科等软件企业加强平台化的软件云化、数据汇聚处理能力，推出"精智"、ProMACE（工业互联网平台）；东方国信 Cloudiip（工业互联网平台）已形成面向不同应用场景的 300 余个工业 App。

与此同时，面向数据采集、集成、分析的技术产品和解决方案正在形成，如华龙讯达、歌尔声学等企业基于平台开展设备数据采集和边缘计算分析；和利时、索为等企业基于平台进行工业机理模型与微服务开发调用、工业大数据存储分析与工业 App 开发部署；寄云科技、沈阳机床等企业基于平台探索设备健康管理、制造能力交易等创新赋能实践。

作为互联网发展的一种新生态、新模式，工业互联网发展也离不开金融资本的驱动。《国务院关于深化"互联网+先进制造业"发展工业互联网的指导意见》提出了创新金融服务方式的保障措施。2018 年 8 月 31 日，工业和信息化部、中国证监会联合召开工业互联网产融结合座谈会，就工业互联网发展思路、未来布局以及在产融结合方面的探索等进行研讨。在政策背景的支持下，地方政府方面，如湖北省将在长江经济带产业引导基金下设立工业互联网产业发展子基金，重点支持工业互联网标识解析体系建设及产业生态培育、工业互联网平台建设、工业互联网应用示范试点等；四川省以产融结合的方式，通过四川省投资集团有限责任公司，分别在学术科研、电子信息技术、大数据、人工智能、信息安全等领域投资工业互联网，支持四川工业互联网发展。企业方面，如阿里巴巴集团和上汽集团共同发起成立的"互联网汽车基金"投资建设的斑马网络技术有限公司，在成立不到三年的时间里，快速成长为智能网联汽车解决方案领域的领军企业。

无论是区域协同发展还是产学研用金协同创新，都体现出各地政府、国内制造企业、ICT 企业、科研院所、投融资机构等对工业互联网的高度重视和热情参与，多方协同、融合发展的产业生态已初步形成。

面对工业互联网这片"蓝海"，政策的发令枪已响，产学研用金等各方力量都在加速奔跑，工业转型升级和制造强国建设将迎来光明的前景。

第四节

5G+ 工业互联网

南美洲亚马孙热带雨林中，一只美丽的蝴蝶停在花簇间，偶然扇动了几下翅膀，引发了两周后美国得克萨斯州的一场龙卷风……

恰如神奇的蝴蝶效应，当2019年最具人气的两大科技热点——5G与工业互联网相遇时，它们组成了新一轮科技革命的希望之翼，翩然扇动，相辅相成。未来，它们将掀起怎样的风潮，又将给人类社会带来怎样的激荡与变革？

第四次工业革命，来了！

2019年5月22日，英国钢铁公司宣布破产，受影响的产业上下游员工超过2.5万名。你可能很难相信，50多年前成立之初，英国钢铁公司的产能约占全英钢铁产能的90%以上，直至破产时，它依然是英国第二大钢铁企业。

制造业巨舰轰然沉没，究竟是为什么？供应过剩？需求疲软？创新乏力？还是有其他原因？一位欧洲制造业专家坦言，一系列因素的集中作用导致英国钢铁行业的生存环境日益恶化，他感叹道，欧洲传统制造业亟须转型，未来的出路就在高端制造、智能制造。

两个月后的 7 月 22 日，中国宝武钢铁集团有限公司董事长陈德荣轻轻按下屏幕上的按键，远在 3 000 米外的宝山基地炼钢 3 号转炉正式开启远程"一键炼钢"模式。借助 5G 技术，现场屏幕上实时显示出转炉冶炼情况：氧枪缓缓降下，转炉内的钢水开始翻滚……不久，这一炉出钢记号为 DT0145D1 的钢水冶炼结果展示在大屏幕上——温度、成本等冶炼指标全部一次命中，碳、硅、锰、磷、硫等钢水成分指标全部在控制标准内。

以前，炼钢要经过摇炉等多道工序，现在通过架构于 5G 技术、工业互联网基础上的智能制造创新，远程"一键炼钢"得以实现。"今天，这里离现场 3 000 米，下次我们就能实现距离 3 000 公里的'一键炼钢'，在上海炼湛江钢铁的钢。"陈德荣对未来信心满满。

无论是英国钢铁巨头的黯然落幕，还是中国钢铁旗舰企业的创新突破，跨越东西半球、相距近 10 000 公里的两个案例，都向我们传递出明确的信号：一是传统制造业正面临严峻挑战，生死就在一线之间，转型需求异常紧迫；二是智能制造成为传统工业转型升级的突破口，粗放式生产将被智能精细化生产替代；三是新一代信息技术与工业技术的"融合创新"将突破人类的想象边界，"3 000 公里外一键炼钢"等神奇场景有望成为现实。一句话，传统工业的发展已经触及天花板，我们比任何时候都期待转型突破，一场新的工业革命即将到来。

是的，这场工业革命，被人们称为第四次工业革命。不同于人类历史上前三次工业革命——蒸汽化、电气化和信息化，这是一次以"数字化、网络化、智能化"为核心的全新产业革命。

自脱离农业社会以来，工业成为人类社会的立国之本、兴国之器、强国之基，其产值贡献和占比被作为衡量一个国家经济发展水平的重要指标。在联合国官方定义中，判断是"发达国家"或"发展中国家"的主要标准就是人均 GDP 及工业部门的产值占比。

第四次工业革命，以高速宽带连接为基础，以数据和算力为核心，以工业互联网为平台，将开启"工具革命"向"主体革命"的转变，推动生产力主体由"人"到"物"的跨越，最终让智能机器取代人机协作，成为物质财富生产的主导力量。

当前，随着信息通信技术的迅猛发展与日益成熟，具有高速率、低时延、高可靠、广覆盖优势的5G网络将替代现有的工厂联网通信技术，构建起工业智能化发展的关键网络基础设施，并与工业互联网深度融合，形成全新工业生态体系，促进制造业全要素、全价值链、全产业链转型升级。

那么，5G真的有这么神奇吗？

5G，真的不一样

5G，是4G的下一代演进技术。自诞生之日起，5G就引起了全社会的瞩目，仿佛自带主角光环，无论什么时候，都是人气焦点。如果谁不能就5G的话题谈上两句，似乎就要落后于时代了。

5G的魅力究竟何在？人们对它最直观的感受就是网速快。1G（第一代移动通信技术）打电话，2G（第二代移动通信技术）发短信，3G下载图片，4G刷微信、看直播，5G呢？5G的网络速度是4G的10~100倍，让4G望尘莫及，用手机下载一部1GB（千兆字节）大小的高清电影仅仅需要几秒钟。而这，只是5G的特质之一。

与现在的4G网络相比，5G在速率、时延、连接数三个方面实现了巨大跃升，呈现出"高速率、低时延、大连接"三大特点，分别对应国际电信联盟提出的5G三大应用场景：增强移动宽带、低时延高可靠通信和海量机器通信。

增强移动宽带。5G的最高峰值下行速率可达10Gbps（交换带宽），是4G网速的约100倍，在保证广覆盖和移动性的前提下可为用户提供更快的数据速率，同时频谱效率更高，可降低运营商提供流量的单位成本。

低时延高可靠通信。5G的端到端时延约为1~10毫秒，仅为4G的1/5。也就是说，5G的反应速度更快了，可以做到更快速的数据采集，进而实现海量数据的边采集、边计算、边控制，可有效支持无人驾驶汽车、工业控制等应用场景的快速反应需求，让操作更安全。

海量机器通信。5G网络下，每平方公里可以支持的设备连接数达到了100万台！这一数据相当惊人，将使人与物、物与物之间的海量通信成为可能。有了5G，万物互联才有实现的可能。

5G的三大特点使其可广泛应用于工业领域的机器识别、远程运维、移动巡检、产品检测等环节以及远程医疗、智慧城市等领域，打造出超出我们想象边界的应用。值得关注的是，5G还有两大"杀手级"技能，是工业互联网发展的"硬核"基础。一是网络切片。5G的业务范围非常广，不同的业务对带宽等网络资源的需求不同，5G网络可以在实体网络中进行逻辑分类，就像"切片"一样，一部分网络支撑一部分业务，另一部分网络支撑另一部分业务，从而为工业等各行业提供部署便捷、性能灵活的专网服务，更好地满足行业用户的定制化需求。二是边缘计算。这个概念比较复杂，可以简单地解释为在"最近端"的用户侧提供云计算服务，而不必将数据都传输到IDC（互联网数据中心），这样做的好处：一是可以快速处理分析庞大的数据；二是保障数据的绝对安全，解决了很多工业企业的后顾之忧。边缘计算主要面向时延敏感型业务和资源消耗型业务，例如，车联网、工业产品检测、室内定位等。

为满足智能制造发展的需要，工业互联网迫切需要具有高速率、低时延、高可靠、广覆盖的基础信息网络，4G网络难以支撑，5G网络正当其时！可以说，5G是驱动工业互联网发展的关键使能技术之一，而工业互联网是加快 5G 商用规模部署的重要突破口之一。5G 与工业互联网的联动，将成为驱动第四次工业革命的强力引擎和助燃剂。

美国高通公司预测，到 2035 年，5G 将在全球范围内创造 12.3 万亿美元的产值及 2 200 万个工作岗位；预计 2020—2035 年，5G 对全球 GDP 增长的贡献将相当于印度一个国家规模的经济体。全球知名咨询公司 IHS 预测，2020—2035 年，5G 将贡献 0.2% 的全球 GDP 增长，为年度 GDP 创造 3 万亿美元的价值增量。

正因为 5G 的"高能量"，它成为全球主要国家奋力抢占的战略制高点，各国纷纷加快了 5G 的研发及商用步伐，以期在未来科技竞争中占据先发优势。2019 年以来，一场波及全球的 5G 竞赛精彩打响。

2019 年当地时间 4 月 3 日晚 11 时，韩国三大电信运营商 KT、SKT 和 LG Uplus（隶属于 LG 集团）几乎同时宣布 5G 商用，韩国成为第一个实现 5G 商用的国家，全球 5G 商用元年正式开启。有趣的是，为争夺这个第一，韩国临时决定将原本于 4 月 5 日启动商用的计划提前，仅仅比美国快了几小时。这充分说明，5G 对韩国很重要。在韩国总统文在寅看来，"建成世界首个 5G 商用网络，向全世界展现了韩国的潜力和无限可能性，也宣告韩国正跃升成为第四次工业革命中心国家的事实"。4 月 8 日，韩国举行庆祝活动并正式发布韩国"5G+ 战略"。文在寅出席活动时表示，韩国将打造世界一流的 5G 生态圈，通过 5G 与各领域的融合创新，自动驾驶、智能工厂、智慧城市等第四次工业革命的代表性产业将得到全面发展。

韩国打响 5G 商用第一枪后，美国、瑞士、英国等国家和地区先后开通 5G 商用服务，中国也于 2019 年 6 月 6 日正式向中国电信、中国移动、中国联通、中国广电发放了 4 张 5G 牌照。目前，全球已有20多个国家实现5G商用。

在5G赛道中，全球5G技术及产业格局究竟如何呢？

美国国防部报告认为，中国、韩国、美国、日本是5G"第一梯队"；英国、德国、法国位居"第二梯队"；新加坡、俄罗斯和加拿大构成"第三梯队"。2019年4月，美国无线通信和互联网协会发布分析报告，中国与美国在全球5G竞赛中并列第一，其次是韩国、日本和英国。

对于与中国"并列第一"的现实，美国难以接受。2019年4月12日，美国总统特朗普在白宫新闻发布会上喊话："5G竞赛已经开始，这一仗美国必须赢！我们不能允许其他国家在这个产业上超越美国。"

为何美国如此焦虑，中国5G究竟有哪些优势？

早在2013年，中国就已经悄然开始布局5G。2013年2月，IMT-2020（5G）推进组在工信部、国家发改委和科技部的共同支持下正式成立。我国提出的"5G之花"中9个技术指标，有8个被国际电信联盟采纳。2016年，我国启动了面向商用的5G技术研发试验，对加快5G技术和产业的成熟发挥了十分重要的推动作用。按照工信部的安排，研发试验分为关键技术试验、技术方案测试和系统测试三个阶段，进行稳步推进。经过政产学研用各界携手创新突破，我国在5G技术及产业的多个领域进入全球第一阵营。据2019年5月德国专利数据公司IPIytics发布的5G专利报告《谁在5G专利竞赛中领先？》，截至2019年4月，中国企业申请的5G SEP（Standards Essential Patents，标准必要专利）件数位居全球第一，占比34%。其中，华为名列第一，拥有15%的5G SEP。目前，中国是全球唯一拥有5G完整产业生态的国家，并在5G基带芯片、大规模天线、Polar码（极化码）、5G核心网、上下行解耦技术等领域实现多项硬核技术的领先，有些技术在全球领先 1~2 年。

2017 年 11 月 9 日，工业和信息化部规划 3300~3600MHz（兆赫）、4800~5000MHz 频段作为 5G 系统的工作频段，这使我国成为全球第一个发布 5G 系统在中频段内频率使用规划的国家，有力地保障了电信运营商开展 5G 系统试验所必须使用的频率资源，向产业界发出了推动 5G 产业发展的明确信号。产学研用各界共同努力，推动中频段 5G 基站成熟时间提早了一年，中频段 5G 产业生态也加速成熟。华为公司目前已具备从芯片、产品到系统组网全面领先的 5G 能力，是目前全球唯一能够提供端到端 5G 商用解决方案的通信企业。中兴通讯具备完整的 5G 端到端解决方案的能力，截至 2019 年 6 月已和全球 60 多家运营商开展 5G 合作，稳居 5G 第一阵营。在 5G 终端领域，我国的华为、OPPO（广东欧珀移动通信有限公司）、VIVO（智能手机品牌）、小米等公司也处于领先地位。

5G+ 工业互联网，重新定义"智能制造"

10Gbps 以上的峰值速率、毫秒级的传输时延、千亿级的连接能力、纳秒级的高同步精度，"5G+ 工业互联网"正为人机深度交互、万物泛在互联、工业转型升级注入全新活力，"智能制造"正被重新定义，并将催生出诸多新业务、新业态、新模式。

对此，中国商飞公司已经率先受益。

制造大飞机，需要造好每一部分，然后一节一节整体组装。这个组装涉及很多管线和零件，需要非常有经验的产业工人对照设计图纸小心连接。现在，中国商飞公司的装配工人戴上"5G+8K 分辨率 +VR"头盔后，在飞机辅助装配、线缆端接、支架拆装、虚拟测试等工作中，都可以通过头盔对线缆自动识别并根据装配指示进行操作，"哪一根线缆连接到哪一个位置，一目了然，既提高了工作效率，又保证了工作质量"。此外，中国商飞还通过两个工业摄像头进行飞机装配及相关设备扫描，进而合成三维视频，实现对装配精度的准确检验。这个技术最关键的就是两个摄像头要精准同步，只有在高同步精度的 5G 网络下才能实现。

在机械行业，中兴通讯携手中国联通山东分公司助力山东临工集团共同打造了 5G 远程遥控挖掘机，工作人员变身"钢铁侠"，可在远端控制室实时控制位于矿区的无人驾驶挖掘机，而现场真实的作业场景和全景视频实况也可及时回传到控制中心。

在电网行业，位于崇山峻岭甚至野外无人区的电网输电线路设备，以往只能依靠人工巡检的方式进行设备的运营状况检查，成本高、风险大、耗时久、效率低。采用搭载高清摄像头的 5G 无人机进行巡检，工作人员无须爬塔，就可以对电网设备进行 360 度全方位高清视频检查，同时完成数据采集和存档。

从工业视觉检测、远程机械臂操控、超高精度定位到云化机器人、定制加工、物流追踪等，工业生产的资源配置、产品结构、运营模式正在"5G+工业互联网"的推动下迎来前所未有的变革，"更低成本、更高效率、更高精度""无人工厂""智慧工厂"就在眼前。

时代大潮奔流不息，战略机遇稍纵即逝。作为世界第一制造大国、第一网络大国，中国高度重视"5G+工业互联网"的融合应用和创新发展，未来，"人、机器、数据"这三大智能制造的要素将被激发出超出想象的价值，"5G+工业互联网"，精彩还在后面！

第四章
透视工业互联网

引 言 四"新"诠释工业互联网

什么是工业互联网？工业互联网有什么特点？工业互联网对经济社会发展有何推动作用？人们对工业互联网这一迅猛发展的新生事物有着普遍的关注。

近几年，在各方共同努力下，我国工业互联网快速发展，从概念普及阶段进入探索实践阶段，形成了战略引领、规划指导、政策支持、技术创新和产业推进良好互动的可喜局面，新型基础设施、新型产业生态、新型发展路径、新型消费模式成为工业互联网发展的重要特点。可以说，工业互联网是数字浪潮下工业体系和互联网体系深度融合的产物，是促进我国供给侧结构性改革、加快新旧动能转换的关键抓手。

新型基础设施为经济高质量发展提供重要支撑。现代社会经济体系架构在新型基础设施之上，在第四次工业革命的背景下，工业互联网进一步成为生产力变革和经济发展的重要驱动力。工业互联网不单是工业企业的基础设施，从工业到交通、物流、能源、医疗、农业，从社会组织的生产到我们个体的生活，工业互联网都将深度融合进来。数字经济时代，光缆、微波、卫星、移动通信等网络设备设施成为必要的、普遍的基础设施，工业互联网则与5G、人工智能、物联网一道，成为对经济社会具有战略支撑和创新引领作用的新型基础设施。

新型产业生态为数字经济发展增添内生动力。新型产业生态是以工业互联网为驱动的新型工业制造体系和生产服务体系，汇聚工业企业、信息通信企业、安全企业、高校、科研院所、金融机构等各领域主体，是一种跨界融合、开放包容、协同创新的新型产业生态体系。对我国而言，工业互联网的应用还处于初级阶段，随着新零售、新制造等新型业态的出现，未来各行业与工业互联网深度融合，将催生出多种新型产业。

新型发展路径为制造业转型升级提供新动能。工业互联网通过跨设备、跨系统、跨厂区、跨地区的全面互联互通，实现全要素、全产业链、全价值链的全面连接，驱动工业数据充分流动，实现以数据流带动技术流、资金流、人才流、物资流，构建数据驱动的网络化工业生产制造体系和服务体系，有效提升传统产业的发展质量与效益，推动制造业转型发展。同时，工业互联网可以降低企业运行成本，提升管理效率，增加有效信息获取，捕捉市场趋势，解放企业生产能力。对外可以汇聚市场需求，提升产业链协同能力，加速价值流转，提升整体效率。

新型消费模式增加新兴服务消费供给。虽然工业互联网的服务对象重点是工厂，帮助供给侧改革创新，但每一家工厂的产品，经过加工、组装，最终必然连接到终端消费者。只有让终端消费者更广泛、更充分地参与到生产环节中来，企业生产的产品才能真正满足消费者五花八门的个性化需求。工业互联网的终极目标是，通过网络将不同的生产线连接在一起，运用云计算、大数据、物联网等先进而庞大的计算机系统随时进行数据交换，把消费者和工厂连接在一起，基于消费者的个性化需求与订单要求，设定供应商和生产工序，最终生产出个性化产品的大规模定制。

当前，我国工业互联网处于难得的发展机遇期，下一步，还需进一步提高基础设施支撑能力、应用服务能力和生态构建能力、服务消费供给能力，推动新一代信息技术与制造技术的联动发展与创新突破，立足行业需求加快应用创新和推广。

第一节

新型基础设施：全产业链的"智能+"演进

中央经济工作会议历来被视为宏观经济的风向标。当2019年中央经济工作会议第一次将"工业互联网"定义为新型基础设施时，在中国经济界、社会各行业，甚至普通百姓中引起了很大的反响。大家一时很疑惑："工业互联网是基础设施，就像水电煤气甚至高速公路吗？"

打个简单的比方，工业互联网就是互联网时代各行各业、各个企业工厂赖以生存的"千行万业的信息高速公路"。2017年11月发布的《国务院关于深化"互联网+先进制造业"发展工业互联网的指导意见》已明确，工业互联网所构建的人、机、物全面互联的新型网络基础设施，是推进制造强国和网络强国建设的重要基础，是全面建成小康社会和建设社会主义现代化强国的有力支撑。

从新型网络基础设施，到新型基础设施，说明工业互联网的作用和地位正在不断"加码"，与供水供电、交通物流、环境保护、文化教育、卫生事业等基础设施一起，成为社会必需品。现代企业如果缺电、缺水、缺交通，则无法运行；不久的将来，缺了工业互联网，企业也可能要"停摆"。因为在企业研发、生产、运营、内控、产品全生命周期管理、客户体验等各环节、全流程，都要依赖工业互联网。工业互联网就跟水电煤气一样重要，不光工业，各行各业都得用。

维系经济发展与社会运行的新型基础设施

说到基础设施，我们首先想到的便是生存与发展。就像房子之于一个家庭的意义，在整个社会运行中，基础设施是用于保证经济活动正常运行的公共服务系统，是社会赖以生存发展的一般物质条件。

最典型的莫过于"水电煤气＋通信"，用专业术语表达，就是能源供应系统（电力、煤气、天然气、液化石油气和暖气）、供水排水系统（水资源保护、自来水厂、供水管网、排水和污水处理）、交通运输系统（航空、铁路、航运、长途汽车、高速公路、道路、桥梁、隧道、地铁、轻轨高架、公共交通、出租车、停车场、轮渡）、邮电通信系统（邮政、固定电话、移动电话、互联网、广播电视）、环保环卫系统（园林绿化、垃圾收集与处理、污染治理）、防卫防灾安全系统等。在现代社会，这是人们生活、社会运行不可或缺的基础设施。它们就像是一整套生命系统，各司其职。

基础设施的作用仅仅就是为了支撑生存，保障我们生活在更好的环境中吗？远不止于此。一个国家或地区的基础设施是否完善，是其经济是否可以长期持续稳定发展的重要基础。完善的基础设施对加速经济社会活动有着巨大的作用。1933 年，富兰克林·罗斯福上任美国总统后，推行了一系列经济政策，其中最重要的一项，就是跟基础设施密切相关的"以工代赈"，政府主导大规模基础设施建设，这些基建项目，为后期美国经济的大发展打下了坚实的基础。现在，当人们研究现代资本主义经济时，"罗斯福新政"中基础设施建设与经济发展之间的关系是绕不开的话题，也是必修课。

俗话说，"要致富，先修路"，经济越发展，社会文明越进步，对基础设施的要求也就越高。基础设施的建设与完善同样能刺激和推动经济的发展，基础设施与经济发展之间呈现正相关性。据世界银行1994年发布的一项发展报告，发展中国家基础设施存量每增长1%，GDP就会增长1%。世界银行还在发展中国家做了一项研究，选取了1991—1995年和2001—2005年两个时间段，研究表明，因为基础设施完善这一因素，这些国家的经济增长率提高了1.6%。这项研究还发现，如果撒哈拉沙漠以南的非洲国家的基础设施建设速度达到印度尼西亚的水平，其每年经济增长速度可以提高1.7%。可见，基础设施建设对经济增长具有实质性的促进作用。

"基础设施即便不能称为牵动经济活动的火车头，也是促进其发展的车轮。"发展经济学先驱之一、美国经济史学家罗斯托如此认为。基础设施不仅是所有公民、单位、企业生产生活的共同物质基础，是社会正常运行的保证，还代表了当下的经济发展水平。

工业互联网不单是工业企业的基础设施，从工业到交通、物流、能源、医疗、农业，从社会组织的生产到我们个体的生活，工业互联网都将深度融合进来。作为新一代信息通信技术与工业经济深度融合下的关键基础设施，工业互联网将聚合云计算、大数据、人工智能、区块链等新兴技术，催生出具有通用性的新网络、新平台、新模式等，为制造、能源、电力、交通乃至经济各领域和生产各部门向数字化、网络化、智能化升级提供必不可少的网络连接和计算处理能力，支撑各行业深度优化生产和服务流程。

可见，工业互联网不仅是一个工业企业和一个行业的需求，还是与经济社会发展"水乳交融"的新肌体。

支撑第四次工业革命的基石

现代社会经济体系架构在新型基础设施之上，在第四次工业革命的背景下，工业互联网进一步成为生产力变革和经济发展的重要驱动力。

人类历史上已经发生的前三次工业革命，都以具有强烈时代特征的新型基础设施为标志。这些突破性的创新技术和新型设施，推动了生产方式的巨大变革。

"蒸汽机"当之无愧是第一次工业革命的基础设施。18世纪60年代从英国发起的第一次工业革命，首先萌芽于工厂手工业最为发达的棉纺织业。1765年，织工哈格里夫斯发明了"珍妮纺织机"，在棉纺织业引发了发明机器、进行技术革新的连锁反应。从此，在棉纺织业中出现了螺机、水力织布机等先进机器。不久，在采煤、冶金等许多工业部门，也都陆续有了机器生产。随着机器生产越来越多，原有的动力如畜力、水力和风力等基础设施已经无法满足需要。1785年，一种新型的、革命性的设备——瓦特制成的改良型蒸汽机投入使用，人类社会由此进入了"蒸汽时代"。第一次工业革命的标志就是蒸汽机作为动力机被广泛使用，它推动了机器的普及以及大工厂制的建立，从而促进了交通运输领域的革新，这场技术发展史上的巨大革命，开创了以机器代替手工劳动的时代。

电力作为基础设施在第二次工业革命中的广泛运用，是这场生产力提升运动的典型特征。19世纪60年代后期，第二次工业革命揭开序幕。1870年以后，科学技术发展突飞猛进，各种新技术、新发明层出不穷，并被迅速应用于工业生产，大大促进了经济的发展。而最具革命性的，无疑是电气发明。1866年德国人西门子制成发电机，1873年比利时人格拉姆发明电动机，电力开始用于带动机器，成为补充和取代蒸汽动力的新能源。随后，电灯、电车、电钻、电焊机等电气产品如雨后春笋般涌现出来，原有的工业部门如冶金、造船、机器制造以及交通运输、电信等部门的技术革新加速进行。

在20世纪40—50年代开始的新科学技术革命中，"信息高速公路"是最为重要的新型基础设施，它是一场信息控制技术革命，是各国对高科技迫切需要的结果。信息技术和信息基础设施的广泛应用，促进了生产自动化、管理现代化、科技手段现代化，以全球互联网络为标志的信息高速公路缩短了人类交往的距离，极大地推动了社会生产力的发展。以往，人们主要依靠提高劳动强度来提高劳动生产率，在第三次科技革命条件下，则主要通过生产技术的不断进步、劳动者的素质和技能的不断提高、劳动手段的不断改进，来提高劳动生产率。同时，信息技术还促进了社会经济结构和社会生活结构的重大变化，第一产业、第二产业在国民经济中比重下降，第三产业的比重上升，人们的衣、食、住、行、用等日常生活的各个方面发生了重大的变革。1995—2004年这十年间，信息技术这个新型基础设施的发展把全球GDP增长率提高了近一个百分点。

从前三次工业革命的进程中，我们看到，当生产力更新出现加速度、社会经济不再按部就班发展的时候，新型基础设施就应时而生了。相比于水利、高铁、航空、电网等纯物质的"硬设施"，新型基础设施更注重创新带来的技术进步，软硬结合、虚实一体，为经济发展提供新动能。

从传统基础设施和新型基础设施关系来看，两者在推动经济发展的过程中是融合与提升的关系。其一，可以把传统基础设施看作存量，把新型基础设施看作增量；其二，新型基础设施盘活了传统基础设施，它不光成为经济发展的新动能，更是在新旧动能转换中发挥着关键性的作用。

当前，第四次工业革命方兴未艾，世界正在进入以数字经济为主导的发展时期，具有数字化、网络化、智能化特征的新型基础设施，成为传统产业转型升级的重要引擎和数字经济的新动能。在《国务院关于深化"互联网＋先进制造业"发展工业互联网的指导意见》中，工业互联网被定义为"以数字化、网络化、智能化为主要特征的新工业革命的关键基础设施"，在这场变革进程中，工业互联网是否具备新型基础设施的属性，又将如何担当起新型基础设施的重任呢？

提升的是生产力，创新的是生产关系

正如前三次工业革命中的创新技术和新型基础设施一样，工业互联网正在成为新一轮生产力提升的关键元素：能够提高资源利用率，提升生产效率，提高产品质量，减少能源消耗，降低生产成本和管理成本。通过人、机、物的全面互联，全要素、全产业链、全价值链的全面链接，推动形成全新的生产力与生产关系。

1873年奥地利维也纳世博会上，比利时的格拉姆送展了环状电枢自激直流发电机。可是，在布展中，他不小心接错了线，把别的发电机发的电，接在了自己的发电机的电流输出端。他惊讶地发现，第一台发电机发出的电流进入第二台发电机的电枢线圈里，使得这台发电机迅速转动起来，发电机变成了电动机。格拉姆万万没想到，他的"错误"促成了电动机的问世，实现了电能和机械能的互换，这项新技术开始大规模用于工业生产，带动了社会生产力和生产关系的剧变：一个崭新的电气化时代拉开了序幕，工业重心亦由轻纺工业转为重工业，出现了电气、化学、石油等新兴工业部门。

140多年后的今天，一家光伏企业事业部的负责人也惊讶于一个新型设施的巨大功效：这个设施将车间所有端口的数据标准化上云，通过人工智能算法，对所有关联参数进行深度学习计算，精准分析出与良品率最相关的 60 个关键参数，并搭建参数曲线，在生产过程中实时监测和控制变量。仅仅半年时间，事业部人均月产出就提升了 506%，生产周期缩短 50%，直接人力成本下降 45%。

这家光伏企业应用的正是工业互联网，它的神奇之处在于，能对工业的巨大资源进行优化，创造更大价值。"工业互联网在我们的生产车间大显身手，提升产品优良品率 1 个百分点，每年可节省上亿元的生产成本。" 这家光伏企业事业部的负责人说。

科学技术转化为直接生产力的速度越来越快，在制造业领域，工业互联网对于生产力的提升作用显而易见。它通过企业内外网络全面互联，将生产、管理、销售等各环节的行为全面连接和数据化，把连接对象延伸到整个工业系统，实现全产业链、全价值链的良性互动，极大地提高了工业产品的研发设计、生产制造、销售服务等各环节的工作效率。

在社会重要生产和生活领域，工业互联网同样促使重大效率提升和成本压降。中储粮拥有全球最大的"智能粮仓"管理平台，这个平台使国家掌握粮情周期由 15 天缩短为 3 天，相对于传统储粮方法，能耗、人力等总成本降低了 5% 左右。

在水务系统，工业互联网可实现供水管网在线仿真和优化调度，节能 15% 以上；设备信息秒级查询、快速诊断、主动运维，效率提升 50% 以上，单个水务企业平均每年的停线时间减少 150 小时以上。通过监控和存储实时生产水质、流量、设备状态等数据，实行智慧调度，减少能耗。上海一家水务公司通过智能传感器的部署，将物联网、大数据、智能控制相结合，建设城市供水设备全生命周期管理平台，不仅以技术引领节能创新，解决了城市供水设备能耗高、浪费水资源、引发二次污染等问题，而且有效实现了供水综合运营监管与分析，以及供水产销差的更精确、更细致监管。

在电力系统，工业互联网的功效包括设备的性能优化、全场设备绩效的实时监测、基于故障模型的自动诊断、设备全生命周期的监督管理。

在农业生产领域，工业互联网可以推动实现农业精准作业。借助工业互联网平台，农业经营者可以通过各类监测设备，对农作物的生长环境、生长周期进行全方位监测，实现精准播种、精准施肥、智能灌溉。海尔农业在山东省济宁市金乡县建设1 000亩试验田，运用COSMPlat平台，通过田间的监测站采集数据并建模指导生产，农产品品质和产量大幅提升，平均亩产比当地其他地块高20%。

某家大型乳业企业利用工业互联网每年搜集分析400多万吨原奶采购、200多万个门店、2 000多万人次消费者的数据，并利用基础设施将这些数据连接起来，实现对每一包牛奶的全流程追溯。通过与大数据联通，工厂在什么时间生产、生产什么、怎么生产，都可以智能运转。同时，工业互联网还打通了质量控制和检测环节，极大地提高了生产效率，有效保证了市场上产品的数量和质量。甚至，工业互联网还应用到了牲畜的发育监测上，通过佩戴在牲畜身上的项圈，平台能够实时采集牲畜的活动信息，依托网络上传至云端平台，实时判断牲畜的健康信息，根据每头牲畜的发育状况实现精准管理。

生产力是经济增长的发动机，只有通过提高生产力，人类社会才能实现可持续发展。现在，工业互联网成了新一轮生产力提升的关键元素。工业和信息化部的统计数据显示，2018年，应用了工业互联网平台的企业平均实际研发成本降低30%以上，生产效率提高10%以上，实现节能减排10%以上。

在推动社会生产力的同时，工业互联网也逐步改变着人与人、人与企业、人与相关机构的服务关系。促进设计、生产等环节由单点数字化向全面集成演进，加速创新机制、生产模式、组织形态和商业范式等生产关系的变革，催生智能化生产、网络化协同、服务化延伸、个性化定制等新模式、新业态、新产业。工业互联网的运用，从根本上改变了企业产品研发、制造、营销和服务等过程，帮助企业实现商业模式的变革，促进了服务型制造模式的创新发展。通过工业互联网，许多企业实现了成功转型。

"千里之外把脉客户生产"。依托工业大数据，一些设备制造企业建立了远程诊断平台，实现在线监测、远程升级、远程故障诊断，确保用户的关键设备正常运行，为客户提供预防性的主动服务，工业互联网让这些设备制造企业实现了由卖产品到卖服务的转变。

"帮助客户带来商业机会"。通过工业互联网平台中的传感器与物联网技术，制造型企业可以采集设备数据，分析产品运行的状态，进行深入的数据分析，帮助客户把握需求，为客户找到潜在市场。

"消费者成为工厂的主人"。工业互联网的参与，让消费者有了个性化定制的可能。工业互联网更加充分地连接起了工厂、生产环节和消费者，并让服务的全生命周期充满活力。消费者可以根据自己的身材定制衣服的式样、尺寸，根据自己的需求定制车身颜色、车内配饰，甚至某些特定功能。

"未来，牧场只有牛没有人；未来，消费者就是牛奶工厂的主人。"蒙牛 CEO 卢敏放的这句话很形象地说明了工业互联网对生产力和生产关系的影响。未来，这些都可能成为社会主流生产和服务方式，工业互联网为生产力和生产关系带来的深刻变革值得期待。

制造业转型升级的基础支撑

浪潮集团董事长兼 CEO 孙丕恕有过如此比喻：制造业就像是

人的手脚，工业互联网是经络和血液。工业互联网是制造业转型升级的基础支撑。

位于四川自贡的大西洋集团是一家生产焊接材料的传统制造企业，应用工业互联网，使它实现了研发模式、管理模式和制造模式的创新。在制造环节，大西洋集团引入子母穿梭车、园区轨道车、气力运输线、机器人、立体库等一系列智能装备，工业互联网系统的无缝集成，使智能工厂有了生产指挥大脑，基本实现了基于工序作业拉动的全过程物料配送精益化、智能化、无人化。一个典型的应用场景是，大西洋集团可以根据生产线能加工的物料及能力、换产顺序、机台状态等，将计划订单自动排程到关键机台上，确定在哪个机台生产、生产多少、何时开始及何时结束，每班次对比产能利用情况。半年的监测数据表明，企业的研发周期缩短了20%，库存降低了20%，优良品率提升了2%~3%，用水量降低了90%，用气量减少了30%。

凭借先进的计算架构和高性能的云计算基础设施，工业互联网能够实现对海量异构数据的集成、存储与计算，解决工业数据处理爆炸式增长与现有工业系统计算能力不相匹配的问题，加快制造业以数据为驱动的数字化、网络化、智能化进程。

上汽集团通过构建连接企业信息系统、智能机器、物料、人等的工业互联网平台，贯穿汽车智能制造全产业链、全生命周期，实现工业互联网数据的全面感知、动态传输、实时分析，贯通客户、整车与零部件供应商之间的业务数据，促进供应链协同创新，优化供应链管理并提升生产效率，为智能制造、个性化定制、生产模式创新提供良好支撑和契机。上汽工业互联网平台消除时间、人力、物力和资金在生产、流通、服务环节上的浪费，降低供应链库存40%，减少制造成本损失5%；消除企业内部与外部的信息不对称，消除供应链条上下游的信息不对称，提高了生产效率，实现精益化生产。

优存扩增，是对工业互联网在制造业转型升级中基础支撑作用的概括。一是优化存量，促进传统制造业转型升级。大力发展工业互联网，提升工业互联网智能化支撑能力，能为制造业构筑起数字化、网络化、智能化发展的新型网络基础设施和平台，为生产运营中的各种要素和装备赋能，为研发、生产、运营和服务等赋智，支撑智能化终端产品和服务的提供，带动整个产业全方位向"智能+"演进，帮助制造业实现制造资源泛在连接、弹性互补和高效配置，深度优化制造流程，大幅提高制造效率，促进制造业加速转型升级，推动实体经济高质量发展。二是做大增量，有力支撑先进制造业发展壮大。工业互联网将扩大增量，更好地支撑先进制造业向价值链的高端延伸，实现跨设备、跨系统、跨厂区、跨地区的互联互通，增加企业利润，推动整个制造服务体系的智能化，推动服务型制造的发展。

我国制造业长期处于产业价值链的中低端，低端产能过剩与高端产品有效供给不足并存。加快工业互联网应用推广，有助于推动工业生产制造服务体系的智能化升级、产业链延伸和价值链拓展，进而带动产业向高端迈进。

具体分析，工业互联网正在以"智能+"为导向，从四个方面支撑制造业的转型升级。

一是"智能+"生产要素配置方式创新。通过构建需求精准感知、产品个性化生产、用户在线交易、供应链实时响应的C2B（消费者到企业）生产组织方式，工业互联网平台正在推动生产模式从以生产者为中心向以消费者为中心转变、生产要素从正向整合向逆向整合转变，由工业经济时代的大规模、单一化生产向数字经济时代的多批次、定制化生产迈进。比如，部分家电、汽车、服装领域的领军企业，已经能够依托工业互联网平台的多渠道深度交互来进一步探知和洞察用户需求，通过数字化的先进工具和网络化的创新资源来打造智能化新产品。

二是"智能+"生产运营模式创新。工业互联网是互联网、大数据、人工智能等新一代网络信息技术与制造业深度融合的产物，下一步还将快速推进5G、边缘计算、增强/虚拟现实、区块链等新兴前沿技术在工业领域的创新应用，有效支撑制造企业实现基于智能化决策的生产效率提升、质量水平改进、工艺流程优化、生产能耗降低和原材料供应协同。同时，通过工业互联网平台跨越地域空间的链接协同，成果转化更为迅捷，可以促进制造业形成更智能、更敏捷、更贴近用户的创新生态。

三是"智能+"制造企业组织形态创新。工业互联网平台汇聚了海量工业数据，不仅推动了生产要素配置方式和生产运营方式的"智能+"变革，更带来了企业组织形态和管理流程的"智能+"创新与重塑。实时便捷的信息汇聚和供需对接，会促使智能的生产过程呈现更为分布式的特征，扁平化、网络化、去中心化成为制造企业组织形态创新的重要方向。企业平台化、决策分散化、团队小型化、员工创客化、用户交互化的趋势加速凸显，来源多样且高度活跃、体量庞大但结构松散的开发者社区，会逐渐成为制造企业组织生态中不可或缺的部分。

四是"智能+"商业模式服务化延伸创新。工业互联网平台快速集聚智能化要素，能够为制造企业基于产品联网和设备联网的服务化延伸打下坚实基础。我国部分工程机械、汽车装备、电力电子、能源设备领域的领军企业已能够搭建实时智能化监控产品和设备运行状况的工业互联网平台，正在积极布局全生命周期管理、远程运维、故障在线诊断等服务型制造新领域，推动客户交易从一次性交易向长期交易转变，引领高价值环节从制造环节向服务环节转变。

数字经济发展的强力支撑

以前我们连接的只是人和人、物与物，工业互联网的参与，让我们可以实现人、机、物的全面互联。在工业互联网的强力支撑下，云计算和大数据、5G、人工智能等网络设施的服务能力将被放大无数倍。万物互联、人机交互、天地一体的网络空间推动数据量指数级增长、大规模汇聚，为我们的信息生活提供无限可能，更为数字经济繁荣发展提供强力支撑。

首先，工业互联网将支撑信息技术设施的演进升级，让基础设施更加强大、覆盖方位更广，应用场景也不仅仅是人和人之间的通信，还包括相关的物联网、大密度的链接。工业互联网将网络的连接对象从人延伸到机器设备、工业产品和工业服务，推动加快进入人与人、人与物、物与物全面互联的新时代，为数字经济繁荣发展提供关键要素。

拿 5G 来说，许多应用场景必须依靠工业互联网来支撑，例如，让设备变得可实时感知和控制、实现人机深度交互等。工业互联网与 5G 有如风助火势、火借风威，可以相互促进。5G 连接了工厂、大楼、道路中大量的智能终端和传感器，搜集海量的数据，这些数据必须经过工业互联网平台进行分类分析，才能帮助行业中的某些价值链环节，或者某些场景产生更加精准的决策结果或更加高效的业务流程。如果说 5G 是神经系统、数据是血液、存储单元是整个心脏，那么工业互联网就是大脑。可见，工业互联网可以让这些新型基础设施更好地发挥作用、体现价值。

其次，工业互联网拓展了数字经济空间。工业互联网具有较强的渗透性，可以与交通、物流、能源、医疗、农业等实体经济各领域深度融合，实现产业上下游、跨领域的广泛互联互通，推动网络应用从虚拟到实体、从生活到生产的科学跨越，极大地拓展数字经济的发展空间。工业互联网可以聚合云计算、大数据、人工智能、区块链等新兴技术，催生出具有通用性的新网络、新平台等，支撑各行业开发部署满足不同场景的智能应用服务。随着工业互联网与5G、云计算、大数据、人工智能、物联网等的加速融合，在工业、交通、电力、商贸、医疗、教育等领域的全面融合渗透，智能驾驶、智能电网、智慧医疗等新技术、新应用将加速落地。

通俗地说，就是通过人、机、物的互联互通，让来自生产流程、内部管理和消费市场的数据动起来、用起来、活起来。比如，与公路港城市物流实体运营中心全网联动后，"传化网"工业互联网平台立足供应链全链条业务应用场景，衍生出支付、供应链金融、保险、数据征信等服务，用户突破100万，支付交易累计完成3 500亿元。

如何用好车辆大数据这项战略资源，工业互联网发挥了巨大作用。目前，国内外大型车企正在进行智能网联和出行服务的战略规划和应用探索，它们和工业互联网的服务商展开了全方位的合作。东风汽车在2018年8月就和华为签署协议，在智能化、网联化上深化战略合作。依托智能网联研发平台，东风汽车重点研发设计Sharing-VAN（无人微公交），RoboTaxi（无人驾驶出租车）及多种智能网联车型，逐步分阶段推出不同等级的智慧汽车产品；以智能座舱为载体，融合人脸识别、疲劳驾驶检测、混合现实、智能灯光控制系统等最新的人机交互技术，打造极致的用户体验。在智慧出行方面，东风出行平台采用微服务技术实现业务模块快速迭代和支持200万车辆高并发能力。目前，东风出行平台可以做到可视、可控、智能化，如实现车辆、司机、电桩的可视和可控。

如此一来，车企的价值就不仅是造车，而是成了智慧交通和出行的服务商。在工业互联网的赋能下，车企的平台还存在巨大的价值空间。比如，构建一个集智慧驾驶、智慧用车、智慧停车、智慧充电、智慧救援等于一体的出行生态圈；通过人工智能、机器人和自动化技术的运用，实现物流定制化、高效化和无人化，带动交通上下游的"智能+"转型。

工业互联网就是一张连接人、机、物，打通不同行业信息孤岛，支撑各类数据有序流动的新型网络和平台。它开创了数字经济新蓝海，拓展了经济发展新空间，推动了数字经济和实体经济的深度融合。

经济高质量运行的关键支撑

在浙江，工业互联网被誉为"块状经济的加速器"。浙江经济具有中小民营企业数量多、产业集聚度高、产业结构较传统等特点，工业互联网加速企业数字化改造，推动重点行业数字化升级，引导产业集群数字化转型，有效提升了经济的发展质量与效益。绍兴市新昌县有轴承企业 800 多家，但规模以上企业仅 48 家，是典型的以中小微企业为主的传统产业集聚区。浙江陀曼智造科技有限公司建设运营了"轴承行业工业互联网平台"，针对轴承生产企业的关键痛点和共性需求，定制开发了一套低成本、易应用的微型智能制造系统，为轴承企业提供设备远程控制、故障远程诊断和维护、设备异常分析等服务。目前已有 100 多家企业的 1 万多台设备实现了上平台，设备有效产出率平均提升 13%，行业综合成本降低约 15%，劳动用工减少 50% 左右。该平台有效解决了新昌县大量中小微轴承企业缺资金、缺技术、缺人才等数字化改造难题，被誉为"新昌模式"。

事实上，从制造业转型升级的基础支撑和数字经济发展的强力支撑两个维度，已经可以说明工业互联网是经济高质量运行的关键支撑。以制造业为起点，工业互联网逐步扩展为能源、交通、农业等实体经济各领域数字化、网络化、智能化升级必不可少的新型基础设施，成为转变发展方式、优化经济结构、转换增长动力的新途径。依托工业互联网正在形成万众创新的多层次公共平台，我们可以打破"信息孤岛"，促进集成共享，实现跨企业、跨领域、跨产业的广泛互联互通，实现生产资源和服务资源更大范围、更高效率、更加精准的优化，推动一二三产业、大中小企业融通发展，并为推动经济高质量发展和改善民生提供重要依托。

企业变得更加智能、生产制造更加精益、供需匹配更加精准、产业分工更加深化，工业互联网实现以数据流带动技术流、资金流、人才流、物资流，大幅提升传统产业的发展质量与效益，不仅让旧动能重新焕发生机，更以全新动能带动全要素生产率的提升，为经济高质量发展提供关键驱动力。

2019年全国"两会"期间，关于工业互联网支撑经济高质量发展的代表委员建议很多。全国政协委员马国湘的建议更是引起了广泛关注，他认为，工业互联网不仅助力实现农业生产数字化，更重要的是提升农产品流通效率和安全保障水平，促进农村消费提质升级。工业互联网可以为农产品流通降本增效提供技术和装备支撑。在分拣包装环节，应用智能设备、遥感器等对农产品进行精准定位、品相识别、抓取、分类和摆放，提升农产品分拣包装的效率和准确度。在销售配送环节，应用联网的堆垛机、输送机、无人机等，可以帮助扩大销售范围，提高配送速度，有效降低农产品流通成本。汽车、家电等制造企业通过工业互联网，开展定制化、个性化服务，为农民提供绿色、高效、智能的工业产品，推动农民消费提档升级。农机农具制造企业应用工业互联网，根据农业经营者需求开展定制化生产，为农民提供智能化、网联化、轻量化的农机农具，并提供远程智能化运维服务，大幅降低农民劳动强度，助力培育新型职业农民。

让生产像生活一样得到更加便利的服务,实现提质、增效、节本,这是工业互联网的重要内涵和重大使命。2019年,我国工业互联网产业规模估计将达4 800亿元,将为国民经济带来近2万亿元增长。未来,工业互联网之于经济高质量发展的红利还将持续释放,工业互联网将催生出中国经济的新生力量。

数字经济时代,光缆、微波、卫星、移动通信等网络设备设施成为必要的、普遍的基础设施,工业互联网则与5G、人工智能、物联网一起,成为对经济社会具有战略支撑和创新引领作用的新型基础设施。工业互联网是传统产业升级的新引擎,为制造强国建设提供新动力;工业互联网是数字经济繁荣的新要素,为网络强国建设提供新空间;工业互联网是经济高质量发展的新支撑,为社会生产力进步提供新驱动。在这场全球范围内的新一轮科技革命和产业变革中,工业互联网具备新型基础设施的特征,也完全有能力担当起国家新型基础设施的重任与使命。

第二节

新型产业生态：新零售、新制造、新平台

工业互联网不仅仅是一种技术工具和基础设施，在数字经济飞速发展的背景下，它正成为各产业利用网络信息技术实现创新发展的关键依托，为制造业以及经济整体从工业经济向数字经济演进提供关键基础与核心动力。

数字经济是以数字化的知识和信息作为关键生产要素，以现代信息网络作为重要载体，以网络信息技术的有效使用作为效率提升和经济结构优化的重要推动力的一系列经济活动。当信息软硬件、网络产业先后走向成熟后，产业数字化是数字经济增长的主要引擎，即传统产业通过应用网络信息技术带来的生产数量和生产效率提升。

首先，工业互联网全面支撑各类产业转型发展。工业互联网聚合云计算、大数据、人工智能、区块链等新兴技术，催生出具有通用性的新网络、新平台等，为制造、能源、电力、交通乃至经济各领域和生产各部门向数字化、网络化、智能化升级提供必不可少的网络连接和计算处理能力，支撑各行业深度优化生产和服务流程，开发部署满足不同场景的智能应用服务，全面支撑产业转型发展。

其次，工业互联网促进新动能蓬勃兴起。工业互联网能促进各

类资源要素优化配置和产业链紧密协同，帮助各实体行业加速生产方式、组织形式、创新模式和商业范式的深刻变革，提升产品和服务的创新效率，不断催生新模式和新业态，延长产业价值链。

最后，工业互联网为数字经济构建了与之匹配的新产业体系。工业互联网将推动以网络为基础依托、以数据为关键资源、以智能生产和服务为显著特征的新产业体系加速形成，带动共享经济、平台经济、供应链金融等在更大范围拓展，带动云计算、大数据、物联网、人工智能、5G等技术加速演进升级，促进边缘计算、时间敏感网络、软件定义网络、工业数据建模分析等新兴技术及产业不断发展壮大。

新型产业生态的构成

工业互联网新型产业生态是以工业互联网为驱动的新型工业制造体系和生产服务体系，汇聚工业企业、信息通信企业、安全企业、高校、科研院所、金融机构等各领域主体，是一种跨界融合、开放包容、协同创新的新型产业生态体系。

工业互联网新型产业生态的主体包含了供给侧和需求侧相关企业，如信息通信技术企业、工业解决方案企业和工业应用企业等。

信息通信技术企业作为工业互联网使能方推动生态供给侧，提供数字化、网络化、智能化所必需的底层技术与产品，例如，国内三大电信运营商、华为、中兴、阿里巴巴、腾讯、联想、浪潮、紫光、用友等。以阿里云牵头打造的面向企业的 supET 工业互联网平台为案例，在我国中小企业的融资渠道中，95% 的融资来源于金融机构的借款，但至少 80% 的小微企业由于各种原因无法获取金融机构的贷款支持，这往往成为压倒企业的最后一根稻草。分析贷款难的根本原因，是企业经营的"黑箱操作"，企业信息的获取难度、获取成本以及获取质量让金融机构不敢冒风险贷款给一家"陌生"企业。而蚂蚁金服网商银行的"310"贷款模式之所以能够在 3 分钟之内就做到贷款给淘系卖家，正是得益于客户经营数据的完全在线化，基于丰富的不同维度的在线化数据，风控模型可以确保贷款决策的实时、精准与高效，并且零人工介入。supET 工业互联网平台未来的目标是，为每一家中小微制造企业都制作一个完整的"工厂画像"。依托 supET 平台，通过部署少量、低成本、低功耗传感器以及摄像头与服务器，便可以在中小微企业可接受的成本范围内完成对工厂内部人、机、物的连接与云化。让企业的产能、设备利用率、库存、订单交付等线下信息可以实现在线化。基于这些动态变化的数据，形成的"工厂画像"可以助力蚂蚁金服网商银行做出一个专为中小微制造企业打造的智能贷款风控模型。未来，supET 会联合金融机构、保险公司，让中小微企业都可以享受到量身定制的、动态化授信贷款与租赁服务。supET 平台背靠丰富的开发者生态，包括拥有数百万开发者的云栖社区、超过 20 万数据开发者的天池大数据开放平台，还有阿里云大学每年可为 15 万名开发者提供培训。supET 平台可以为这些百万计的开发者提供良好的软件开发、测试环境以及练兵场，建立工业互联网平台开发者社区，同时可帮助开发者做企业对接，帮助它们快速成长。

工业互联网在发展过程中也催生了一些初创性企业，如昆仑数据、天泽智能、寄云科技等。比如，昆仑数据相信工业互联网是个巨大的发展机会，坚守以数据技术为核心，通过携手龙头企业，进入一个个垂直领域的工业的有墙花园，为花园里产业链上下游的企业，特别是中小企业提供服务、创造价值。昆仑数据曾和国内一家生产液晶面板的企业合作，解决良品率问题，如电信号处理问题，之前一个产品批次出来，如果传统的工艺专家靠经验来进行排查和解决，可能要花 7 天时间才能解决这个问题，昆仑数据用数据工具，依靠计算机的算法能自动深度挖掘，用 15 分钟就可以解决这个问题。从 7 天到 15 分钟，这是一个非常大的提升，能够帮助企业大大提高生产效率。

工业解决方案企业作为传统工业能力提升使能方，提供自动化工控产品、工业软件、智能装备、系统集成解决方案等产品和服务，例如，浙大中控、华中数控、科远、沈阳机床、东方国信等。

工业应用企业是工业互联网需求方与应用侧，以制造企业为代表，提供了广泛的应用场景和需求，是工业互联网产业发展的牵引力，例如航天科工、海尔、三一重工、徐工集团、富士康、华能、中石油、中石化、宝武钢、一汽等企业。同时，这类企业在向工业互联网转型的过程中，也形成了较强的新型解决方案能力。比如，海尔搭建的具有中国自主知识产权的工业互联网平台 COSMOPlat，主要有两大能力：一是创新能力，二是应用赋能能力。海尔把 30 余年的制造经验产品化、数字化、社会化，构建了一个面向全球、全行业的大规模定制解决方案平台。这个平台把用户、企业和资源连接在一起，共同创造价值，分享价值。平台已经构建了用户生态、创客生态、开发者生态、供应链生态、合作者生态、运营者生态、监管者生态等，聚合了全球产学研用的 1 500 多家资源，共建共创共享这个平台。在应用能力上主要是跨行业跨区域复制，结构分为七大模块，包括用户交互、协同研发、模块采购、智能制造、物流服务等节点，通过灵活的方式，创新用户的服务能力。这个平台也是一个不断演进的平台，围绕着用户的衣食住行、康养医教方式等不断地迭代，目前已经成为全球生态领域最大、规模最大的（国际标准化组织）定制生态平台，上面的服务企业超过 4.3 万家，定制量超过 7 200 万台，连接的设备超过 2 600 万台。目前平台已被国际权威机构认可，授权海尔牵头制定大规模定制模式的国际标准 IEEE（电气和电子工程师协会）、ISO（国际标准化组织）、IEC（国际电工委员会），这是中国企业首次主导制定制造模式类国际标准，这说明中国在工业互联网时代，完全有能力占领制高点。

另有一类新型产业生态的关键载体需要重点强调——工业互联网平台企业。平台是工业互联网的核心，类似于工业中的操作系统，平台企业作为工业需求侧与供给侧的关键节点，可支撑形成工业领域的开放协同生态。它一方面对接工业需求侧与应用方，搜集需求并为特定行业和场景提供多类解决方案与工业 App，另一方面汇聚大量开发者，沉淀工业模型、知识库等资源，推动应用创新。平台企业可来源于信息通信技术企业、工业解决方案企业和工业应用企业等各类企业。当前，各行业、各领域的龙头企业和先行企业从不同维度切入，催生出多元化、多样化的工业互联网平台。

同时，在工业互联网新型产业生态中，学界高校、研究机构和金融机构也成为重要组成部分。高校和科研机构引领产业生态中的创新链，通过科研创新和测试实验，提供工业互联网发展所需的智力支持和人才资源。金融机构为工业互联网提供资金等支持和保障，通过灵活的投融资方式引领市场方向，为大企业创新发展、中小企业应用普及提供了资金保障。

工业互联网产业联盟就是当前我国工业互联网新型产业生态的一个典型代表和范式，目前，联盟会员已经突破千家，汇聚了国内外工业及信息通信业的领军企业和初创企业、高校与科研机构、投融资机构，推出了大量重量级产业发展报告和成果。通过该生态汇聚了资金、人才、技术等跨界资源，加快了工业互联网顶层设计、技术创新、应用部署、产业推广和投融资等工作，加强了更为广泛、更深层次的国际交流与合作，促进工业互联网产学研用协同发展、合作共赢。

从新零售、新制造到新产业

对我国而言，工业互联网的应用还处于初级阶段，随着新零售、新制造等新型业态的出现，未来各行业与工业互联网深度融合，将催生出多种新型产业。

新医疗产业。传统医疗行业所具备的低效率、多痛点、大空间、长尾特征，正是工业互联网进入的天然场景，因此很多人判断基于互联网和物联网技术的互联网医疗，有可能是工业互联网兴起后的一座巨大金矿。如何清晰地理解医疗领域的工业互联网系统呢？专家指出，可以从三个层面来观察和研究，分别是对信息的感知，比如可穿戴设备；构建基础平台，整合患者、医者，以及相关医疗资源的互联网医疗体系；最后是各种人机应用。

可穿戴设备是医疗机构、医生、保险公司、医学研究机构采集和搜集患者数据的必备设备，它帮助医生获得以前想获得却很难获得的对患者的连续跟踪数据，提高诊断准确性；它能评估药物治疗效果，监测治疗过程，提高治疗效率；它也能为患者的居家康复和慢性病管理提供远程监控，降低患者治疗成本；它还能满足医疗机构和保险公司的研究和评估需求。

人的各种生命体征数据通过移动医疗硬件设备的采集，再通过无线传输技术将数据传送至监护个体随身携带的智能终端以及区域健康数据中心，同时就进入了远程无线健康监护系统，这是一个用于人体生命体征数字化采集、存储、传输、整合、分析、共享及监护的大型互联网医疗系统。该系统通过对数据进行进一步的挖掘、分析、存储，并给出诊断意见，遇到异常数据时，实时向监护医生或亲属发出警报，为抢救赢得时间。从技术角度讲，工业互联网下的智能医疗体系包括基础环境、基础数据库群、软件基础平台和数据交换平台、综合运用和其服务体系以及保障体系五个方面。

医疗机器人会是一个巨大的商业市场。中国医疗机器人经过十年的努力已经在脑神经外科、心脏修复、胆囊摘除手术、人工关节置换、整形外科、泌尿科手术等方面得到了广泛应用，在提高手术效果和精度的同时，也不断开创新的手术，并向其他领域拓展。由于机器人在手术的准确性、可靠性上远远超过了外科医生，所以医用机器人在未来的前景非常可观。

新汽车产业。汽车工业变化的一个新契机，就是互联网与汽车的结合。这一变化有望重塑汽车产业，甚至会重新定义汽车业作为制造业的产业基础。美国科技预言家凯文·凯利将汽车定义为人类生存的第四空间，这个第四空间就是围绕车辆的"移动互联服务空间"。这个第四空间采用更多包括智能传感器在内的智能化设备，不仅能够感知车内人员的状态、车辆的运行和行驶状态，而且能进行高效的车间通信、车网通信，同时还让汽车具备IOV（车联网）寻址和网络可信标识等能力。最终，车辆会被重塑成为一个全新的移动智能终端。作为一个用车人，拥有一辆车已变得不再那么重要，当人们可以通过专车服务获得不同车辆的体验，并且可以在各个城市便捷地选择车辆，而没有任何资产、保险、安全负担的时候，人们的用车习惯会发生潜移默化的变化，购买车辆将不再是首选，获取车辆的使用将是人们最关注的要点，而这正是一个产业从制造业向服务业转型的前奏。假如汽车行业真的从制造业转型成为服务行业，这个诞生了100多年、深刻影响了人类第二次乃至第三次工业革命进程的关键产业，将发生根本性变革。人们所熟悉的汽车制造、购买和消费的习惯会发生根本性变化，也有可能司机这个职业会逐渐消失。汽车销售商也不见得有必要存在。汽车巨头可能最终会变成服务公司，打车、租车公司会成为最终整合这个新兴服务行业的参与者，甚至是赢家。

汽车应用领域的互联网化，将会倒逼汽车制造的工业互联网化。汽车行业作为最成熟、高度自动化、先进智能化的领先行业之一，在未来除了将眼光放到广阔的新市场和新互联网汽车的机遇之外，如果还能进一步将生产制造过程的自动化和智能化与汽车服务市场进行完整整合，进而使整个产品生命周期和客户体验与生产环节整合在一起，也许传统的汽车产业可以找到一条新的增长之路。

新能源产业。在美国，深入每家每户的智能电表、远程数据传输、智能分析和能源控制已经非常普及，相比较而言，中国在这方面还远远没有做到智能电网在需求侧的数字化和自动化的程度。因为看到未来在需求侧的工业互联网革命的重大机会，谷歌也开始投巨资进入这一领域。2014年谷歌收购家庭自动化研发企业Nest就被看作是进入这一领域的战略举动。Nest的家庭自动化产品配置了一种名为能源高峰时间反馈程序（Rush Hour Rewards）的功能，当Nest产品检测到家庭能源开支较大时，就会向接入它的家用电器发出指令，按照预设的模式降低能源消耗，比如，关闭空调、推迟洗碗机的工作时间，或者暂停对电动汽车充电等。Nest研发的这种能源消耗反馈功能，可以避免使用者在能源消耗高峰期无节制地使用能源，从而节省能源开支。谷歌收购Nest的意图，除了这些先进的技术之外，更重要的是它希望进入能源服务领域。通过与用户签订服务合同，谷歌可以对客户的家庭设备进行全自动化的在线智能调控，并且建立一个新型的功能强大的能源互联网。今天的能源互联网仅仅还是一个构想，它是工业互联网的一个分支，但是无论是技术的推动力，还是环保、节能，以及减排的推动因素，都会使工业互联网技术广泛地应用于新能源行业。展望能源行业的未来，这一最为传统的行业，将逐渐走上与工业互联网融合的道路。

新型产业生态的特点

与消费互联网生态相比,工业互联网生态具有完全不同的特点。

协同创新

工业互联网平台为不同规模、不同环节、不同位置的企业搭建了信息共享与集成平台,使企业能够在全球范围内迅速发现和动态调整合作对象,整合企业间制造资源、发挥合作创新的优势,在产业链不同环节实现企业从个体生产向协同创新方向的转变。例如,宝武集团构建了基于工业互联网的制造全流程管理体系,使企业的信息流、物流、资金流的协同,产品交货时间,供应链管理水平等位于全球领先地位。

制造企业以技术创新为引导,通过工业互联网开放平台将政府、科研、创客等方面的资源整合,建立从理论研究、技术开发到产业化应用的创新链体系,突破企业创新中的孤岛局限,实现创新主体和各环节的有机互动。

随着工业互联网平台云服务升级、大数据中心资源整合逐步开展、制造企业私有云稳步推进、投融资体系持续跟进,面向制造的工业互联网将进一步扩大规模、形成具备创新发展能力的集群,成为工业互联网新兴产业的战略性重要支撑。

工业微服务

工业企业通过长期积累形成了大量的工业知识和经验,它们是工业领域的核心价值。工业巨头正把物理世界的工业机理转化为数字世界的算法和模型,再封装为平台上的微服务和工业 App,形成封闭的"黑盒"供开发者调用。开发者虽然可以使用"黑盒"的关键能力,但无法获取其中的工业机理。例如,通用电气将其在航空发动机、燃气轮机、风机等领域长期积累的设备知识抽象为相关微服务，成为平台的核心资产。微服务是以单一功能组件为基础，通过模块化组合方式实现"松耦合"应用开发的软件架构。一个微服务就是一个面向单一功能、能够独立部署的小型应用。多个不同功能的微服务相互通信，就构成了一个功能完整的大型应用系统。

工业微服务的本质是经验知识的软件化和工具化，借助专业化的工具打造通用化的平台。工业互联网平台发展的核心目标是，通过行业经验知识的积累沉淀和复用推广带动产业整体水平的提升，并打造繁荣、创新的开放价值生态。在此基础上，平台将原来处于企业内部的封闭性专业能力转化为面向行业和社会的通用化共享能力，实现在本行业乃至近似行业中的能力复制和应用推广，从而成为服务行业、服务区域的发动机和助推器。

工业微服务打破了工业知识封闭的传承体系。过去，工业领域中很多经验知识停留在老师傅、老专家的脑子里，由于个人精力和地域空间的限制，这些经验知识通常只能在很小的范围内发挥作用，而且还存在易出错、易流失、难推广、难传承等问题。如今，当这些老师傅、老专家将自己的经验知识用软件代码的方式固化下来，转化为平台中的工业微服务之后，由于平台所具备的积累沉淀和开放共享特性，这些经验知识就变成了整个企业、整个行业的宝贵财富，能够被更多人分享、学习和使用，从而创造出更大的价值。同时，新的专业技术人员还能够在充分消化和吸收原有知识的基础上实现提升和创新，推动整个工业知识体系的传递延续和迭代更新。

工业微服务创造全新平台开放价值生态。随着工业互联网平台中微服务组件池的构建和行业经验知识的持续积累，整个平台既能够为广大第三方开发者提供众多低门槛、易操作、高效率的开发支持手段，形成以工业 App 开发为核心的平台创新生态，又能够为制造业用户提供以工业微服务为基础的定制化、高可靠、可扩展工业 App 或解决方案，形成以价值挖掘提升为核心的平台应用生态。最终，构建出以工业互联网平台为桥梁，以工业微服务为载体的相互促进、双向迭代的生态体系。

开发者社区

海量开发者是未来激发平台应用创新活力的重要来源，是平台生态形成的关键驱动力。当前主要的平台企业均积极打造开发者社区，通过技术开源、工具提供、文档分享、专家支撑、利益共享等方式，吸引开发者入驻平台参与应用创新。通用电气着力打造面向 Predix 平台的开发社区 Predix.io，通过提供开发工具、微服务、应用开发指导文档，以及举办线上技术研讨会等方式，吸引开发者。Predix 平台用于创建工业 App 的基础服务和分析工具超过 160 种。目前已经有超过 5 万位开发者、300 个合作伙伴基于 Predix 平台进行应用开发，其中多数为第三方开发。推出 MindSphere Rocket Club（全球性初创企业计划），培育基于 MindSphere 平台的工业 App 和微服务开发者队伍，目前，平台上的工业 App 已经超过 50 种。华为构建 OceanConnect（开发者社区），提供了 70 多种开放 API（应用程序接口）和系列化 Agent（智能体），以及各类技术支持、营销支持和商业合作，在油气能源、生产与设备管理、车联网、智慧农业等领域吸引超过 80 个行业合作伙伴入驻。开发者社区通过运营加快技术共享和转移，开展人才培养和技术交流，推广创新和孵化项目，探索开发者在平台上的盈利模式，形成良性的互动发展，打造平台开发者生态。

软件定义产业生态

信息通信技术的发展正将制造业带入一个新时代，带入一个要素单元不断整合为小系统、小系统不断融入大系统、大系统不断演进为超级复杂系统的新时代。新的应用技术、新的生产主体、新的设施与标准、新的产业环节在系统内构筑起新的复杂关系，形成了互生、共生、再生的生态共同体，以及以生态为特征的制造业发展新范式。当前，软件支撑和定义的产业生态，正在从传统 Wintel（文泰来，微软的操作系统配英特尔的芯片）体系、移动智能终端向智能装备、智能制造系统演进。

伴随新一代信息通信技术的创新和应用，万物互联时代正在到来。当前，传感、通信、软件、计算等新技术、新功能不断涌入，传统装备加快向智能装备演进，基于互联网平台化的控制系统、应用软件和服务解决方案正在构建智能机器人、智能机床等智能装备产业新生态。

智能机器人产业生态。智能机器人是机械结构和软件高度耦合的集成化产品，具有感知、判断、行动能力，能够根据预设程序适应环境变化，进行自主学习和自我管理。伴随着机器人操作系统从碎片化走向集成化、从封闭走向开放，以及开发工具从单一走向多元，带来了产品结构和生态的重建。软件算法实现了机器人灵活运动与精确控制，标准化的开发工具提高了代码复用率，降低了开发难度，系统的开源开放实现了机器人零部件厂商、整机厂商、软件提供商、集成商、渠道商等产业力量的生态聚集。2008 年，从谷歌离职的斯科特·哈桑开发出了标准化开源机器人操作系统 ROS；2015 年，中国发布国内第一款智能机器人操作系统 Turing OS，智能机器人产业生态正在加速形成。

智能机床产业生态。传统机床的数控系统正在从专用走向通用、从封闭走向开放，它带来了机床使用方式、商业模式的深刻变革，使新的产业生态加速形成。面向互联网的控制软件是实现机床智能化的基础，能够实现机床供求信息、位置信息、作业能力的可感知和可控制。同时先进的模型算法是优化机床资源配置的核心，能够在正确的时间把正确的制造任务下达给正确的企业及其装备资源。我国的 i5 智能机床，通过 iSESOL 云制造平台，聚集了机床制造、数控系统开发等企业，以及创客、威客、物流等第三方资源，并通过生产力交易连接机床供需企业，形成了以机床为核心的产业生态，目前智能设备连接数已超过 10 000 台。

智能工程机械产业生态。各类服务系统与信息化软件被应用于传统制造业中，促进了先进装备制造企业创新服务模式的形成，服务在变得有形化、可存储、可贸易的同时，也形成了以设备为中心、以服务为纽带的生态圈。例如，美国农用机械制造企业约翰·迪尔通过在农机上安装全球定位系统和测试土壤成分的传感器，并结合高级数据分析，构建了农机制造、农药供应商、肥料供应商的合作生态，进一步为用户提供作物生产管理服务。

传统制造业在发展过程中，逐渐形成了以制造企业为中心、立足于合作和市场交易行为构成的松散联盟生态。具体而言，IT 层、OT 层的解决方案是企业分别向制造企业客户需求方提供不同层级的解决方案，最终由客户方进行整合。随着技术融合和产业发展，微软、谷歌等在 ICT 领域开创的局面让全世界都看到了跨产业生态链的魅力，一些行业巨头企业立足于各自的优势领域，着力构建智能制造产业生态，正如美国智能制造领导力联盟所描述的：智能制造发展的一个重要目标就是在商务系统、制造工厂和供应商之间实现企业生态联盟的集成。而这种生态构成，是以集成化软件产品为核心、跨界合作为重要发展模式的，具体表现在以下三个方面。

构建基于智能机器的数据采集系统。通过将不同标准接口的设备进行统一集成，将不同类型的机械设备进行连接打通，实现对 OT 层数据的打通及采集，进而将设备厂商、元器件厂商纳入生态系统中。通用电气的 Predix 机器（Predix Machine）和 PTC（美国参数技术公司）的信息物理系统 HUB 均是实现设备资源互联和实时控制的代表性产品。

形成智能分析工具。通过整合 IT 软件企业、大数据专业服务商及互联网企业的云服务能力，提升数据分析速度和精度，从而支撑设备、资产、流程优化。博世通过与思爱普构建生态合作关系，利用思爱普数据模型库，优化其物联网解决方案。通用电气形成了 Predix 服务（Predix Service）的多种资产管理方案。过去 10 年，西门子通过不断并购，构建了一个涵盖了多个细分行业仿真、验证、测试等多个领域的大数据分析、软件工具体系。

搭建开放平台实现工业 App 的开发。随着新一代信息技术和制造技术的融合，智能制造新型集成化产品不断涌现，显现出以开放化平台为核心，向下整合硬件资源、向上承载软件应用的发展趋势，集成了多种网络通信协议、应用协议、数据协议的工业物联网平台，成为 IT、自动化、制造领域领先企业的新宠。国际产业巨头（如通用电气、IBM、英特尔、思爱普等）的 Connectivity（网络连接）、Predix 云（Predix Cloud）平台体系，融合了技术开发和业务应用两个领域，开发了针对电力、能源等行业领域的大数据分析应用。PTC 等通过与通用电气战略合作，构建了基于通用工业物联网平台的行业 App 定制开发体系。

"众包"式社会化协作

随着人工成本快速升高、市场需求频繁变化、竞争进一步激烈，以及数字化、网络化、智能化等新技术的快速普及，为适应市场发展，满足个性化、社会化、敏捷化的智能制造模式的需要，工厂需要改变当前"麻雀虽小，五脏俱全"的局面，要充分利用社会资源方面发展，包括订单、人员、物料、设备、知识的共享，也要淡化工厂之间的边界，甚至推倒横亘在工厂与社会之间的围墙，打破封闭、独立的生产模式，构建成开放的、服务型的平台，数据将在工厂内外、人机料之间、信息化系统与机器之间通畅地流动，工厂不仅是生产产品，更是生产数据，数据将成为企业的核心竞争力。在这方面，青岛海尔模具公司走在了行业的前面，为解决企业接单能力与企业人员成本这对矛盾，该公司于2013年开始着手打造"模具云设计平台"，以期达到充分利用社会资源，改变以前工作全部由企业员工完成的封闭局面。现在，在这个平台上，活跃着上千名经过技能认证、信用审核通过的企业外部工程师，企业将工作分解后在平台上发布，这些被称为"云端资源"的工程师会根据技术要求、价格、工期等信息实现远程接单，任务交付并验收通过后，薪酬通过在线实时支付，整个工作全部通过网络实现了连接、协作。这样，通过"众包"这种社会化协作模式，社会上各种技能人员，包括国企、外企、民营企业，以及学校中有初级技能的学生，均可利用自己的时间资源、智力资源，承接与自己技能匹配的工作，获取相应的报酬，实现自身"剩余智慧"的价值。对企业而言，通过"互联网+"的思维，在不增加人员编制的情况下，可以将企业人力资源迅速提升到数倍乃至数十倍，企业在效率提升、成本降低，以及企业的市场竞争力、抗风险能力等方面，都有了质的提升。这种"云设计平台"是一个典型的"互联网+"应用新模式，是一种以工厂为中心，众多"云端资源"配合的社会化协作模式。将来的工厂为解决供需信息不透明、不匹配的矛盾，避免工厂产能过剩与订单找不到合适工厂的情况发生，其必然要打破自身组织的"围墙"，将自己的订单、设备、物料、人员等信息通过社会化的平台进行分享，实现企业对企业、企业对个人等多组织形态的社会化协作，构建"网状"的社会化制造生态圈。

如何打造新型产业生态

我国致力于打造工业互联网生态系统，引领工业互联网技术研发和标准研制，推动工业互联网加速融入各行各业。那么，政府、行业、企业、产业联盟等相关机构如何共同构建工业互联网产业生态？

中国信息通信研究院院长刘多认为，打造与我国经济发展相适应的工业互联网生态体系，必须坚持市场主体与政府推动相统筹的原则。

政府主要是在加强规划引导、完善法规标准等方面发挥作用，营造良好的发展环境。近两年，我国工业互联网发展顶层设计不断加强，出台了《国务院关于深化"互联网＋先进制造业"发展工业互联网的指导意见》，成立了工业互联网专项工作组和战略咨询专家委员会，发布了"工业互联网三年行动计划""国家工业互联网标准体系指南"等一系列政策文件，加大了对工业互联网的政策支持，启动了工业互联网创新发展一期工程，支持一批技术先进、特色鲜明的项目，并推动工业互联网试点示范项目建设。通过一系列的政策支持和配套措施，打造工业互联网生态的良好环境，引导产业向纵深发展。

企业是产业生态构建和发挥作用的主体，在构建开放共享、融通发展的良性产业生态方面发挥主导作用。在工业互联网中，既有大型龙头企业，也有数量众多的中小企业。在构建生态的过程中，一方面，龙头企业利用工业互联网将业务流程与管理体系向上下游延伸，带动中小企业开展网络化改造和工业互联网应用，从而提升整体发展水平。另一方面，通过工业互联网网络基础设施的升级和平台的打造，以需求为导向，以数据开放共享、创新开发、开源合作为手段，促进装备、自动化、软件、通信、互联网等不同领域企业深入合作，推动多领域融合型技术研发与产业化应用。例如，三一重工物联网团队组建了树根互联，通过打造工业互联网平台，为平台上的中小企业提供数据分析、运营管理、智能服务等。大企业大平台带动中小企业融合发展。树根互联 CEO 贺东东说，未来，树根互联还将基于平台构建开放生态，为产业上下游企业提供信息服务和解决方案，推动资源整合。

在产业生态构建中，还有非常重要的一环，那就是产业联盟。工业互联网产业联盟把制造企业、通信企业、IT 和互联网企业汇聚起来，搭建起政府和企业的双向沟通平台、工业和信息化领域的跨界融合平台、国内发展和国际合作的有效对接平台。在工信部指导下成立的工业互联网产业联盟经过三年快速发展，联盟会员已突破千家，形成"12+9+X"组织架构，分别从工业互联网顶层设计、技术标准、产业实践、国际合作、投融资、评估测试等方面开展工作，已成为协同各方跨界创新、推动产业生态构建的重要载体。同时，依托联盟，在上海、广东、重庆、江苏等地成立了分联盟，成为各地方政府和企业间的纽带，加快推动各地方工业互联网工作部署和实施，引导企业在地方开展工业互联网建设，打造当地工业互联网产业生态。

第三节

新型发展路径：智能工厂解困传统制造业

"老大哥"之困

曾几何时，工业企业被老百姓亲切地称为"老大哥"，因为它代表了强大的生产力，带来的是强大的国防、成套的装备，以及便利的衣食住行，决定了一个国家的国际竞争力。曾几何时，在厂矿工作的男青年，在婚恋时都是"香饽饽"。然而，时移世易，一大批制造企业、重化企业等昔日的"老大哥"面临着前所未有的困境，总是与高投入、高能耗、高污染、招工难、融资难、税负重、产能过剩等联系在一起。今天的年轻人的就业首选，是互联网公司、IT企业。

不仅如此，在江浙一带，制造企业家们还面临着接班人难选的问题，成长起来的一代年轻人普遍不愿意接手家族产业，觉得压力大、利润薄，远不如金融、互联网行业有吸引力。2016年1月浙江大学发布的《2015中国家族企业健康指数报告》显示，二代的接班意愿仅有43%。曾经的工业"老大哥"，如今深陷困境。

银行不良贷款率的上升，能够从一个侧面反映出当前工业企业的困难。数据显示，2018年，作为我国工业重要组成部分的制造业，其不良贷款率出现了大范围、大幅度的上升。2018年银行业半年报中，共有12家银行披露了具体行业不良贷款率情况，其中制造业不良贷款率最为突出，高达5.18%。中国农业银行披露的信息显示，制造业，特别是低端制造业是不良贷款发生的第一大行业，2018年上半年农业银行新发生的不良贷款有60%在制造业。

困在何处

工业面临发展的困难，原因有很多，可以从内因、外因两个方面来分析。

首先，是内因。工业经济发展到现在，已经面临很多绕不开的问题。

过于依靠资源驱动。工业的生产经营活动主要围绕对自然资源进行直接或间接加工展开，是典型的资源驱动型产业。2018年，我国电力行业全年耗煤21亿吨左右，钢铁行业耗煤6.2亿吨，建材行业耗煤5亿吨，化工行业耗煤2.8亿吨。在自然环境承受力一定的情况下，工业的发展必然会遭遇资源不足、能耗过高、污染过重的瓶颈。在党的十九大报告中，污染防治被列为三大攻坚战之一，突显转变工业领域资源驱动模式的紧迫性。

过于依靠资金驱动。工业属于重资产行业，原材料、机器、厂房、能源、劳动力、营销服务网络都需要大笔资金的投入。除自有资金外，银行贷款是我国工业企业的重要资金来源，近年来，我国经济脱实向虚趋势明显，大量资金涌入虚拟经济中，实体经济缺乏应有的资金支持。2013—2017年我国中长期贷款余额中，制造业领域占比已从2013年的11.2%下滑至2017年的7.4%。缺乏资金的支持，工业发展面临失血的危险。

过于缺乏研发投入。科学技术是第一生产力，工业依靠科技进步研发创新产品、降低能源消耗、优化产业流程、提升管理效率。但是，我国工业企业普遍面临科技研发投入不足的难题。2016年，我国大中型企业的研发经费投入强度仅为1.16%，比全社会研发经费投入低近1个百分点，同期我国工业企业用于基础研究的经费占比不足0.2%，而美、德、日等国家企业的基础研究经费占比普遍在5%以上。研发投入的匮乏，直接导致了部分企业特别是中小企业发展后劲不足。不仅如此，企业还面临新技术革命冲击的风险，甚至整个传统行业被摧毁，曾经的胶卷产业、单反相机产业均是如此，未来燃油汽车也很可能步其后尘。

过于错配市场需求。工业产品必须在市场上完成交易从而实现价值，这就受到市场规模、需求趋势等的影响。当前，我国消费市场进入了一个快速升级的新阶段，居民消费向着更多服务、更高品质、更便利、更健康的方向发展，曾经的耐用、实惠等产品特征不再受关注，生产企业如果不能快速调整生产能力，带来的结果就是产能过剩。

其次，再来看外因，这又可以分为国内环境和国外环境两方面。

国内方面，当前我国宏观经济面临增长速度换挡期、结构调整阵痛期、前期刺激政策消化期三期叠加的状况。作为国民经济的基础，工业对于三期叠加的感受最为直接而深刻，全产业链条都能够感受到巨大的压力。

与此同时，国际经济环境的变化也是工业发展面临压力的一个重要原因。当前工业发展面临的困境，是后金融危机时代的一个缩影。2008年美国金融危机虽已过去十年，但是其影响深远直至今日。过去十年，全球经济动荡加剧、国际贸易保护主义抬头、对外出口乏力，而我国的货物出口里95%是工业品，工业制造业面临巨大的发展压力。

工业互联网是良方

人类的工业文明，经过近 200 年的持续发展和完善，到今天，传统生产设备效率的提升和改进，已经基本达到了极限。在火电节能增效领域，流传着"十年磨一克""十克煤耗，一代技术"的说法，上海外高桥第三发电厂是全球第一个将供电煤耗降到 280 克每千瓦时以下的发电厂，其机组蒸气温度 600℃，发电效率提高到了惊人的 45.4%。但这与上一代超临界发电机组相比，热效率的提升也就不过为 2% 左右。在物理定律的限制之下，仅仅依靠工艺的改进，效率的提升很难再有突破。

单一的场景、具体的设备效率难以提升，那么把视野扩大到车间、工厂、整个流水线乃至供应链会怎么样？当工业生产全流程的人、机、物都接入工业互联网，机器能够根据需求指令自主切换生产方式以及更换生产材料，工厂能够实现为每个客户、每个产品设计不同零部件构成、产品订单、生产计划、生产制造、物流配送方案，杜绝整个链条中的浪费环节。在全局范围，实时、动态、智能化配置制造资源的生产方式将极大地提升生产力。

当前，我国的企业已经部分实现了自动化、信息化，初步尝到了两化融合的甜头。如果进一步建设好工业互联网，让信息实现流动，分散的生产要素和分离的生产环节就融为一体了，集中全面数据进行分析，人们可以一个环节一个环节地发现问题，杜绝跑冒滴漏，实现持续改进，从而实现全局性生产优化。

对内，工业互联网可以降低企业运行成本，提升管理效率，增加有效信息获取，捕捉市场趋势，解放企业生产能力。对外，工业互联网可以汇聚市场需求，提升产业链协同能力，加速价值流转，提升整体效率。最终营造一种全新的产业生态。这在当前工业经济发展面临巨大压力的情况下，不啻为一剂良药。

智能工厂打造新型生产力

工业互联网应用在企业内部,能够实现从单个机器到生产线、车间甚至整个工厂的智能决策和动态优化,其代表就是智能工厂。

目前,很多企业的生产线已经实现或者部分实现了自动化,而智能工厂则进一步把自动化的范围扩大到整个工厂,实现了生产全过程的智能化。典型的是特斯拉的全自动化生产车间,它共有冲压生产线、车身中心、烤漆中心与组装中心四大制造环节,从原材料加工到成品组装,所有的生产流程都由150台机器人完成,在车间内根本看不到人的身影。

那么一个典型的智能工厂都由哪些部分构成呢?一般说来,智能工厂由基础设施层、智能装备层、智能产线层、智能车间层、工厂管控层这五大层面构成。

基础设施层。简单来说是在工厂内部的网络,连接各种设备,从而实现生产指令的自动下达和设备与产线信息的自动采集。该网络是有线网络和无线网络的结合,关键之处在于实现不同设备之间的互联互通,同时加入人工智能技术进行决策管理。

智能装备层。智能装备是智能工厂运作的重要手段和工具,主要包含智能生产设备、智能检测设备和智能物流设备。制造装备在经历了机械装备到数控装备后,目前正在逐步向智能装备发展。智能化的加工中心应该具有误差补偿、温度补偿等功能,能够实现边检测、边加工。工业机器人通过集成视觉、力觉等传感器,能够准确识别工件,自主进行装配,自动避让人,实现人机协作。

智能产线层。其特点是,在生产和装配的过程中,能够自动进行生产、质量、能耗、设备绩效等的数据采集,并实时显示当前的生产状态;通过安灯系统实现工序之间的协作,生产线能够实现快速换模,实现柔性自动化;能够支持多种相似产品的混线生产和装配，灵活调整工艺，适应小批量、多品种的生产模式；具有一定冗余，如果生产线上有设备出现故障，能够调整到其他设备生产；针对人工操作的工位，能够给予智能的提示。

智能车间层。要实现对生产过程进行有效管控，需要在设备联网的基础上，利用软件进行高效的生产排产和合理的人员排班，提高设备利用率，实现生产过程的可追溯，减少在制品库存。车间物流的智能化对于实现智能工厂至关重要。企业需要充分利用智能物流装备实现生产过程中所需物料的及时配送。

工厂管控层。工厂管控层主要是实现对生产过程的监控，通过生产指挥系统实时洞察工厂的运营，实现多个车间之间的协作和资源的调度。

智能工厂能够带来什么？

最直接的是效率提高。宝钢与武钢合并而成的宝武集团是我国钢铁行业的龙头，其新建设的热轧1580智能车间实现了高度自动化、数字透明、预知预测、全局优化。在1580智能车间，通过在板坯库采用无人行车，实现全自动无人作业，减少行车驾驶员20人，降低了劳动强度，提高了劳动效率，降低了人员安全风险，提高了仓库空间利用率。2013年正式投产的戴尔成都工厂，是第一个安装先进精益生产线的戴尔工厂，实现了生产线和相关资本支出降低50%，节省了高达96%的能源。如今，随着蓉欧铁路的开通，戴尔成都工厂的产品交付能力从2个月缩短为12天，而借助大数据，产品线上的规划仅为2小时，并真正实现了零库存。

产品品质的提升。在产品品质管控上，浪潮智能工厂实施大数据采集引擎，整合数据采集渠道，覆盖整个工厂制造现场。在30道工序、120次信息采集之后，能实现对每一块部件、每一步工序和每一套整机柜的全程数据信息采集，以确保产品经过25项严苛测试之后，良品率仍高达99.6%。另外，在宝武集团1580智能车间，通过检测装置和智能设备，辅以自动化控制，实现镰刀弯 ±10 毫米以内的偏差达到 78% 以上，二宽度平均余量减少 1.8 毫米。

生产效率的提升是水到渠成，而新的生产能力的获取则是智能工厂的高级目标。通过打造智能工厂，打通设备、产线、生产和运营系统，获取数据，实现提质增效、决策优化，企业最终获得的是数据驱动的智能生产能力，使制造具备了柔性。"柔性"是相对于"刚性"而言的，传统的"刚性"自动化生产线主要实现单一品种的大批量生产。而柔性制造的模式是以消费者为导向的，以需定产。在柔性制造中，考验的是生产线和供应链的反应速度。宝沃汽车的智能工厂，能够在一条生产线上同时生产 8 种完全不同的车型。浪潮的智能工厂有两条柔性产线，分别用于节点和主机的生产，其中节点产线共有 10 个生产单元，每个单元独立作业，可以同时生产 10 种不同类型的产品。

智能工厂是企业迈入工业互联网的第一步，实现了面向工业现场的生产过程优化，主要包括制造工艺、生产流程、设备运行及能耗的优化，也实现了面向企业运营的管理决策优化，主要包括生产管控一体化以及企业智能决策。以此为基础，企业才能够依托工业互联网，面向企业外部延伸，打通企业内外部信息流，推动产品的升级，提升产业链的协作，并将自己的服务进行延伸，从而进入企业转型升级的高级阶段。

智能工厂的一个关键环节，是制造设备的自动化、智能化，这是设备联网的基础。当前，我国工业企业制造设备自动化水平不一，老设备有相当一部分需要进行改造升级，使"哑设备"变成"活设备"。

大规模定制让市场不再错配

企业与用户之间，天然存在信息鸿沟，企业很难全面知晓、捕捉消费者的需求信息，而消费者也缺乏表达诉求的有效途径。因此在市场交易中，供给与需求的错配问题难以避免，大量同质化的产品没有销路，而消费者的个性化需求得不到满足。有了工业互联网，企业的生产供给能力能够无障碍地接触到消费者的需求，这使企业实现大规模定制成为可能。

大规模定制是一种智能制造模式，由用户需求驱动，用户可深度参与企业全流程，零距离接触互联生态资源，能够快速、低成本、高效地提供智能产品、服务和增值体验。它既能达到匹配用户需求的高精度，又能满足企业生产运营的高效率，可实现产品全周期、用户全周期的持续迭代。

红领集团是我国一家大型服装企业，主要生产西装、衬衫、高档裤子及休闲服饰等系列产品，它于2003年开始转型做服装个性化定制。通过自主研发，红领打造了电子商务定制平台——C2M（用户直连制造）平台，消费者可以在线定制，订单直接提交给工厂。从客户下单到发货，红领的西装定制只需要7天的时间。凭借大规模定制服务，红领在2012—2016年，企业产值连续五年增长100%以上，利润率达到25%以上。如今，红领已经更名为酷特，全面转向互联网。

大规模定制的实现，离不开三大要素。

首先，互联网汇聚用户需求。企业生产依靠规模把生产线、人力等各种成本进行分摊，进而获取效益。面对个性化需求，如果缺乏规模的支撑，是很难获取利润的，这也是市场上定制产品价格居高不下的根本原因。通过互联网汇聚用户的个性化需求，将看似分散的需求汇聚起来，实现了规模效益，获取了大规模定制的坚实的市场基础。

其次，大数据的支撑。"一千个人眼里就有一千个哈姆雷特"，消费者的审美爱好、生活环境、受教育程度不同，如何满足他们的个性化需求，很考验企业的产品供给能力。企业必须建立包括型号、款式、工艺和设计数据在内的庞大数据库。以此为基础，企业提供多种组合供顾客自由搭配，最大程度覆盖消费者的个性化需求。

最后，是生产流程的数字化。企业管理者必须基于对本企业的深入了解，对生产业务流程进行全面的数字化改造，才能够实现以大规模定制的数据来驱动企业自身的生产。这一点，必须从企业内部进行变革。

企业要想走大规模定制之路，这三要素缺一不可。依托这三大要素，构建以用户为中心的互联工厂模式，消费者的需求数据、生产过程中的所有数据都是自动采集生成的，企业的整个流程完全是由数据智能决策，组织完全去中间化，达到最优效率，实现了数据驱动的产业升级。

同自动化生产相比，大规模定制的突出优势在于高精准，产品与用户的需求高度匹配。如果不能够精准匹配用户需求，企业的生产效率再高也没有用。在大规模定制之下，生产出来的每一件商品都是有主的，都是事实上已经卖出了的，不需要堆在仓库里。而实现大规模定制的核心就是，围绕用户互联建立一套全流程全周期互联互通的开放生态资源体系，构建支撑智能制造的创新技术模式管理能力，实现与用户零距离，从以企业为中心的传统经济模式转变为以用户为中心的互联网经济模式，高效率、高精准地实现用户的最佳体验。

作为我国家电行业的领军企业之一，海尔也走上了大规模定制之路。其中，海尔的一款孕婴妈妈空调产品颇具代表性。在空调的用户群中，母婴群体对空调的性能反应是最敏感的，也是要求最高的。在各大社交媒体与空调使用及母婴健康相关的板块中，有众多用户的"吐槽"与创意话题，如夏季空调的舒适性、空气净化功能、空气加湿功能、智能调温、柔和风等多达 350 万条精准话题跟帖。海尔家电的社群平台运维人员发现以上话题讨论后，便对用户的社交数据进行归类、分析，并引导用户进行深入的互动，同时有超过 21.5 万条孕婴妈妈的创意交互。

在孕婴妈妈的创意交互过程中，社群运营人员引导不同专业的在线设计师进行方案设计，在 5 000 多名注册设计师中有 35 位设计师参与用户的交互设计，同时有 6 家模块商提供技术支持。经过了用户、在线设计师、模块商 4 次的体验迭代，195 天的交互、设计、研发后，最终形成了能解决社群中大多用户痛点、满足大多用户需求的贝享虚拟空调。虚拟空调在社群中发起预约预售活动，短短几天内预约数量达到 2 000 台。海尔经过产销成本核算决定开模生产。产品在生产过程中，预订用户可全流程跟踪空调生产进度及各生产环节的详细信息。产品生产完成下线后，将通过物流直接送达用户家中，实现产品不入库。

目前，海尔实施大规模定制已经取得了初步成效，工厂整体效率大幅提升，不入库率达到 69%，订单交付周期缩短了 50%，其中海尔中央空调互联工厂已经实现了 100% 的产品是用户定制的。

网络化协同提升全产业链竞争力

随着市场分工越来越细致，任何一家企业都是产业链条上的有机组成部分，提升价值、提高效率不是一家企业的事情，全产业链的协作至关重要。借助工业互联网，上下游企业可以进行更加紧密的合作，发展企业间协同研发、众包设计、供应链协同等协同模式，有效降低企业的资源获取成本、延伸资源利用范围，让企业从单打独斗转向产业协同，增强整体竞争力。

网络化协同研发。协同研发设计在大型设备制造领域比较常见，因为这类行业科技含量高、工序复杂，单独一个团队、一个企业难以胜任，就需要多方协作。传统的做法是，将多个专业团队集中起来实现协作，而依托工业互联网，多家设计企业可以跨地域、跨时间进行高度密切协作，这不仅节约了研发的时间和资金成本，更能借助信息化平台有效提升设计的品质。

以波音公司为例，在波音787飞机的研制中，波音公司基于网络和数字化技术，建立了GCE（全球协同网络环境）平台，改变了飞机的研制模式，实现了异地、异构、全时的协同研制。在GCE平台下，波音公司将协同模式由原来的基于IPT（协同产品设计组）的集中式协同，发展成为基于网络的分布式协同，即IPT不用再集中到一地，而是分布在世界各地，通过网络进行协同设计，交换产品的相关设计信息。波音公司本身的研制工作重心也因此发生了重大转变，仅负责飞机的总体设计，把工作量极其繁重的零部件详细设计工作交给零部件供应商进行。波音公司通过计算机模型进行虚拟装配，利用每个部件的生产数据进行部件的组装和校验工作。通过实现多专业协同设计，波音公司的成本降低了40%～60%。

我国自主打造的第三代核电技术"华龙一号"走的也是网络化协同设计之路。核电技术是一个非常复杂的系统工程，设计过程中需要多专业、多单位之间开展协同设计，接口复杂，参与人员众多，协调管理难度极大。过去核电建设期需要处理上万起因各专业设计配合不当而发生的碰撞问题，因此可能会造成返工和工期延误。为了解决这一问题，中核集团在"华龙一号"设计中，将核电的设计、应用软件集成与工业互联网技术相结合，建立了异地综合协同设计平台。同时，将多个设计单位通过网络连接，利用各种终端设备，在同一个平台上开展协同设计工作。平台上的互联单位分布在全国各地，协同设计平台的终端数量达到500个。

"华龙一号"的协同设计平台提升了核电设计、设备制造、工程建设水平,确保了"华龙一号"的先进性、安全性、经济性。

网络化协同制造。协同制造是协同研发的自然延伸。在飞机制造、核电建设等高端装备制造行业中,研发单位同时也是相关部件的生产制造单位。波音飞机的制造是通过 GCE 平台,由各个零件供应商协作进行。由于采取了模块化设计和制造的思想,飞机的每一个功能模块由一个供应商制造后才被运送至波音公司的总装工厂,进行最后的大部件对接和总装工作。中核集团基于"华龙一号"协同设计平台,建立了一个数字化的"华龙一号"核电厂三维设计模型及完整的数据库,其中包含 50 000 多台套设备、165 公里管道、2 200 公里电缆等,这些数据可应用于设备采购与加工制造。同时,通过该平台,将设计完成的数字化核电站开放给后续的工程管理部门和施工建造单位,可提高工程建设安全、质量、进度、费用控制与精细化管理水平。

网络化产业链管理。企业之间的竞争,逐步演变成供应链和供应链之间的竞争,传统的供应链管理模式下,存在诸多现实问题,如成本控制问题、可视化问题、编码不统一问题、业务协同问题、全球化问题等,这些问题成为阻碍企业和行业健康发展的瓶颈。利用工业互联网平台的数据集成与物联网接入能力,打造智能供应链管理系统,将领域内供应链上下游重点企业的信息系统数据和设备、产品或零部件的物理采集数据与平台进行对接,基于标识解析技术建立标识解析体系,在智能供应链建设中进行深度应用,可有效提升产业链的竞争力。空客集团依托富士通 Colmina(制造业数字化平台)整合众多上游供货厂商,通过平台的自动标识与数据分析服务,实现飞机制造零部件的高效管理与精准采购,降低供应链成本 20%。中国石化开展从原油采购、石油炼化、库存管理到成品油销售的整体性优化,实现相对最小库存。

服务化延伸创造新价值

传统的制造企业在出售产品后,与客户的交易即告完成,颇有点一锤子买卖的味道。这种传统模式,制造企业只能获取一次收入,产品附加值低,而客户的忠诚度也低,只能依靠多年的市场口碑在消费者心目中积累、塑造品牌形象。随着工业互联网的发展和企业运营模式的演进,制造企业出售产品仅仅是交易的开始,后续的服务化延伸成为真正的赢利点。制造企业依托工业互联网,可以通过对产品运行进行实时监测,提供远程维护、故障预测、性能优化等一系列服务,并反馈给产品设计,实现服务化转型,"产品+服务"、机器即服务、制造即服务、衍生金融服务等新型服务模式开始逐步出现。

"产品+服务"提升产业附加值。威派格是一家供水设备制造企业,其产品主要用于保障二次供水安全。随着城市化进程的加速,高层楼房的二次供水管理成为水务公司面临的一个难题,也给威派格这样的企业提供了商机。威派格发现,没有设备的专业维护和水质的检测以至于管网的管理等后期管理措施,是无法长期保障饮用水安全的。而且如何及时发现问题、如何保障维护的专业性、如何降低运维的成本避免背上沉重的包袱都是摆在水务公司面前的现实问题。威派格树立工业互联网思维,打造了数据管理平台,通过加装传感器并联网,将传统的自动化供水设备转变为网络化智能化供水设备,能够及时采集分析设备的状态并对设备进行在线的运行维护,通过增设现场的传感器,将水质、水量、水压和泵房环境的数据进行采集分析,以全面保障整个二次供水系统的安全运行。通过把最新的工业互联网技术融入二次供水系统,威派格实现了"设备管理、维保服务、优化运营",全面保障居民的饮用水安全,企业自身也实现了高速增长,毛利率高达70%,

并于 2019 年成功在上海证交所上市。

输出成熟转型模板，提供新型服务业务。当前，有一些工业互联网领域的先行者，通过自身的实践打造出了成熟的发展模式，除自身从中受益之外，还转身为布道传经人，将自身数字化转型的成熟样板打造成对外服务的解决方案，在自己的传统业务之外，开辟出新的服务领域。COSMOPlat 是海尔推出的具有中国自主知识产权、全球首家引入用户全流程参与体验的工业互联网平台，包括用户交互定制平台、精准营销平台、开放设计平台、模块化采购平台、智能生产平台、智慧物流平台、智慧服务平台七大模块，赋能衣联网、食联网、农业、房车等 15 个行业物联生态，目前已经在 20 个国家提供大规模定制服务，助推当地企业转型升级。树根互联是由三一重工物联网核心团队，依托对工业互联网九年的实战积累，打造的工业物联网平台。目前，平台已接入近 300 000 台设备，实时采集近 10 000 个运行参数，基于自主研发形成的大数据分析及预测模型、端到端全流程运营管理体系，为客户提供精准的大数据分析、预测、运营支持及商业模式创新服务。

服务化延伸，依托工业互联进行装备租赁等金融衍生服务。徐工信息来自我国著名的工程机械制造商徐工集团。当前，由于下游客户资金紧张，我国工程机械多以按揭贷款方式进行销售，随之而来的是庞大的应收账款，以及下游客户以"设备转卖""没活没钱"等理由拖欠付款。为了控制风险，利用技术手段找到每一个从徐工售出的机械设备，并且了解设备的运行状况，徐工信息引入了互联网思维。经过几年的沉淀，徐工信息成功研制出 SRC 终端、LRC 终端等"黑盒子"系列产品，并为每一台徐工工程机械配备"黑盒子"，将采集到的工程机械工作参数精准传送至徐工信息的工业物联网大数据平台。其中，SRC 终端、LRC 终端拥有的通过控制器实现 CAN（控制器局域网络）总线协议进行锁车、解锁功能，可以督促客户按期还款。举例来说，一台汽车起重机正常能够吊100吨重的物体，客户申请分期付款后第一次拖欠，起重量就打八折，第二次拖欠打五折，第三次拖欠打两折，最后只能吊起20吨重的物体。至此，工程机械行业常见的贷款逾期之风得到了极大遏制。

徐工信息还能给客户提供自有设备共享租赁服务。中铁建是国内最大的施工建筑企业，它大量购置了各种型号、各种品牌的施工设备，但存在设备使用不均的问题。在工程繁忙时，自有设备不够用，需要租用第三方的工程设备；在工程较少时，设备闲置，生产能力得不到充分使用。徐工信息为其开发了设备共享租赁平台，当需要更多设备的时候，可以通过平台调取第三方的施工设备；当有设备闲置的时候，可以放在平台上出租给第三方。这让中铁建的设备闲置率下降了30%，运营成本下降了43%，租赁收入提高了37%。

当前，在经济发展新旧动能转化时期，企业发展面临诸多困难，但是看到工业互联网带来的新型发展路径，企业的发展前景光明。关键在于，谁能够率先抓住工业互联网带来的机遇，解放思想，开拓思维，积极、大胆、务实地去运用新技术、探索新模式，走在企业转型升级的前列。

第四节

新型消费模式：
C2M、C2B 引领未来电子商务模式

工业互联网会给消费侧带来什么创新？会为我们每一个普通消费者带来什么变化？先看两个案例。

小雨一直以来有个烦恼，就是总买不到合身的裤子，腰围合适的臀围不合适，臀围合适的腰围不合适。最近她通过在网上定制裤子解决了这个困扰她多年的问题。

小陈新房装修时，衣柜、橱柜都是根据房间尺寸定制的。在买家电时，他在家电大卖场遍寻不到尺寸合适的冰箱。最终他通过网上家电定制买到了跟自己厨房空间与形状匹配的冰箱。

虽然工业互联网的服务对象重点是工厂，帮助供给侧改革创新，但每一家工厂的产品，经过加工、组装，最终必然连接到终端消费者。只有让终端消费者更广泛、更充分地参与到生产环节中，企业生产的产品才能真正满足消费者五花八门的个性化需求。

可以说，工业互联网的终极目标是，通过网络将不同的生产线连接在一起，运用云计算、大数据、物联网等先进而庞大的计算机系统随时进行数据交换，把消费者和工厂连接在一起，基于消费者的个性化需求与订单要求，设定供应商和生产工序，最终实现个性化产品的大规模定制。

个性化与大规模生产，鱼和熊掌可兼得

早在20世纪80年代，"大规模定制"就被学者提出来。但长期以来，大规模生产和个性化是一对鱼和熊掌不可兼得的矛盾。直到近年来，基于工业互联网才得以实现。工业互联网的一个重要能力就是，可以把消费者和工厂连接在一起，基于消费者的个性化需求，在流水线上实现大规模的定制化生产，将这对矛盾体实现完美融合。

就拿制衣来讲，20世纪90年代之前，老百姓大多是自己买布料，由裁缝设计款式、量体裁衣并制作。随着各式服装的大规模生产以及极大丰富，大家开始便捷地选购成衣，费时费力、低效率高成本的个性化服装定制渐渐成为非主流的消费方式。

然而大批量生产的服装常常引起"撞衫"的尴尬，现代人越来越追求个性化，希望自己的衣服自己做主，更好地体现自己的独立主张，彰显与众不同。因此但凡标榜限量款的衣服与包，就有了奢侈品的稀有性与独特性，价格也会高出同等款式许多。而如果是"仅此一件"的私家定制，价格更加不菲。在定制西服产业最为发达的欧美，西服定制时间通常需要3～6个月，周期长的可能要将近1年，定制西服的关键点是手工量体和手动打版，一个专业的打版师傅要想保证西服每一个部件的尺寸和形状都精准无误，需要十几年甚至几十年的经验积累，而优秀的打版师傅非常稀缺。制作周期长、人工成本高导致定制西服等服装价格居高不下。

在消费者希望个性化的同时，国内很多传统服装企业都发现，大规模标准化的生产模式已经不再适应新时代的需要，小批量、多样化、个性化的生产模式成为一种趋势。首先是大订单正从中国转移到成本更低的东南亚。同时，大批量的生产模式在产能过剩的形势下，由于市场需求的多变，很多服装品牌普遍遭遇库存

严重积压的问题。全球知名服装品牌烧毁库存等报道屡见诸报端。而个性化定制能够实现销售流通渠道的扁平化、轻库存化甚至无库存，极大地提高产业链的运行效率。

消费者与工厂之间有了殊途同归的同一目标，但又需要解决大规模的高效率与个性化的高精度的矛盾。那么如何在工业时代的大规模生产线上，实现个性化定制的柔性生产呢？

服装生产企业开始借助现代科技与互联网络各显神通。青岛酷特智能股份有限公司（简称酷特，原青岛红领服饰股份有限公司）于 2003 年起开启了服装大规模个性化定制的探索，现在已经成为服装行业中"以需定产"的成功实践者。在主打男性西服的酷特云蓝 App 上，消费者只需留下姓名和电话并预约上门服务时间和地点，着衣顾问就会携带样衣和布料上门量体，并确定款式面料，随后便进入了一人一版定制的生产，10 天内发货。除了这样的上门量体服务，更多服装个性化定制需要消费者自己输入体型数据以及喜好数据，或者通过 3D 人体测量设备扫描获取各项身形数据。随后，消费者可以选择自己喜欢的款式、工艺、风格等个性化设计，对面料花型、色系等款式做出选择，并预定自己喜欢的里料、刺绣等设计细节。消费者下单后，数据将发回工厂进行单件或小批量的定制化生产，并在短时间内进行配送。

这让人感觉到，我们似乎又回到了从前的裁缝制衣时代。然而，这中间的制衣流程已经发生了翻天覆地的变化。

真正的定制是一人一版、一人一款、一件一做、裁缝手工制作能够很好地实现这样的定制，可一件衣服在工厂的流水线上怎么做呢？这就需要大数据和云计算等技术。消费者的定制化需求上传后，平台会将消费者的需求转变成数据，经过数据的排列组合，在正确的时间发给正确的人和机器去执行指令，这就可以解决复杂款式的一人一版定制。酷特这样描述其定制服装的制衣过程。

平台用大数据系统替代手工打版，经过 CAD 部门的大数据制版后，信息会传输到布料准备部门，按照订单要求准备布料，裁剪部门会按照要求进行裁剪。裁剪后的大小不一、色彩各异的布片按照一套西服的要求挂在一个吊挂上，同时会配上一个射频识别电子标签，该标签全流程向生产流水线和供应链传达指令，流水线上各工序员工根据芯片指令完成制作。每一个工位都有专用电脑读取制作标准，利用信息手段数字化快速、准确传递个性化定制工艺，确保每件定制产品高质高效制作完成。每一道工序、每一个环节，都可在线实时监控。通过全程数据驱动，传统生产线与信息化深度融合，实现了以流水线的生产模式制造个性化产品。这样就实现了用一条流水线做不同的衣服，整个企业像一台大的 3D 打印机。

虽然是个性化定制但还是流水线生产，所以成本并不高，大规模的高效率与个性化的高精度之间的矛盾成功化解，也实现了工厂与消费者的双赢。消费者获得了性价比高的定制化产品，而企业则受益更多。目前，酷特已融合超过 200 万名客户的数据，建立了 40 万种以上的基本版型，在线提供智能设计、自动排产等服务，使设计成本下降了 40%，生产原材料库存减少了 60%，制成品实现"零"库存，生产成本省去了中间商所占 30% 左右的价格空间，使定制服装价格降为传统定制平均价格水平的 20%～50%。自 2013 年以来，酷特服装定制板块生产周期由 20 天以上缩短为 7 天，其收入和利润连续 5 年实现翻倍增长。

消费者变成产消者，大规模制造转向大规模定制

服装定制由来已久，容易被人接受。那么高科技的产品能否由消费者个性化定制呢？在工业互联网时代，答案也是肯定的。

相信不少人还记得，在 21 世纪初城市繁华地段的电脑城，是各色 IT 产品发烧友流连忘返的乐园。很多买不起品牌机的人，或者追求最高配置的玩家，都是自己根据行家的建议来攒机，多大的显示器、哪家的 CPU、多少的内存、什么样的键盘与鼠标……混搭成一台适合自己的电脑。虽然随着电脑产品价格下降，攒机也逐渐消失在历史长河中，但这其中的定制理念如今却在家电、汽车等领域发扬光大。

在海尔集团的家电定制网站，消费者如果想买台冰箱，可以根据人口多少选择容积大小，选择降温方式、门体材质和外观图案。洗衣机与空调等家电也有相应的选择。这种定制目前虽然还达不到制衣的一人一版，但也给了消费者更多的选择权。

青岛海尔工业智能研究院执行院长张维杰曾说过，现在已经是消费决定生产的时代，制造生产的关键技术就是与互联网结合，大规模制造的时代必然转向大规模定制的时代。

海尔发布的《工业大规模定制白皮书》提出，工业大规模定制模式的根本就是"激活用户"，把生产链转向用户群，同时把用户群搜集的信息反馈到生产链，也就是说，要让用户参与全流程的大规模定制智能制造模式。通过建立企业—用户—产品实时互联的平台，让用户能够在平台上实时提出个性化的需求，企业通过已有连接产品或用户场景中积累的大数据进行智能整合，同时让用户参与进来进行实时交互，这样，用户在平台上就拥有了专业知识，也有助于设计师形成满足用户需求的产品模型。这种"先用户后产品"的模式，使定制的每件产品在生产线上就已经获得了市场。

海尔能够实现这样的目标，得益于其支持大规模个性化定制的工业互联网平台 COSMOPlat。COSMOPlat 包括交互定制、研发设计、精准营销、智慧采购、智慧生产、智慧物流和智慧服务七大模块。用户订单通过 COSMOPlat 可以直达工厂，工厂直发用户，真正做到用户订单驱动生产，极大地缩短了用户订单交付周期，实现高精度下的高效率。

在"人单合一"模式指导下，基于COSMOPlat大规模定制模式，用户可以全流程参与产品设计研发、生产制造、物流配送、迭代升级、售后服务等环节，用户从原来单纯的消费者转变成生产和消费合一的"产消者"，甚至有人说消费者成了工厂的主人。

同时，在COSMOPlat上，工厂与传统供应商不再是上下游采购关系，供应商变成平台资源方，直接与用户需求相连。相关资源方共同参与产品设计，提供满足用户个性化需求的方案，共享创造的价值。例如，有用户在COSMOPlat上提出彩色面板冰箱的需求，但贴上一层彩色纸显得很不上档次。一家钢铁企业响应用户需求，提供了热转印技术方案，将彩色图案直接印在冰箱面板上，其订单资源提高了50%。

企业要想成功，在任何时候都要处理好需求和供给的关系。在工业互联网时代，更是如此。要抓住消费者的需求，以客户的需求驱动企业的资源整合与快速反应，从而更好地满足个性化、多元化需求。以用户为核心的大规模定制新模式，让海尔这样的先行者获得了极大成功。2017年，海尔互联工厂生产线上生产的产品，51%是客户定制的，18%是消费者直接下单定制的，产品不入库率达到69%，同时，订单交付周期缩短了50%。

从一次性顾客到终身用户，售后服务无限延伸

工业互联网不仅实现了产品售前的个性化定制，还在产品的整个生命周期都能让工厂或者企业与用户保持联系与交互。

海尔集团董事局主席、首席执行官张瑞敏认为，原来企业和用户之间只是生产和消费关系，双方交易结束就没有关系了，而在工

业互联网时代，与顾客交易的价值，变成用户交互的价值，创造用户终身价值。只有解决消费者的体验问题，才能使其体验不断地迭代，有了用户体验的迭代，才能从一次性顾客变成用户，甚至终身用户。

具体来说，过去消费者买了家电，可能只有在出现产品质量问题时，才有维修的售后服务，此外与生产厂家再无任何联系。而在工业互联网时代，消费者购买了家电产品后，例如智能冰箱会侦测冰箱的使用情况，蛋格里快没鸡蛋了，有食物产生异味了等，智能冰箱都会提醒用户处理，甚至会根据冰箱里的食物种类，调节出最适合的温度保存。而这些用户数据也会传达到厂家，通过整理分析用户的使用习惯，修改调整已有产品，升级迭代出更人性化的冰箱等产品。这对厂家来说也省下不少的调查及设计成本，对产业是一大帮助提升。

而像汽车这样高科技的复杂产品，工业互联网也能够让用户的体验更好。工业互联网让每辆车都可以共享数据，分析周围车辆的状态，让云端主机整合分析所有的数据，找出最安全的驾驶路线及模式，降低交通事故发生的概率。同时，车辆内部各种传感器，会时刻搜集汽车行驶中的各种数据，如温度、胎压等，一旦到了某个警戒值就会明确提醒用户。而驾驶者的开车习惯数据，例如开车时间、路线、速度、加速度等可以提供给车辆维修保养部门、保险产业，从而为消费者提供更加贴近需求的服务。

再如电梯行业，上海三菱电梯实现从"生产经营型"向"经营服务型"的战略转型，建立起辐射全国的大型用户服务中心，实现了对约6万台电梯的远程监视，实时捕获电梯性能异常情况，通过个性化保养服务将电梯故障消灭在萌芽状态……

在工业互联网时代，基于"物联+分析"的后服务市场有着非常广阔的前景，也会给消费者带来更加方便、智能、舒适的使用体验。

C2M、C2B消除中间环节，让消费者直连工厂

有了各行各业对个性化定制的探索，C2M、C2B应运而生。C2M是Customer to Manufactory的缩写，其中文意思为用户直连制造。C2B是Customer to Business，即顾客对企业。C2M、C2B是一种新型的电子商务互联网商业模式，这种模式是基于社区SNS（社交网络服务）平台以及B2C（商对客）平台模式上的一种新的电子商务模式。如果说互联网时代产生了以C2C（顾客对顾客）、B2C为主的电子商务模式，那么C2M、C2B模式是在"工业互联网"背景下产生的，也将成为未来最重要的电子商务模式。

C2M模式也被称为短路经济模式。因为它一头连着制造商，一头连着消费者，短路掉库存、物流、总销、分销等一切可以短路掉的中间环节，砍掉了包括库存在内的所有不必要的成本，让用户能以超低价格购买到超高品质的产品。

前文提到的酷特与海尔互联工厂与消费者的交互与个性化定制，其实都是C2M模式的垂直方式。

在汽车行业，上汽大通希望通过C2B模式改变消费者现阶段的购车规则，从以前的"有买车意向—去4S店看车—挑选车型—提车"模式，变成现在的"有购车意向—App在线看车选车挑车—提车"规则。在App商城下载上汽大通开发的"我行MAXUS"App（汽车服务应用程序），找到里面的"蜘蛛智选"，消费者可以定制购车，车型、变速箱、驱动形式和座椅布局是必选项，而后对车辆外观颜色、轮毂样式、散热器格栅样式、座椅套面料等方面的配置进行选择。最后下单后，"订单"发给工厂，通过App上的"日历"可以看到车辆生产或运输状态，并且指定一个理想的交车时间。上汽大通2018年12月21日宣布，最新改建的南京工厂将实现C2B个性化定制，生产的G50车型可为消费

者提供40个大类、100项配置的丰富选择，让客户自由匹配。

邓先生是一位经常开车的老司机，对配置没有很高的要求。不过他经常会在车里吸烟，所以他想要个天窗。但一般配置不高的车子，都不配备天窗，这让他很困扰。上汽大通D90满足了他的愿望，使得低配的车，也能拥有高配车才有的天窗，甚至是高大上的全景天窗。

其实过去汽车品牌也有官方定制，不过可选项非常少，而且需要等待很长时间，半年甚至一年都是有可能的，甚至最终可能不了了之。

C2B成败的关键在交付周期上，在上汽大通的D90刚上市时，从网上下单到最终交付，周期长达四个月，后来降到了29天，而G50有望将周期缩短到28天。之所以能如此，是因为在消费者下单之前，上汽大通就会提前通过智能排产的数字系统进行生产计划编制，预知消费者的需求，从而确定零部件的数量和种类，并进行相应的生产计划安排，大大缩短C2B定制汽车的生产时间。此外，在线系统会立足于订单维度，全面监控每一台订单从触发到交付再到经销商处的整个过程。

尽管产品从零件开始即为定制化，但"定制化"汽车的主要舞台是总装车间。针对C2B带来的总装难题，南京工厂采用了一系列可用于支持C2B生产的设备，不仅能够适时、适量、适品满足用户的定制化需求，实现C2B大规模定制，还能同时满足高质量、可控成本、短交期的要求。

除了这些工厂企业的C2M、C2B垂直电商，必要商城等综合型C2M电商平台也逐渐上线，它们都致力于将优质制造能力对接给消费升级群体。

2015年7月，被称作全球首个C2M电子商务平台的必要商城上线。目前，必要商城的商品涉及25个行业，它们中的大多数有一个共同的痛点，就是生产端与消费端之间环节过多，利润大头被中间环节拿走，生产商所得有限，消费者也难得实惠。

例如，眼镜行业就是其中的典型。一副近视眼镜零售价上千元甚至几千元，让许多消费者即使该换眼镜了，也不愿轻易更换更合适的眼镜。而在必要商城里，消费者可以直接向为全球最大眼镜公司法国依视路提供镜片的代工厂家创立的眼镜品牌下单，在眼镜店里贴牌售价高达千元的眼镜，在必要商城的售价仅为100~400元一副。

这种高性价比让必要商城的转化率大幅提升，从2015年的1%提高到了2018年的10%，即每100个浏览页面的人中，有10个人下单。复购率也不断上升，2018年达到48%，近半数消费者在当年购买了两副或更多眼镜。

C2M让用户和工厂实现双赢。对用户来讲，实现了到工厂的直连，去除所有中间流通加价环节，从而实现以平民价格购买到个性且专属的商品。而对于工厂，则颠覆传统零售思维，由用户需求驱动生产制造，通过电子商务平台反向订购，用户订多少，工厂就生产多少，彻底消灭了工厂的库存成本，工厂的成本降低，用户购买产品的成本自然也随之下降。同时，同步C端（顾客端）数据到M端（制造端），解决了工厂长期以来无法直面消费者的通病。

未来，必要商城等C2M电商平台一旦拥有淘宝、京东这样的高知名度，在它们的推动下，会有更多传统制造企业将传统产线改造成智能制造，同时也会有更多的消费者在此选购定制性价比高的品质商品。

第五章
工业互联网在行动

引　言　四向发力，开启工业互联网大门

作为工业数字化转型升级的主战场，以及互联网向制造业延伸服务的"下半场"，工业互联网肩负重任。有投资机构预言：未来 10 年，投资者最大的机会之一来自工业互联网。推动工业互联网从概念倡导到落地深耕，需要政府、企业、科研机构等产业链携手，从网络、平台、数据、安全四个方面发力，共同开启工业互联网大门。

夯实网络基础。网络是工业互联网的基础。工业互联网网络包含了企业内网和企业外网两大部分，前者连接企业内的机器、产线、信息系统等，后者连接企业外的产品、用户、供应链、协作企业等。工业互联网网络是在现有的互联网基础上，不断升级技术能力、叠加新型的专网，从而达到低延时、高可靠、广覆盖的要求，实现人、机器、车间、企业等各主体，设计、研发、生产、管理、服务等各环节，以及各类相关系统之间的全面泛在互联，是实时感知、协同交互、智能反馈等得以实现的必要条件。

打造平台体系。平台是工业互联网的核心。工业互联网平台下连设备、上连应用，通过海量数据汇聚、建模分析与应用开发，推动制造能力和工业知识的标准化、软件化、模块化与服务化，支撑工业生产方式、商业模式创新和资源高效配置，实现大规模

个性化定制、网络协同制造、智能化生产、服务化延伸等新模式新业态，因此它是构建制造业新生态体系的核心。

抓住数据核心。平台是工业互联网的核心，数据是核心的核心。它可以说是工业生产服务相关数据的总称，来源于设备、产线、车间、企业、用户、产品等方方面面，海量的工业互联网大数据汇聚通过工业互联网网络，汇聚于工业互联网平台之上，进而利用人工智能、统计分析、建模仿真等手段进行处理、计算、分析，形成有价值的信息、规律，从而指导生产、辅助决策、优化调度、沉淀知识，驱动企业业务创新和转型升级。

筑牢安全屏障。安全是工业互联网的保障。工业互联网的安全比通常意义上的互联网安全范畴更大，涉及设备安全、控制安全、网络安全、应用安全和数据安全等多个方面。通过建立工业互联网安全保障体系，实现对工厂内外网络设施的保护，避免工业智能装备、工业控制系统受到内部和外部攻击，保障工业互联网平台及其应用的可靠运行，降低工业数据被泄露、篡改的风险，实现对工业互联网的全方位保护。

第一节

夯实网络基础：从上网到上云

在工业互联网概念诞生之前，工业自动化、数字化其实已经开展多年。20世纪50年代，工厂内部的单机数控开始出现，后来发展到联网工控，今天，几乎每个行业、每个工厂甚至每个车间，都在通过工业总线、工业以太网等技术推进信息化建设。由于只是单纯解决自身生产问题，这些网络普遍针对特定场景，具有"一招鲜"的优势。

随着工业领域工艺技术日臻完善，通过工艺突破提高生产效率越来越难，而利用工业互联网实现精细化管理、降低成本越来越受到重视。这就要求人、物品、机器、车间等全要素，设计、研发、生产、管理等各环节，全系统、全产业链、全价值链，都要通过工业互联网实现深度互联。传统的工业网络"信息孤岛"林立，连接方式五花八门、数据格式千差万别，显然无法适应数字经济发展的潮流。

网络升级改造势在必行。

解剖一个工厂内的系统与网络

从20世纪60年代兴起的第三次工业革命，给工业企业带来了五花八门、层层叠叠的自动化设备、控制系统和业务管理系统。当互联网加速向工业领域延伸的时候，首先应当知道，自己应和哪一层级的工业系统打交道、做连接。

推开一个普通工厂的大门，你会发现各式各样的机器、设备。从传感器到执行器这类物理设备是第一级，被称为现场级设备。用于控制这些现场设备的硬件（例如可编程逻辑控制器）是第二级。对于全部的工业控制过程，还有一套 SCADA 系统（数据采集和监视系统）是第三级，用来监控。上述三个层级的设备构成了传统工业自动化三个底座，也是工业人耳熟能详的 OT 的主体。而更带有全局资源配置意义的两大制造业 IT 管理系统——MES 和 ERP 位于工厂金字塔的上部。制造执行系统负责监控全部制造过程的数据，企业资源计划系统管理核心业务流程的实时监控，如生产或产品计划、物料管理和财务情况等。

连接工业自动化设备以及采集、监测、控制系统的，是工厂 OT 网络，又分为现场级网络、车间级网络，连接 ERP、产品生命周期管理这样的信息管理系统的，是 IT 网络。

现场级网络用得最多的技术是工业现场总线，用于从控制室到各种现场生产设备包括检测传感器、执行器等的连接。由于每个生产系统都属于"小众设备"，专用性很强，市场常见的现场总线技术有几十种之多，开放性不够，互联互通有障碍。另外，总线技术普遍存在通信能力低、距离短、抗干扰能力较差等问题，通信速率远远落后于通用的以太网技术，常常只有数 kbps（千比特每秒）到数十 kbps。

车间级网络主要是完成控制器之间、控制器与监控系统之间、控制器与运营级系统之间的通信连接。其主流技术是工业以太网，即在通用的百兆以太网的基础上进行修改扩展而生成的技术。由此带来的影响是，不同的工业以太网协议不同，互联性和兼容性不够，大规模网络互联受到限制。

工厂 IT 网络基本都采用了通用的高速以太网技术，并通过互联网上流行的 TCP/IP 协议实现网络互联。

由此看来，在工厂内不同层次的网络结构中，越靠近生产现场，网络连接技术越个性化、连接速率越低、连接协议越封闭。特别是由于安全因素，很多工厂在现场级、车间级、IT 网之间实现了隔离，大量生产数据沉淀、消失在车间中。现实的情况是，当前企业 IT 系统对现场实时工艺过程数据、设备状态数据的需求越来越强烈。因此，如何将现场设备高效互联，如何将现场与管理系统高效互联，是目前工业网络技术领域面临的焦点问题。

另外，在智能工厂的升级改造中，一方面，大量新的联网设备被引入，如机器人、自动导引运输车、移动手持设备；另一方面，大量新的业务流程被引入，如资产性能管理、预测性维护、物料定位等。现在的 OT 网络不仅需要传输数据，还需要兼顾叠加新应用与新流程。同时，柔性制造与个性化定制日渐兴起，生产现场应该具备重构能力，智能机器能在不同生产域间迁移，这就要求工厂内网络实现快速组网与灵活调整。

打破"烟囱系统"

烟囱林立，机器轰鸣，这是人们对工厂的基本印象。工业系统中也有很多看不见的烟囱，那就是一个个不能互通的网络。

工业网络长期以来是各个行业根据自身需求分别建设的，设计之初，并未考虑到互通和兼容的需求，网络制式繁多并且各自封闭，各层协议间是紧耦合模式，工厂内网络的控制系统、应用系统常常与某项具体网络技术绑定在一起。少数大公司也借此实现对全产业链的控制。与此同时，产业开始不断尝试引入新技术，工业无源光网络、宽带无线、短距离通信、蜂窝无线、IPv6、SDN 等网络技术纷纷切入进来，但是首先都会遇到标准的问题。

全球工业互联网的发展，正在促进工厂内网络走向开放与融合。传统的"两层三级"架构严重影响互通效率。企业对现场级实时数据的采集需求，推动 OT 网络中的车间级和现场级逐步融合；企业生产管理系统向车间和现场延伸的需求，推动了 IT 网络与 OT 网络逐步融合。融合的前提是开放，目前工业网络标准"七国八制"，行业发展的风向必然是各厂家基于统一的基础网络，进行数据协议设计和应用开发，改变现有"烟囱式"的产业格局。

另外，在传统工业生产环境中，大量工业应用，例如，机器控制、流程控制、机器人控制，对实时通信有迫切需求。当前的通常做法是，修改工厂内网络的以太网协议或者在关键生产流程部署独立的专用以太网络。然而，这种方式存在互通性、扩展性、兼容性不够的缺陷，无法从传统工厂控制网络升级到工业互联网。

由此，一种名为 TSN 的技术迅速走红。TSN 技术面向千兆接口设计，兼容现在工业网络广泛使用的百兆接口，是工业网络最被看好的向千兆网演进的方案，现有的工业以太网制式，如 PROFINET、EtherCAT、SERCOS III 等，均在研究与 TSN 技术的兼容、互通和演进问题。

优秀的兼容能力是 TSN 与生俱来的基因，主要体现在三个方面。一是 TSN 能够与各种工业网络互通，并支持主流 TCP/IP 协议，可以解决工厂内网络 OT 层与 IT 层融合的老大难问题；二是 TSN 采用了更为高效、通用的建模语言——YANG 模型，通过 YANG 模型屏蔽了设备配置的差异，实现跨厂家、跨设备的数据兼容互通，更好地支撑各类上层应用；三是 TSN 具有高实时性，解决了数据协议向现场级延伸面临的实时性问题，实现生产环境全方位实时数据汇集。

TSN 的出现同时也解决了实时控制信息传输的难题。它有两个关键部件，一个是全局时钟，另一个是连接各网络组件的传输调度器。调度器根据相应策略，控制时间敏感数据流的实际传输时间和传输路径，避免因链路争抢导致传输性能下降，保证时间敏感应用的点对点实时通信。

工业控制网络存在大量对时间非常敏感的应用，例如，传感器数据实时上报、音视频文件传输、控制指令下发等。这些数据需要在确定时限内发送到目标，以支持工控设备和应用的正常运转。传统工业网络中，数据流以"尽力而为"的模式进行传输，无法区分时间敏感数据流和非时间敏感数据流。相反，在 TSN 中，调度器优先调度时间敏感数据，并通过抢占机制、流量整形机制等确保时间敏感数据流的稳定、实时传输，消除了数据流之间的相互干扰。这就像是在交通规则中，警车、消防车、救护车、工程救险车执行紧急任务时，具有高优先级，其他车辆和行人应当让行。

从上网到上云

如果说工厂内网络是"怎么建"的问题，那么工厂外网络则是"怎么用"的问题，因此网络发展水平既取决于企业自身意愿，也与公众网络的建设能力休戚相关。就目前情况而言，由于不同行业和领域信息化发展水平不一，对工业化数据开发利用的广度、深度不尽相同，因此工厂外网络明显呈现不均衡的态势，很多工业企业仅实现了普通的互联网接入，不同区域之间仍存在信息孤岛的现象。

传统工厂外网络主要提供商业信息的沟通，企业信息系统部署在工厂内，厂外连接对象少，服务单一。随着云平台技术的发展，一些企业信息系统，如企业信息管理系统、客户关系管理系统正在外网化，特别是随着工业产品和装备的远程服务的发展，未来海量设备的远程监控、维修、管理、优化等业务都将基于工厂外网络开展。越来越多的 IT 软件也都基于互联网上云提供服务。因此，"从上网到上云"成为趋势。

企业上网需求向上云需求的转变，促使工厂外网络服务精细化，新的企业专线技术将针对企业上网、业务系统上云、公有云与私有云互通等不同场景提供细分服务。与此同时，网络虚拟化、软件化发展迅速，工厂外网络服务的灵活性大幅提升，能够根据企业要求快速开通服务和快速调整业务。大量新型移动通信网络技术的应用，也提高了网络接入的便捷程度和部署速度，为企业实现广泛互联提供更灵活的方式选择。

总的看来，工业实体的广域联网主要有四大需求：互联网接入、跨区域之间的互联与隔离、与混合云互联和对广域承载网络的差异化需求。要满足这些需求，电信运营商主要通过在公众网络上开辟专线来提供，这就是虚拟专网服务。目前，企业专线业务最为成熟和普遍的是 MPLS VPN（多协议标签交换虚拟专网技术）专线和光网专线这两种。

MPLS VPN 虚拟专网，使用了比普通 IP 互联网更高效的一种网络机制，为企业在公共网络上构建出自己专用的网络，满足不同城市分支机构间的连接需求。它可以通过服务质量保障体系的设置，实现业务等级的区分。

如果工厂外网络的连接带宽要求不是很高，那么 MPLS VPN 虚拟专网完全可以胜任，但是如果需求达到千兆级，那么光网专线无疑会成为首选。光网专线基于 OTN（光传送网）技术，主要调度颗粒达到 Gbps 量级。值得一提的是，相比 MPLS VPN 只是在公众网络上虚拟出一个专网，OTN 网络是实打实的物理专网。因此，对大带宽承载、可靠性安全性要求更高的特定企业，光网专线更具吸引力。

尽管 MPLS VPN 专线和光网专线满足了当前工厂外网络的绝大多数需求，但是，这两种技术的部署周期较长，网络比较固化，不能灵活按需调整。随着虚拟化、软件化的兴起，一些面向云的公众网络技术开始浮现，它们的共同特点是能整合各类专线资源，通过统一的能力开放调用平台，对用户形成透明的、一体化的屏蔽部分技术复杂性的工厂外网解决方案，其中典型代表是云化专线 Cloud VPN 和广域软件定义网络 SD-WAN。

Cloud VPN 将运营商专线接入能力封装为简单、开放的接口，支持开发者应用通过直接调用接口实现企业专线服务、互联网接入专线等业务的快速订购、开通、按需调整，从而将部署工作最大简化。它把传统上以周、月为单位的开通及调整 VPN 的时间，降低到分钟级，实现专线网络按需实时开通和弹性扩容。

SD-WAN 是一种将新型 SDN 技术应用于广域网场景所形成的外网互联服务。这种服务用于连接广阔地理范畴上的企业网络、数据中心、互联网应用及云服务。SD-WAN 的技术特点包括：将硬件网络的控制能力通过软件方式进行云化，降低了用户侧广域网运营维护的复杂度和技术门槛。这种技术具备高度自助服务能力，用户可自助开通、修改、调整专网互联的参数，把更多的决定权和选择权交给企业。企业的组网需求与组网意向，可以通过运营商提供的集中控制编排器进行翻译并实现管理，屏蔽底层网络技术的复杂性。

无线技术重装上阵

在传统工业网络中，无线和移动技术一直是配角。在工厂内网络，无线技术主要出现在非关键工业应用中，如物料搬运、库存管理、巡检维护等场合。同时，由于不同国家和地区对于无线频段的管制政策不同，客观上限制了工业无线技术的应用规模，造成工业无线技术的成熟度和发展速度都远不如有线通信技术。

相比而言，有线网络一直是工厂内最广泛使用的网络类型。其中既有基于电气线的双绞线网络，也有基于光纤的工业 PON。前者的成本低，可以充分复用原有的线路资源，为低速应用提供以太网方案；后者成本高、需要新建，但是技术起点高，网络更先进可靠。

无线技术具有很多天然的优势，例如在工厂内，可以消除线缆对车间内人员羁绊的危险，使工厂内环境更安全、整洁，并且具有低成本、易部署、灵活调整等优点。这仅仅是直观上的感觉，无线技术对工业互联网的意义远不止于此。传统上，生产线是相对稳定、长期不变的，工厂内对无线网需求并不强烈，但在未来工厂中，情况会发生重大变化。工业互联网需要对生产进行全流程、无死角的网络覆盖，以此实现生产灵活调配。另外，一些新型无人操作诉求，如远程巡检，只有无线连接才能提供。因此，近年来，工厂内无线网络技术开始奋起直追，呈现出从信息采集到生产控制、从少量部署到广泛应用的发展趋势。

2015 年 12 月，高通、诺基亚、爱立信、英特尔等公司，联合发起了 MulteFire 联盟[1]，旨在发展和推动 4G 技术在工业互联网领域的应用，2017 年又增加了覆盖增强特性和窄带物联特性，重点面向在行业领域的专网应用。这项技术运行在免授权频谱上，将 4G 的性能优势与 Wi-Fi（无线保真）的简单性相结合，提供比 Wi-Fi 更好的网络覆盖、更安全的认证机制、更优异的网络性能，匹配各类工业无线互联业务的核心诉求。2017 年底，全球最大的

---

[1] MulteFire 联盟是致力于构建全球生态系统以支持在非授权和共享频谱中部署移动蜂窝技术的国际协会。——编者注

无人自动化码头在洋山港开通运行，其自动化核心系统——自动导引集装箱运输车无人驾驶控制，就是由 MulteFire 工业无线网络承载的。

如果说 MulteFire 是移动技术进军工业互联网的序曲，那么 5G uRLLC（高可靠、低时延通信技术）则更被寄予厚望。早在 5G 标准化伊始，西门子、博世等工业企业就积极参与，提出了运动控制、控制设备互联、移动的生产设备、增强现实等诸多工厂内 5G 技术的应用场景及需求。2016 年初，国际标准组织开始启动标准制定工作，计划到 2019 年底完成。

5G 为工厂内网络带来的突破性进展主要体现在两点：一是极低时延，二是极高可靠性。5G uRLLC 基站与终端间的时延有多长？0.5 毫秒！值得一提的是，这里说的时延，是从发送方无线协议层入口点，经由无线传输，到接收方无线协议层出口点的全部时间。0.5 毫秒的时延，意味着每秒可以实现 2 000 次的信息传递，即便是对实时性要求最为苛刻的工业控制、无人驾驶，也绰绰有余。

在可靠性方面，5G uRLLC 的指标也是非常惊人：用户面时延 1 毫秒内，一次传送 32 字节包的可靠性为 99.999%。在 5G 标准最终制定完成时，这一指标有望进一步提升。此外，如果时延允许，它还可以采用重传机制，进一步提高成功率。

5G 为工业带来的许多变化将是革命性的。例如，未来工厂中，静态的顺序制造系统，越来越多被新型模块化生产系统取代，从而提供更高的灵活性和多用途适应性，使柔性制造成为可能，极大降低生产线重组的时间开销及成本。再比如，5G 工业增强现实功能，能对生产任务进行分步指引，指导工厂操作人员现场手动装配过程，快速满足新生产任务的需求。在恶劣环境下，可以应用这一功能，实现人机远程交互与控制，用工业机器人代替人的现场参与。

不仅工厂内网络，无线技术在工厂外网络的应用前景也日渐广阔。比如，利用4G网络，企业可以实现工厂外网络普遍覆盖和数据高速传输的需求，以及IT系统与互联网融合、企业专网与互联网融合。利用NB-IoT网络，工厂可以监测厂外设备、产品整个生命周期的操作情况、运行状态、环境参数，通过进一步分析，实现对制造设备的实时监控、故障检测和诊断、预测性维护、质量检测、能耗管理等，优化整个生产过程，推进服务化转型升级。5G能支撑更可靠、更开放、按需定制的工厂外移动网络，支持工业互联网逐渐兴起的大流量业务，如虚拟工厂和高清视频远程维护等。

每个元器件都有"身份证"

在物理世界中，从工厂内网到工厂外网，每个元器件、组件、零件、每台设备、每个产品都有其唯一性，理论上在数字世界里也有唯一的"身份证"。例如，很多工厂利用条形码、二维码、电子标签、智能卡等存储标识编码，赋予工业物品数字身份。但是，不同行业、不同地域，工业网络中数据格式不同，连接方式各异，有各式各样的"语种"和"方言"，信息查询和信息共享困难重重。工业互联网需要一个庞大的"翻译器"和"寻址器"，能读懂工业网络中的各种"语言"，能准确查找到每个物品。

这就是标识解析系统。

众所周知，互联网发展过程中，DNS（域名解析）的出现具有革命性意义，它是IP地址与域名之间的"翻译器"。几乎没人能记住网站的IP地址，例如百度的IP地址是202.108.22.5，但是很多人都会记得百度的域名baidu。DNS提供了"从网址到域名"一对一查询服务，给人们的上网带来了极大便利。

工业互联网的标识解析系统，有点类似于传统互联网的域名解析系统，它将工业互联网标识翻译为物体或者相关信息服务器的地址，值得一提的是，它还增加了物品属性信息的查询功能。如果说 DNS 解决了"它在哪里"的问题，那么标识解析系统则同时解决了"它在哪里"和"它是谁"的问题，可谓增强版的 DNS。

顾名思义，标识解析体系由两部分组成，一是标识编码，二是解析系统。

标识编码，类似于"身份证"，不仅能够识别机器、产品等物理资源，还可以识别算法、工序等虚拟资源。目前，国内外存在多种标识编码方案，总体上可分为两类。一是跨行业的公有标识，如 URL（统一资源定位符）、Handle（物联网标识）、OID（对象标识符）、Ecode（国家物联网标识体系）等；二是行业内部、企业内部大量使用的自定义私有标识，如电厂标识、汽车零部件标识等。在很多工业企业中，由于标识的私有属性，没能实现信息打通，比如在进货后需要重新赋码、重新输入新地址，降低了工作效率。随着工业互联网深入推进，采用公有标识对各类资源进行标准化编码，成为一种潮流。

解析系统，能够根据标识编码，查询到目标对象的网络位置或者相关信息，对机器和物品进行唯一性的定位和信息查询，实现全球供应链系统和企业生产系统的精准对接、产品全生命周期管理和智能化服务。

工业领域具有 500 多个细分门类，不同行业、不同企业都定义了大量工业数据结构。由于主体对象来源复杂，并且现实中已经存在多种面向物品、信息的标识解析技术，对于每个用户而言，不可能为每一种标识都安装单独的客户端，更难在短时间内被强制限定去转换使用同一种技术，因此不同标识编码、不同标识解析系统之间的互联和互通就显得格外重要。所以工业互联网标识解析系统的关键在于兼容性和互联互通，保证每种数据都可以通过一层或多层的"翻译"被识别、被读懂。

另外,工业数据归属于不同主体,包括原材料供应商、生产制造商、物流运输商、销售商等,各个主体对数据的管理权限和分享策略不同,标识解析系统需要为此设计灵活的权限机制。

标识解析体系把各种制造工序、生产信息、状态监测数据、供应链信息关联起来:面对工厂内网,可以提供统一的信息查询和管理接口,打通工厂内的各个系统;面对工厂外网,可为产业链上下游的各个企业提供开放的信息查询和共享能力。

例如,在工业互联网目前开始流行的"个性化定制"应用场景中,企业可以通过互联网,获取用户个性化需求,借助标识解析体系,灵活组织设计、制造资源和生产流程,实现大规模定制。具体可分为五个步骤:

第一步,定制平台接受用户需求,生成订单标识 ID(编码)以及对应的订单描述文件;

第二步,订单进入企业信息资源管理系统,系统根据订单生成工序系列,然后对每个工序匹配物料,同时,该信息还会被传递给供应链管理系统,来决定供货和调度;

第三步,用生产执行系统订单号或者其他方式进行原材料编码,然后通过电子标签、二维码等形式对原材料进行打码标识;

第四步,生产设备读取标签信息,识别主体原材料标识 ID;

第五步,根据主体原材料标识 ID,查询订单描述文件和关联工序,然后由机器进行相应处理。

由此,在标识解析体系的支撑下,企业可以将用户需求直接转化为生产排单,开展个性定制与按需生产,有效满足市场多样化需求,解决制造业长期存在的库存和产能问题,实现产销动态平衡。

工业互联网的"神经枢纽"

2018年12月13日,工业互联网标识解析国家顶级节点(上海)正式上线运行。此前,北京、广州、重庆、武汉的顶级节点也已开通,这标志着我国"东西南北中"五大顶级节点布局全面完成。

互联网因域名解析体系而改变,创新源自人与人之间的信息交换,工业互联网将因标识解析体系而改变,创新则来自人、机、物的全面互联。从这个角度看,标识解析体系是支撑工业互联网互联互通的"神经枢纽"。

未来工业制造中,类型多样的对象、体量庞大的数据、复杂多变的流程、分散独立的个性化服务,都需要进行准确高效连接。没有规矩不成方圆,我国高度重视标识解析体系的标准化工作,工业互联网产业联盟吸纳来自科研机构、企业、高校等各方资源,营造了广泛参与的工作氛围,在经过充分研究和论证后,一种融合多级标识解析体系的架构诞生,它采用分层、分级模式,包含了根节点、国家顶级节点和二级节点、企业节点、公共递归解析节点等,并已经推动形成了区域覆盖面广、行业代表性突出的全面发展格局。

国际根节点,是最高层级的服务节点,提供面向全球范围公共的根区数据管理和根解析服务,并不限于特定国家或地区。

国家顶级节点,是我国工业互联网标识解析体系的关键,具备跨地区、跨行业信息交换能力,面向全国提供顶级标识编码注册和标识解析服务,以及标识备案、标识认证等管理能力。国家顶级节点"对外互联、对内统筹",既要与各种标识体系的国际根节点保持连通,又要连通国内的各种二级及以下其他标识解析服务节点。

二级节点,面向行业或区域提供标识编码注册和标识解析服务,完成相关的标识业务管理、标识应用对接等，应当是具备企业信息共享和行业公共服务能力的产业平台。

企业节点，面向特定企业提供标识编码注册和标识解析服务，既可以独立部署，也可以作为企业信息系统的组成要素。

特别值得一提的是公共递归解析节点，它是标识解析体系的关键性入口设施，能够通过缓存等技术手段提升整体服务性能。当收到客户端的标识解析请求时，递归解析节点会首先查看本地缓存是否有查询结果，如果没有，则会迭代标识权威解析服务器返回的应答，直至最终查询到企业应用数据，将其返回给客户端，并将请求结果缓存到本地。

目前，我国工业互联网标识解析节点建设呈现了迅速增长态势，五个顶级节点已全上线试运行，北汽福田、中车四方、徐工信息、佛山鑫兴、中天科技、航天云网、海尔集团、上海华峰等企业，以及贵阳、南通、襄阳、洛阳等地在积极争取部署建设二级节点，已初步建成的行业或区域二级节点基础平台有10个，涵盖了未来机器人行业、家电行业、新材料行业、水务行业、机械行业、电缆行业等领域。例如，徐工信息牵头建设的二级节点，主要面向工程机械行业，目前已经开发出供应链管理、备件管理、质量追溯等应用。企业用户可以通过扫描整机二维码，获取该产品及相关核心零部件的信息，并根据信息解析出零部件装配信息、整机装配信息以及物流配送信息，便于质量追溯管理。此外，企业用户还可以直接填报故障信息，并将信息反馈到相关部门及时跟踪分析，为产品质量改善提供数据支撑。

除此以外，各地也在力推标识解析体系建设，北京、广东、贵州、湖北等省市的地方政府在政策、资金等各个方面均给予了大力支持。

让每粒沙子都有 IP 地址

与传统互联网一样,工业互联网对 IP 地址有天然需要,由于联网设备海量增长,对 IP 地址总量的需求呈现指数级扩大。众所周知,全球 IPv4(国际协议版本 4)地址已经分配殆尽。因此,发展 IPv6 成为工业互联网前行的必要条件。

与 IPv4 相比,IPv6 把 IP 地址的空间从 2 的 32 次方扩展到了 2 的 128 次方,足以满足世界范围内人、机、物对独立 IP 地址的需求,甚至"让地球上每一粒沙子都具有一个 IP 地址"。

IPv6 不仅能解决网络地址资源数量的问题,还为互联网的安全管理创造了机会,而且更能适应工业互联网的发展。例如,IPv6 地址可实现精准管理,通过按照区域和业务类型进行地址分配,配合地址备案管理系统,能精准追溯特定 IP 地址、专线、数据中心和云计算地址,从而实现按区域管理、精细化防护及监控。

我国是世界上较早开展 IPv6 试验和应用的国家,在技术研发、网络建设、应用创新方面取得了重要阶段性成果,已具备大规模部署的基础和条件。工业和信息化部 2019 年 4 月启动了部署开展 2019 年 IPv6 网络就绪专项行动。年末获得 IPv6 地址的 LTE(通用移动通信技术的长期演进)终端比例和固定宽带终端比例将分别达到 90% 和 40%,LTE 网络 IPv6 活跃连接数将达到 8 亿,全部 13 个互联网骨干直联点 IPv6 将改造完成。这无疑会为工业互联网的工厂外网络实现 IPv6 互联奠定坚实的基础。

另外,工厂内网络也会向 IPv6 演进。现在很多工厂内网络常常是由一个个控制环组成,没有 IP 网,或者现场级、车间级网络与 IP 网处于隔离状态。即便想全面互通,由于地址资源紧缺,IPv4 也无法打通各个控制环,IPv6 则为网络互通和数据交换提供了有效的途径。

第二节

打造平台体系：工业 App

工业互联网实现了全生产要素、全产业链、全价值链的深度互联，以往人与人之间的连接拓展到了人与物、物与物之间。成千上万的工业设备也能够"上网冲浪"，通过发送状态数据、接受控制指令的方式与操作者或其他设备进行交互。然而，这也带来了新的挑战：工业设备往往以毫秒为单位产生数据，海量工业数据怎么存储和管理？工业设备"说"的是数据而不是语言，需要提供什么样的数据分析工具和方法？连接和分析工业设备的最终目的是为了优化生产流程实现提质增效，或是变革生产模式实现价值创新，又需要构建什么样的应用创新载体？

尽管以往的 ERP、MES、PLM、CRM 等工业软件和其他定制信息系统也能够或多或少地解决上述问题，但这些数十年之前诞生的工具在与云计算、大数据、人工智能等信息技术融合方面存在一些先天不足，要么无法充分发挥技术优势，要么需要花费高额改造升级成本。因此，面对当前数字经济与实体经济深度融合、信息技术与制造技术集成创新的历史潮流，传统的工业信息化工具及理念已经不能满足企业日益增长的创新发展需求，势必需要新工具、新载体、新理念。

工业互联网平台应运而生。

从互联网来，到工业里去

平台的最早出处已不可考，但让平台深入人心的必然是互联网企业，无论是苹果、谷歌、亚马逊、优步，还是阿里巴巴、腾讯、滴滴，平台都是它们构建各自商业帝国的基础。

先看大家最熟悉的阿里巴巴。阿里巴巴于2003年创建的淘宝网已经成长为中国最大、全球第二的网络购物平台，这个平台一端连接了各种各样的零售商，另一端连接的是数以亿计的消费者，双方借助平台上提供的广告宣传、信息交互和支付保障等功能来进行交易。借助平台所提供的各类技术支持和服务，零售商减少了店铺、广告的支出成本，并得到庞大潜在客户群体，而消费者足不出户就能买到自己想要的商品，阿里巴巴则以商户服务费、广告费、成交手续费等多种方式实现盈利。显然，阿里巴巴平台模式成功的核心在于连接用户，并借助自身互联网技术优势为用户提供各类有偿专业服务。

再看最吸引眼球的苹果。2018年苹果公司总市值突破万亿美元大关，一时风头无两，这背后除了iPhone贡献的高额利润外，也离不开移动操作系统iOS的强力支撑。iOS是一个支持手机App运行和开发的技术平台，能够为第三方开发者提供符合苹果产品标准的开发环境及相关的开发工具资源，通过支持第三方开发者基于iOS系统进行应用创新，并在App Store（苹果应用程序商店）中帮助其进行销售订阅，苹果公司用最小的代价（只需专注iOS运营而不用投入额外精力在App应用上）为苹果手机用户提供丰富的应用服务，在增加用户黏性的同时还能通过App抽成的方式获取长期的可持续收益。苹果公司构建的商业逻辑是，立足用户流量优势，基于平台打造生态系统，用分成方式将用户流量和平台运营服务变现。

最后分析尚在探索期的优步和滴滴。作为全球排名前两位的网约车巨头，优步和滴滴几乎没有自己的车辆，它们提供和运维网约车平台软件，吸引了大量私家车车主注册成为平台服务提供者，并通过数据和算法来对车辆和司机进行管理调度，最终为消费者提供便捷且相对低廉的出行服务，创造出"共享经济"的全新模式。此类平台最大的特点是，将闲置的私家车资源汇聚在一起，根据用户的需求进行合理分配，在不额外增加出租汽车数量的前提下，提升了出行服务体验，实现社会资源的优化配置。

总结而言，在互联网领域，平台首先是一个能与用户进行交互的技术产品，无论是网站、操作系统还是应用软件；平台其次是一个资源汇聚的载体，例如，淘宝平台接入的零售商及其产品信息、iOS 提供的开发资源和汇聚的开发者、滴滴平台上注册的私家车；平台还是数据分析应用的中枢，电子商务交易、手机 App 订阅和网上约车服务背后隐藏的都是用户数据、产品数据、行为数据的计算和分析；最后，平台必须能够通过各种形式的服务实现赋能，例如，对交易双方的技术赋能、对 App 开发者的销售赋能以及对闲置资源的价值赋能。

那么，在工业领域，能否按照上述互联网平台的特征，打造出一个工业互联网平台呢？答案是肯定的。

2013 年，美国通用电气推出了工业互联网平台 Predix。最初的 Predix 平台主要被用于支撑实现航空发动机产品的预测性运维，接入飞机引擎的实时运行数据、管理海量数据、通过建模分析数据以判断引擎是否健康并制订相应运维计划。随后，通用电气旗下其他类似业务也不断迁移至 Predix 之中，到 2014 年，平台中已经汇聚了超过 40 种工业设备运维管理解决方案。就像阿里巴巴做的那样，通用电气成功地基于平台将自身专业技术能力转化为增值服务。2015 年，通用电气做出了一个重要决定，全面开放 Predix 平台，提供一整套软件开发服务来帮助不同工业企业创建自己的工业互联网应用。此时，通用电气已经将 Predix 定位成工业领域的操作系统，试图打造出一个媲美苹果公司的生态系统。

雏形初现的工业互联网平台让通用电气有了喊出"成为全球十大软件公司"的底气，更重要的是惊醒了其他工业领域的巨头，它们找到了未来工业竞争的方向与制高点。2015年，PTC推出ThingWorx（物联网平台）、思爱普推出HANA（内存计算平台，后升级为Leonardo物联网平台）；2016年，西门子推出MindSphere、海尔推出COSMOPlat；2017年，ABB集团（电力和自动化领导厂商）推出Ability（数字化解决方案）平台、树根互联推出根云平台，而且按照IoT Analytics（物联网分析系统）数据，截至当年，全球用于工业领域的平台数量已经超过150个。

工业互联网平台发展的序幕缓缓拉开。

拥有三大功能层级的工业互联网平台

在中国信息通信研究院编写的《工业互联网平台白皮书（2017）》一书中认为，"工业互联网平台是面向制造业数字化、网络化、智能化需求，构建基于海量数据采集、汇聚、分析的服务体系，支撑制造资源泛在连接、弹性供给、高效配置的工业云平台，包括边缘、平台［工业PaaS（平台即服务）］、应用三大核心层级"，并给出了功能架构图。

随文释义，一是建设目标上，工业互联网平台是为了解决工业生产过程中存在的各类问题，满足制造业数字化转型升级的内生需求。二是能力要求上，正如互联网平台所做的那样，工业互联网平台也需要实现资源的连接汇聚，进行数据的分析，并在平台中为用户提供针对制造资源的供给、配置与优化等服务，例如提供工艺流程优化解决方案、提升工业设备运行效率、实现用户个性化需求与企业生产的匹配等。三是实现方式上，工业互联网平台要重点打造边缘、平台（工业 PaaS）及应用三层核心功能，提供设备接入、边缘数据处理、工业数据建模分析、工业应用开发、工业 App 等关键要素，来支撑实现资源汇聚、数据分析和服务供给（如图 5.1 所示）。

在边缘层，实现工业资源的连接汇聚，是工业互联网平台的基础。平台离不开资源的接入，否则只能是无源之水、无本之木，就像淘宝需要足够多的产品、iOS 需要足够多的开发者，工业互联网平台也需要足够多的工业设备。利用部署在边缘的传感器、嵌入式系统、软件中间件以及智能网关，工业互联网平台采集集成生产现场各类工业设备数据，来实时获取人、机、料、法、环等工业要素信息，为后续分析应用奠定坚实基础。由于不同工业设备所采用的通信协议、数据格式差异显著，工业互联网平台往往需要在边缘进行协议转换，将"方言"统一成"普通话"。此外，面对一些实时性要求高、数据传输量大的工业场景，还需要提供靠近边缘的数据处理和分析能力，以满足应用需求。

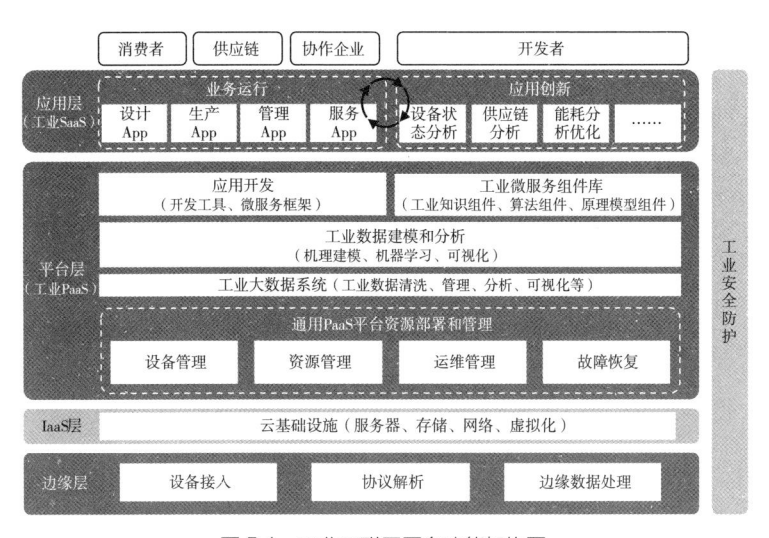

图 5.1 工业互联网平台功能架构图

资料来源：《工业互联网平台白皮书（2017）》。

在平台（工业 PaaS）层，实现工业数据的分析并支撑工业应用开发，是工业互联网平台的核心。滴滴需要 PaaS 对平台中所连接的车辆资源进行管理，对用户数据进行计算分析以支撑其提供出行服务；苹果需要 PaaS 为海量第三方开发者提供开发环境及开发资源以支撑其构建生态系统，工业互联网平台也离不开 PaaS 架构的支撑。运用 Cloud Foundry（开源 PaaS 云平台）、OpenShift（云计算服务平台）、Kubernetes（用于管理云平台的应用）等成熟互联网技术打造出资源管理、运行和调度能力等通用 PaaS 服务能力，工业互联网平台构建起一个基础的运行环境与框架。然后，在此基础上，一方面集成大数据、人工智能等数据分析工具，沉淀工业经验知识与机理模型，形成融合数据科学与工业机理的工业数据分析能力；另一方面借助微服务、DevOps（一组过程方法与系统的统称）等技术支持，在平台中提供开发环境及工业微服务组件等丰富开发资源，支持第三方开发者实现工业应用创新。最终，工业互联网平台打造出独具特色的工业 PaaS 层级，成为开展工业数据分析和工业应用创新的技术集成载体与运行部署环境。

在应用层，实现平台对不同工业用户的最终赋能，是工业互联网平台的关键。淘宝、滴滴以 App 的方式为消费者提供购物、打车的便捷服务，苹果更是构建了 App Store 来向用户推销各种各样的创新 App，工业 App 则是承载工业互联网平台服务的最佳工具。用工业 App 开展产品仿真，用工业 App 优化工艺参数，用工业 App 管理生产设备，用工业 App 进行产品运维……工业用户不再花大价钱采购不同的软件系统，只需要在平台中选择相应的工业 App，点击订购、按需付费就能马上享受服务。更美妙的是，平台背后还会有一大批第三方开发者持续推动工业 App 创新，用更短的时间、更少的成本来满足用户更为个性化的需求，工业用户甚至可以按照自身需要 DIY（自己动手做）出自己的工业 App。

此外需要指出的是，工业互联网平台中还包含 IaaS 层与工业安全防护两个关键要素。其中，IaaS 层严格来说并非必须，但基于云计算技术的存储、计算能力提升能够显著强化工业互联网平台性能，已经成为平台发展必然趋势之一。而安全则是工业生产最根本的要求，工业互联网平台安全防护是整个工业互联网安全体系的重要一环。

分布在边缘的"工业神经末梢"

工业互联网平台需要借助部署在生产现场中的各类终端实现工业设备数据的接入、转化，以及平台和边缘之间的数据双向传输。正如人类借助分布于全身的神经末梢来感知环境和操控身体，这些终端形成了分布在边缘的"工业神经末梢"，帮助工业互联网平台对工业生产过程进行感知和控制。

构成"工业神经末梢"的终端形式多种多样。终端既可以是一段实现数据格式转换和通信传输的程序代码。如通用电气在边缘侧提供了一种嵌入式软件框架 Predix Machine，能够以代码开发集成的方式将工业设备接入 Predix 平台。终端也能够是一个可以直接与平台进行数据交互的传感器件或者数字化装备。例如，沈阳机床在 i5 智能数控机床中设计了网络连接功能，每一台 i5 智能数控机床都可以直连到 iSESOL 平台之中，成为一个终端节点。终端还可以是智能工业网关，网关会提供接口与多个设备实现通信，进行协议转换和数据处理后，再将统一格式的数据向上发送到平台。如西门子配置了 MindConnect Nano 网关，能够直接把西门子旗下所有 S7 系产品接入 MindSphere 平台，并可以实现对第三方设备的兼容。

构建"工业神经末梢"所面临的一个主要挑战是，工业体系的庞大复杂和工业设备的五花八门。机械加工行业用的数控机床、塑料行业用的注塑机、电子信息行业用的 SMT（表面贴装技术）装备、钢铁行业用的高炉……不同行业应用不同类型的设备，不同类型的设备意味着不同的数据采集和通信方式。即便是同一类型的设备，也往往会因为厂商的不同而导致通信协议存在差异，例如，同样是工业机器人，ABB 的机器人可能采用 DeviceNet（用于自动化技术的现场总线标准）协议，发那科的机器人可能采用 EtherCAT 协议，而库卡机器人则可能采用了 Profibus（开放式的现场总线标准）协议。显然，在这种情况下，为每一台工业设备配置一个终端既不现实也不经济，往往需要一个终端同时接入尽可能多的工业设备以简化工作并降低成本，而这必然会推动终端通过提升协议支持数量来强化其连接能力。平台企业 PTC 下属的 Kepware 软件解决方案提供 150 多种通信协议驱动，可以满足数千种设备的接入需求；自动化企业红狮推出的 CSMSTR 模块化控制器则能够支持 300 多种工业协议转换，并实现向云端的传输。

构建"工业神经末梢"所面临的另一个主要挑战是，工业对实时性的苛刻要求。缺少实时性的工业管理控制轻则会影响产品质量，例如，因为温度调节不及时导致铁水质量不合格；重则会危及人身安全，例如，因为没有及时检测危险气体并发出警报而导致的化工厂爆炸。然而，当平台离生产现场较远的时候，要么因为网络速度过慢，要么因为数量过大，边缘与平台的数据交互可能会无法满足实时性要求，此时就需要终端具备边缘计算的能力。所谓边缘计算，就是把一部分原来在云端的数据分析处理工作放到生产现场，在数据的源头直接进行计算分析，以节省网络传输时间来实现快速响应。譬如在基于图像识别的工业检测环节，一张高清图片的大小可能有 10 多兆，若将实时拍摄的大量照片先传输到云端进行识别，再将结果反馈到终端进行操作，网络传输就会耗费大量时间，会严重影响检测的速率。但如果直接把图像识别的算法部署在终端上，每拍摄一张照片就识别一次，第一时间进行相应操作，就能够实现高速实时的在线检测。而且将识别的结果上传到云端以支持统计分析和管理时，所需要的数据传输量也只有几 KB（千字节），大大降低了对网络性能的要求。

借助边缘计算，终端和平台可以充分发挥各自优势进行分工，终端靠近现场，能够负责实时性要求高的任务；平台资源强大，可以完成非实时但更加复杂的分析处理工作。更进一步地，终端和平台还能实现更好的协同，终端把边缘计算结果发送给平台，平台基于这些结果持续改进分析算法模型，反过来将训练好的模型部署到终端，以对边缘计算进行优化和改进。

用数字化模型构建"工业智能大脑"

未来，海量的工业数据将会首先传输到工业互联网平台上，经过处理分析之后，再转化成一道道控制指令反馈到生产过程中，用于帮助企业解决质量问题、效率问题、服务问题和成本问题。工业互联网平台成为工业系统里的"大脑"，借助工业数据来进行思考，驱动制造业生产方式更加智能。

人类大脑由无数的脑细胞构成，并基于脑细胞的信息处理功能来进行思考。那么，构成"工业智能大脑"的脑细胞是什么？或者说，是什么支撑了平台进行工业数据的分析处理？答案是数字化模型。

在学术界，模型是指对于某个实际问题或客观事物、规律进行抽象后的一种形式化表达方式，这种表达方式可以是数学公式、逻辑关系，也可以是平面图表、三维图形。而数字化模型就是能够以二进制方式被计算机识别和处理的模型。

在工业界，将反映生产客观规律和行业经验知识的各类技术原理、工艺方法、操作流程等抽象成软件化的工具组件，就构成了能够部署和运行于平台之上，支撑工业数据分析的各类数字化模型。从类型上来说，平台中的数字化模型多种多样，例如，用于汽车设计的零部件三维结构模型、用于飞机运动模拟的空气动力学模型、用于预测刀具寿命的机器学习模型，以及用于描述工序流程的逻辑关系模型。但总体上，大致可以被划分为两类——机理模型和数据模型。

机理模型是对已知的物理化学规律和工业 Know-How（技术诀窍）进行总结提炼和封装复用，实现从因到果的分析。本质上是提供一个数字化载体，将以往只有技术专家、老师傅才拥有的行业知识经验转化为人人可用的分析工具。通用电气公司以往需要依赖专业技术人员进行航空发动机的诊断运维，而当其在 Predix 平台中基于专家经验构建出能够反映航程与发动机滑油系统状态的分析模型后，即便完全不了解航空发动机的普通工程师也能够借助飞行数据分析结果来轻松地进行故障诊断并完成运维。

数据模型则是运用数理统计、大数据、人工智能等数据科学方法来构建特定输入与输出结果之间的数学映射关系，是从已知现象里寻找背后的规律，然后再利用规律对同类现象进行分析。当对工业过程的认知程度尚不足以支撑构建机理模型之时，数据模型只需要借助对历史数据的挖掘就能够寻找到现象背后隐藏的规律，极大地提升了工业数据分析的能力。大唐集团利用模式识别算法从发电设备历史数据中寻找设备运行状态规律，进行故障早期预警，从而通过提升设备健康运行效率来提高发电的经济性。

如今，机理模型和数据模型正在加速融合。越来越多的数据模型依赖工业机理的指导来优化特征和简化训练。寄云科技依赖客户工程经验来辨识历史数据中的异常信息，进行特征提取和模型训练，解决盾构机施工难题。或是将机理模型和数据模型集成起来，构建能够进行更复杂、更精准分析的数字孪生模型。东方国信面对钢铁行业工序优化需求，将高炉结构模型、热力学模型和工业大数据分析模型结合起来，形成具备实时诊断和预测功能的数字孪生模型，对工艺流程进行分析和优化。

基于工业App实现"对症下药"

在移动互联网时代，能够把用户目光始终吸引在手机屏幕上的是一款款提供各式各样服务、满足生活娱乐需求的App。而在工业互联网时代，能把用户吸引到平台中的则是提供解决企业痛点问题"良方"的工业App。

工业App为企业用户开出的第一个"药方"是按需付费。对传统工业软件而言，企业需要从软件厂商那里购买标准化的软件产品安装包，部署在工厂内的服务器上，并需要进行运维管理。在这种情况下，即便某款软件产品的使用频次非常低，或者是只需要部分软件功能，企业都不得不购买整个软件产品，从而导致信息化建设的成本较为高昂。德国思爱普公司以高质量的ERP软件享誉全球，而背后则是令人咋舌的价格，据称长虹在引入思爱普的ERP产品时的累计投资超过了5 000万元，而当时还是1999年。而对于工业App而言，它并不需要在企业本地安装部署，用户可以随时登录到平台选择合适的工业App进行使用。在这种情况下，企业所购买的是工业App的使用权而非所有权，并可以按照自己的个性化需求决定购买使用的时间长短或功能多少，实现按需付费，显著地节省投资成本。黑湖科技借助平台推出智能排产、生产管理、质量管理等工业App，采用按年订阅方式为企业提供服务，每个工厂一年平均只需投入10万~30万元，避免了一次性投入数百万乃至上千万的资金压力。

  工业App为企业用户开出的第二个"药方"是，高效灵活的定制开发。工业企业的应用需求千差万别，但对于作为通用产品的传统工业软件而言，往往是面向基础共性服务需求来进行设计和研发的，整个软件研发的成本投入较大、周期较长，不能灵活地响应个性化需求。而在工业互联网平台中，基于微服务技术可将传统工业软件拆解成为相对独立的功能模块，如将ERP这个"大软件"拆解为生产计划管理、采购管理、库存管理、财务管理等一系列"小服务"，构成富含各类功能与服务的工业微服务组件池。然后，根据用户的实际功能需求从工业微服务组件池中调用和集成相关服务模块，通过现有功能的复用来快速构建工业App，有效地缩短了研发周期并能够实现个性化定制。树根互联在其新推出的根云平台3.0中强化各类微服务组件支持，基于全API化的工业App开发效率提升了40%。

  除了在技术上下功夫，为了更好满足工业用户更多的个性化工业App需求，平台还借鉴手机操作系统的成功经验，在生态系统建设方面花心思。一方面提供低代码、图形化的开发工具，降低应用创新门槛，使没有编程背景的工业专家也能进行工业App开发；另一方面通过打造开发者社区的方式吸引足够多的第三方开发者入驻平台开展工业App创新，形成用户需求和开发创新的良性循环。美国PTC公司的ThingWorx平台目前已经汇聚了超过25 000名第三方开发者，拥有380多家企业合作伙伴，共同在平台中打造出600多个工业App，服务于1 500多家工业企业。

给企业插上数字化转型的"隐形翅膀"

  工业互联网平台要建设，更要应用。在数字化转型浪潮席卷全球的今天，工业互联网平台不能仅仅站在聚光灯下孤芳自赏，还需要真正走到企业里，认真地思考如何与生产数据连接、与行业知识融合、与业务流程集成，以支撑设计、生产、管理、服务等每一个环节的优化提升，成为助力企业数字化转型腾飞的"隐形翅膀"。

在企业内部，工业互联网平台需要加速生产与管理方式变革。采集设备、工艺、检测、人员、环境数据，基于平台的数字化模型分析进行优化和反馈，形成设备预测运维、工艺优化、质量优化、能耗管理等智能化应用模式，以提升设备运行效率、寻找最优工艺参数、排查质量隐患、降低能源消耗。在可口可乐荷兰Dongen（东恩）工厂中，西门子MindSphere平台实时监控产线中150多个电机的运转状态，借助平台工具提取振动信号的RMS（均方根值），并在管理工业App中设定失效报警规则来防止电机故障，避免产线因为故障导致计划外停机。

在企业与企业之间，工业互联网平台需要驱动新的产业组织方式形成。产业链上下游企业的业务数据、制造能力和创新资源汇聚到平台之中，通过数据和系统的集成、打通、共享、配置，形成设计协同、供应链协同、制造协同等网络化应用模式，带动整个社会资源在不同工业主体之间的合理分配和效益优化。航天云网INDICS工业互联网平台推出之初就汇聚了航天科工集团内所属的545家企事业单位，整合3 106项专业能力，驱动集团内部采购业务协同，打通和拓展了上下游产业链。随着INDICS平台对外辐射推广，目前的注册用户已超过270万户，遍布全球202个国家和地区；发布协作与采购需求金额达5 763亿元，平台成交金额超3 000亿元，显著提升了社会资源管理效率和协同水平。

在企业与用户之间，工业互联网平台需要消除供给与需求之间的偏差。充分运用平台搜集并分析用户需求数据、企业生产数据和市场环境数据，构建个性化产品模型，实现从订单到设备的端到端打通，快速生产满足用户特定需求的定制化产品，从而提升用户黏性并挖掘长尾市场潜力。海尔 COSMOPlat 平台帮助房车企业实现与用户的零距离交互，以用户为中心进行产品设计与生产，打通需求、设计、订单、采购、生产和分析环节，打造出规模化定制互联工厂，生产周期从 35 天缩短到 20 天，最终产品溢价提升高达63%。

在企业与产品之间，工业互联网平台需要实现价值链条的延伸拓展。全面集成产品设计、生产、管理和服务的全生命周期数据，在平台中对设计数据、生产数据、历史运行数据进行综合分析，提供产品的远程监测、诊断与运维服务，将产品价值流程从以往的生产销售环节延伸到售后服务环节，加速制造企业向服务企业的转变。基于 Predix 平台提供的资产性能管理（APM）解决方案，通用电气公司实时监控和管理着分布在全球的航空发动机、燃气轮机等高价值产品，帮助用户节省数百万公斤的航空燃油，或是在提升发电效率的同时降低成本。

此外，工业互联网平台的深入应用还进一步加速了工业与其他产业的跨界创新、融通发展，打造出"平台+金融""平台+物流""平台+能源"等一大批新模式、新业态，有力地推动了"大众创业、万众创新"的繁荣发展。

看透平台背后的"基因"

条条大路通罗马，工业企业充分发挥各自的传统业务和能力优势，在平台建设过程中探索出了各具特色的布局策略和发展路径，将自己的"基因"深深融入了平台之中。

首先，以通用电气、西门子、ABB、三一重工、徐工等为代表的工业设备及自动化企业。它们凭借被广泛使用的工业产品而具备显著的数据接入优势，又拥有丰富的工业制造经验、专业知识和机理模型，在此基础上打造平台，通过提供智能化的服务来进一步巩固传统市场优势，并加速驱动自身的服务化转型。三一重工在自家工程机械产品上添加数据采集模块，用平台实时监控关键运行参数，打造远程运维、操作优化、故障诊断等创新服务模式，从而孵化出以后市场服务为业务核心的树根互联根云平台。

其次，是以航天云网、海尔等为代表的领先制造企业。它们内部已经率先开展了个性化定制、网络化协同等数字化转型的探索，并取得了一些具有复制推广意义的成功经验，现在借助平台形成各类服务提供给企业用户，实现赋能。海尔在互联工厂中实现研发设计、生产制造、仓储物流、企业管理、市场营销、用户服务等环节的全面贯通，支撑实现用户个性化定制空调的规模化生产，并借助COSMOPlat平台将这种规模化定制生产模式向服装、房车、陶瓷等行业进行推广。

再次，以PTC、达索、思爱普、用友、金蝶等为代表的工业软件企业。它们以平台载体，实现与现场生产数据的实时连接，集成大数据、人工智能等技术以提供更加强大的数据分析能力，全面提升PLM、ERP、MES等原有软件产品功能性能，强化业务竞争力。PTC将ThingWorx平台与已有的PLM产品Windchill进行深度整合，利用底层Kepware的工业协议转换和数据采集能力，简化用户数据访问流程，借助数据分析工具ThingWorx Analytics和集成AR技术的ThingWorx Studio来帮助用户提升生产效率和协作性，从而进一步缩短产品开发周期。

最后，以亚马逊、微软、华为、阿里巴巴等为代表的信息通信企业。它们有着工业企业无法比拟的信息技术优势，可为平台基础能力构建提供强有力支撑，但是由于缺少工业领域的知识经验积累，需要通过不断深化与制造企业的合作，来打造面向工业场景的服务能力。华为推出的 OceanConnect 物联网平台具备设备连接、设备数据采集与存储、边缘数据分析、业务编排等能力，通过与 500 多个行业伙伴合作来构筑汽车、石化、能源、装备等领域的工业智能解决方案。

寻找未来平台产业的"BAT"

在互联网领域，平台化战略和思维催生了大家耳熟能详的"BAT"，那么，工业互联网领域是否也会出现自己的"BAT"？

从平台经济的特点来看，未来工业互联网领域必然也会出现类似"BAT"这样的巨头平台企业。因为随着工业互联网平台的日益成熟和普及，一方面平台的建设成本会被越来越多的用户分摊，并随着使用规模的扩大而形成更多收益，持续降低平台企业的边际成本；另一方面围绕平台所构筑的生态系统将为平台企业带来巨大的产业主导权，在特定领域形成压倒性竞争优势。

但是，工业领域的"BAT"很难像消费领域那样做到真正的"赢者通吃"。通常情况下，一个平台企业只有在为自己所熟悉的行业、领域提供服务的基础上，逐步吸纳融合更多的行业资源和领域知识来拓展业务范围，打造出具备跨行业、跨领域服务能力的综合性工业互联网平台，才能逐渐成长为工业"BAT"巨头。然而目前的情况是，工业门类繁多、场景复杂，不同行业之间存在巨大的技术门槛，几乎不可能有平台能够覆盖到所有工业场景下的智能化应用需求。这意味着，工业"BAT"的优势只能限定于在不同的范围内，与消费领域的"BAT"在数量及规模上也会存在差异。

既然不可能是一个或者几个工业互联网平台包打天下，那么必然就会存在一批面向特定行业共性需求的工业互联网平台，以及更多的能够针对性满足企业数字化、网络化、智能化转型发展需求的工业联网平台，为工业用户提供更为丰富的选择。最终，不同平台企业会寻找到自己擅长的位置，构筑形成"综合性平台引领带动、行业平台有力支撑、企业平台创新互补"的多层次平台产业体系。

第三节

抓住数据核心：工业大数据

数据之于工业互联网，就像是灵魂之于人。

随着整个社会信息化、智能化程度不断提升，数据在生产和生活中占据日渐重要的作用。大数据已经成为战略资源，是各国布局的重点领域，被誉为21世纪的"石油""钻石"。今天，以大数据为核心的数字经济，正在成为全球经济增长的强大引擎。

工业数据是工业互联网采集、传输、存储、分析和应用的关键资源要素，并且随着工业互联网创新发展战略的深入贯彻实施而不断被赋予新的使命，成为助推现代工业体系升级和支撑制造业数字化、网络化、智能化转型的基础动力。

什么是工业大数据？

工业大数据是工业生产过程中全生命周期的数据总和，包括产品研发过程中的设计资料、产品生产过程中的监控与管理数据、产品销售与服务过程中的经营和维护数据等。

可以说，在工业互联网中，任何一个环节都会涉及数据，无论是企业的制造环节，如车间设备的运行数据、产品生产数据等，还是企业日常管理中的数据，如ERP系统中的数据、供应链数据、产品研发数据等。因而业界认为，从业务领域划分，工业大数据可以分为企业信息化数据、工业物联网数据，以及外部跨界数据。其中，企业信息化和工业物联网中机器产生的海量时序数据是工业数据规模变大的主要来源。

从具体的定义上看，工业大数据指的是制造企业在产品研发、设计、生产、运维、服务过程中产生的各项关键数据，具有体量大、分布广泛、结构复杂、类型多样化的典型特征，并表现出显著的连续性、逻辑性、精准性和规律性。工业大数据的数据类型可分为：结构化数据、半结构化数据和非结构化数据。

发展和应用工业大数据，核心目的是要实现工业互联网各个环节的全方位的数据采集，并将这些数据汇聚起来进行深度分析，最终利用数据分析结果反过来指导各个环节的控制与管理决策，并通过效果监测的反馈闭环，实现决策控制持续优化。打一个形象的比喻，如果工业互联网是人类的网络神经系统，那么工业大数据的汇聚与分析就是工业互联网的大脑，是工业互联网的智能中枢。

作为大数据在工业领域的体现，工业大数据保持了和大数据一致的4V特性，即大规模（Volumn）、速度快（Velocity）、类型杂（Variety）、低质量（Veracity）。

大规模

大规模，顾名思义就是数据的规格大，而且面临着大规模增长的趋势。我国大型的制造业企业，由人产生的数据规模一般在TB（太字节）级或以下，但形成了高价值密度的核心业务数据。机器数据规模将可达PB（拍字节）级，是"大"数据的主要来源，但相对价值密度较低。

速度快

工业大数据不仅采集速度快，而且要求处理速度快。当前，越来越多的工业信息化系统以外的机器数据被引入大数据系统，特别是针对传感器产生的海量时间序列数据，数据的写入速度达到了百万数据点/秒~千万数据点/秒。

类型杂

类型杂意味着复杂性，主要是指各种类型的碎片化、多维度工程数据，包括设计制造阶段的概念设计、详细设计、制造工艺、包装运输等各类业务数据，以及服务保障阶段的运行状态、维修计划、服务评价等类型数据。甚至在同一环节，数据类型也是复杂多变的，例如，在运载火箭研制阶段，就涉及气动力数据、气动力热数据、载荷与力学环境数据、弹道数据等。

低质量

低质量强调的是真实性，相对于分析结果的高可靠性要求，工业大数据的真实性和质量比较低。工业应用中因为技术可行性、实施成本等原因，很多关键的量没有被测量、没有被充分测量或者没有被精确测量（数值精度），同时某些数据具有固有的不可预测性，例如，人的操作失误、天气、经济因素等，这些情况往往导致数据质量不高，这也是目前大数据分析和利用的最大障碍，对数据进行预处理以提高数据质量也常常是耗时最多的工作。

工业大数据的"四大层"

要理解工业大数据，就必须了解其功能构架。2016年工业互联网产业联盟发布了《工业互联网体系架构（版本1.0）》，对工业互联网数据体系架构和功能构架进行了详细的描述（见图 5.2）。

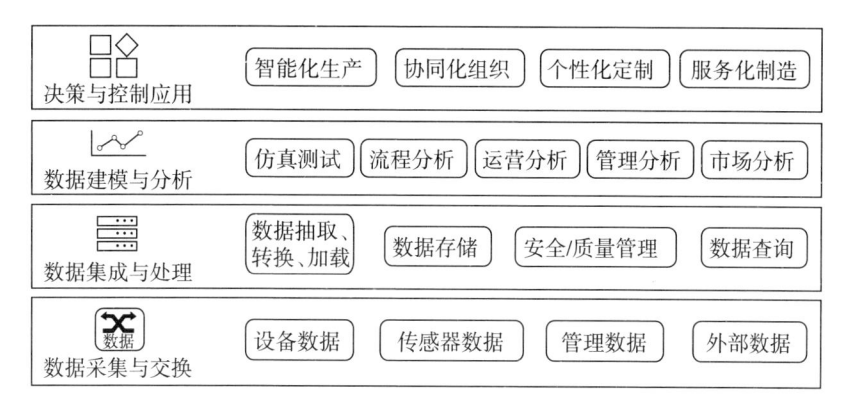

决策与控制应用	智能化生产	协同化组织	个性化定制	服务化制造
数据建模与分析	仿真测试	流程分析	运营分析	管理分析	市场分析
数据集成与处理	数据抽取、转换、加载	数据存储	安全/质量管理	数据查询
数据采集与交换	设备数据	传感器数据	管理数据	外部数据

图 5.2 工业大数据功能构架

从图 5.2 中可以看到，工业大数据的功能构架主要分为四个部分，即数据采集与交换、数据集成与处理、数据建模与分析、决策与控制应用，这四个部分的功能和工业互联网的整体构架是相吻合的。而与四大功能对应的就是工业大数据的四个"层"（见图 5.3）。

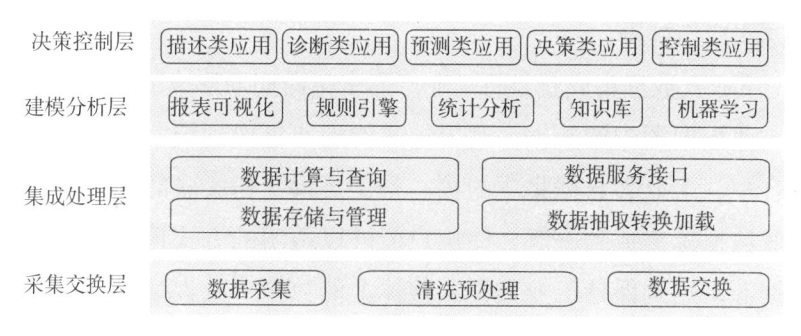

决策控制层	描述类应用	诊断类应用	预测类应用	决策类应用	控制类应用
建模分析层	报表可视化	规则引擎	统计分析	知识库	机器学习
集成处理层	数据计算与查询	数据服务接口	数据存储与管理	数据抽取转换加载
采集交换层	数据采集	清洗预处理	数据交换

图 5.3 工业数据技术构架

数据采集与交换

工业大数据的采集和交换，指的是将工业互联网中各组件、各层级的数据汇聚在一起，是大数据应用的前提。要实现数据从底层向上层的汇集，以及在同层不同系统间传递，需要完善的数据采集交换技术支持。

数据采集是对各种来自不同传感器的信息进行适当转换，例如采样、量化、编码、传输。一个数据采集系统，一般包括数据采集器、微机接口电路、数模转换器。

数据交换是指工业大数据应用所需的数据在不同应用系统之间的传输与共享，通过建立数据交换规范，开发通用的数据交换接口，实现数据在不同系统与应用之间的交换与共享，消除数据孤岛，并确保数据交换的一致性。

工业系统中，数据采集与交换是工业系统运作的基底，从微观层每一个零部件信息，到宏观层整个生产流水线信息，如何基于各种网络链接实现数据从微观层到宏观层的流动，形成各个层、全方位数据链条，并保证多源数据在语义层面能够互通，降低数据交换的时延，以实现有效数据交换，这在技术上是一个比较大的挑战。

数据集成与处理

工业大数据集成就是将工业产品全生命周期形成的许多个分散的工业数据源中的数据，逻辑地或物理地集成到统一的工业数据集合中。工业大数据集成的核心是，要将互相关联的分布式异构工业数据源集成到一起，使用户能够以透明的方式访问这些工业数据源，达到保持工业数据源整体上的数据一致性、提高信息共享与利用效率的目的。

工业大数据处理是利用数据库技术、数据清洗转换加载等多种工业大数据处理技术，将集成的工业数据集合中大量的、杂乱无章的、难以理解的数据进行分析和加工，形成有价值、有意义的数据。

工业大数据集成处理层，主要涉及数据的抽取、转换、加载技术，数据存储管理技术，数据查询与计算技术，以及相应的数据安全管理和数据质量管理等支撑技术。

数据建模与分析

　　数据建模是根据工业实际元素与业务流程，在设备物联数据、生产经营过程数据、外部互联网等相关数据的基础上，构建供应商、用户、设备、产品、产线、工厂、工艺等数字模型，并结合数据分析提供诸如数据报表、可视化、知识库、数据分析工具及数据开放功能，为各类决策提供支持。

　　目前，工业大数据分析建模技术已形成了一些比较成熟稳定的模型算法，大致可以分为两种类型，一种是基于知识驱动的方法，另一种则是基于数据驱动的方法。

　　知识驱动的分析方法，是基于大量理论模型以及对现实工业系统的物理、化学、生化等动态过程进行改造的经验，建立在工业系统的物理化学原理、工艺及管理经验等知识之上，包括基于规则的方法、主成分分析技术、因果故障分析技术和案例推理技术等。其中，知识库是支撑这类方法的基础。

　　数据驱动的分析方法，很少考虑机理模型和闭环控制逻辑的存在，而是利用算法在完全数据空间中寻找规律和知识，包括神经网络、分类树、随机森林、支持向量机、逻辑回归、聚类等机器学习方法，以及基于统计学的方法。

　　可以说这两种算法各有优劣，而在工业大数据的应用中，到底使用哪一种算法，则需要根据具体的场景来定。

决策与控制应用

　　根据数据分析的结果进行决策，从而指导工业系统采取行动，是工业大数据应用的最终目的。工业大数据应用可以分为以下五大类。

描述类应用：主要利用报表、可视化等技术，汇总展现工业互联网各个子系统的状态，使操作管理人员可以在一个仪表盘上总览全局状态。此类应用一般不给出明确的决策建议，完全依靠人来做出决策。

诊断类应用：通过采集工业生产过程相关的设备物理参数、工作状态数据、性能数据及其环境数据等，评估工业系统生产设备等运行状态并预测其未来健康状况，主要利用规则引擎、归因分析等，对工业系统中的故障给出告警并提示故障可能的原因，辅助人工决策。

预测类应用：通过对系统历史数据的分析挖掘，预测系统的未来行为，主要是利用逻辑回归、决策树等，预测未来系统状态，并给出建议。

决策类应用：通过对影响决策的数据进行分析与挖掘，发现与决策相关的结构和规律，主要是利用随机森林、决策树等方法，提出生产调度、经营管理与优化方面的决策建议。

控制类应用：根据高度确定的规则，直接通过数据分析产生行动指令，控制生产系统采取行动。

"弯道超车"的法宝

大数据，大价值！随着我们迈入数字经济时代，数据正在成为国家、企业以及个人的核心资产，是新型生产资料。工业大数据不仅是新工业革命的基础动力，还是驱动我国从"制造大国"走向"制造强国"、推动中国工业转型升级的重要力量。

当前，我们正在迈入一个前所未有的网络化、数字化、智能化时代，数据的重要性和价值日渐凸显。从全球工业史的发展上看，数据始终影响着人类工业化进程：18世纪末，画法几何学的创立标志着工程设计语言的诞生，伴随人类进入工业1.0时代；定量化、标准化成为工业2.0时代的主要特征；20世纪中期，数字计算机在工业中的应用开启了工业3.0时代。

正如前文所述，数据在信息化社会的重要性日渐凸显。"三分技术、七分管理、十二分数据"，这是在信息化系统工程中经常被提到的一句话，足以证明数据在信息系统中的重要性。专家认为，世界工业不断发展的过程，实际上就是数据作用逐渐加强的过程，数据在工业生产力不断提升的过程中发挥着核心的作用。事实上，第三次工业革命以来，工业不断发展的过程也是数据传输和处理效率不断提高、数据质量不断提升、不确定性因素的应对效率不断加强的过程。

工业互联网产业联盟发布的《工业大数据技术与应用白皮书》认为，工业大数据是第四次工业革命的基础动力。当前，信息技术特别是互联网技术正在给传统工业发展方式带来颠覆性、革命性的影响。世界正加速进入一个互联互通的时代，互联网对工业的影响越来越深刻，并成为引发新一轮工业革命的导火索。

尤其是互联网技术全面深入发展，极大促进了人与人互联、机器和机器互联、人和机器互联的程度，随着5G、量子通信等新一代通信技术发展，世界将加速进入一个完全互联互通的状态。工业互联网也将随着机器的数字化、工业网络泛在化、云计算能力的提高而取得长足进步，海量工业大数据的产生将是必然结果，而基于工业大数据的创新是第四次工业革命的主要推动力。

工业大数据被认为是21世纪的石油。通用电气发布的《工业互联网白皮书》指出，工业互联网实现的三大要素是智能联网的机器、人与机器协同工作及先进的数据分析能力，足见数据的重要性。甚至有观点认为，没有数据，第四次工业革命就是无源之水、无本之木。

工业大数据是制造业实现从要素驱动向创新驱动转型的关键要素与重要手段。今天，工业大数据已成为国际产业竞争和国家工业安全的基础要素相关技术与应用，是我国工业"由跟跑、并跑到领跑""弯道取直""跨越发展"的关键支撑。

善用工业大数据

作为制造业大国，我国时时刻刻产生着海量的工业数据。但如何善用工业大数据，发挥数据的价值呢？

从目前业界各方的实践上看，工业大数据能够助力企业研发能力的提升，生产过程的优化，进一步优化服务，实现精准营销，打造个性化产品等。

生产过程优化被认为是工业大数据的重要应用。简单而言，就是通过分析产品质量、成本、能耗、效率、成材率等关键指标与工艺、设备参数之间的关系，优化产品设计和工艺。在具体的操作中，企业往往以实际的生产数据为基础，建立生产过程的仿真模型，优化生产流程。同时还可以根据客户订单、生产线、库存、设备等数据预测市场和订单，优化库存和生产计划、排程。

以某全球知名光学膜厂商为例，受限于生产工艺，偏光片生产流程只有在完成生产后才可以进行质检，因而优良品率一直无法有效提升，这已经成为其公司生产和经营的重要难题。针对这一情况，其联手国内知名大数据科技公司，借助工业大数据智能化控制平台，对生产环境中产生的数据进行分析和预测，提前发现产品存在的缺陷情况，及时做出判断，有效提高了良品率，增强了企业的市场竞争力。

在利用工业大数据上,该公司着开展了四方面的工作:(1)对各生产线、各生产环节的不同结构的生产数据进行适配,翻译成便于运算和处理的标准化数据;(2)在生产数据存储的各个环节,进行数据抽取埋点,生产数据产生后,实时抽取进入数据处理引擎;(3)在标准化数据处理引擎基础上,针对企业自有业务进行定制优化,构建流式处理模型,分析良品率的各类关联因素;(4)制定预警规则,实现生产过程的监控与预警消息推送。

借助上述一系列的工作,最终该企业的管理效率提升了15%以上,年节约人力1 500+人/天。生产层面,借助高效的业务模型和强大的智能算法,数据价值被充分挖掘,产品良率得到显著提升,原料损耗率趋于稳定且逐步降低,年产生价值在数千万元左右。

当前,越来越多的公司也正在利用大数据提升和优化服务。简单地说,企业通过在其生产的设备上安装相应的传感器,基于工业互联网平台,能够借助互联网采集设备运行的数据,在设备出现故障时,帮助用户更快地找到原因、解决问题。同时,通过数据分析,还能够基于规则或者案例建立故障预测系统,对相关的设备进行预测,帮助用户更好地维护设备。

以格力空调为例,通过对商用空调运行时采集回传的工况数据,其工业大数据平台能够及时、准确地定位运行故障并分析出大致原因,为维护部门维修空调设备和系统提供信息支撑,降低故障定位的时间、范围和工作量,缩短停机时长并提高客户满意度。同时,格力公司的工业大数据平台还能够利用数据挖掘、机器学习技术等技术,通过学习已存在的设备故障数据、信息,尤其是发生故障的前兆数据,归纳故障发生的特点、规律知识,并利用流计算相关技术及时发现潜在的故障及风险,及时预警,减少停机的次数及停机时长。

格力电器董事长兼总裁董明珠早前就公开表示，格力可以用互联网、大数据造空调。"格力空调运行得怎么样，我们在珠海就可以监控到相关数据。"而相关统计也显示，基于对大数据的巧妙利用，格力公司显著提升了工程安装质量，欠氟和漏氟故障率下降了22.5%，电子膨胀阀故障率下降了21.3%。

大数据还可以帮助企业提升产品的出库效率。以九州通为例，这是一家以药品、医疗器械、生物制品、保健品等产品批发、零售连锁、药品生产与研发及有关增值服务为核心业务的大型企业集团。作为一家产品种类繁多的医药企业，九州通物流仓库的货位零散多变，对于热销品并没有固定货位，也无法根据季度来判断哪些是热销品，因为货位的多变，很多热销品就藏在茫茫货位中，因而拣货员总是要花大量的精力在仓库中寻找药品，耗时耗力。

为了改变这一情况，九州通和华为公司合作，基于大数据、云计算等技术，对九州通的仓库入库储位优化，计算出药品的整体重要程度，然后将重要性高的药品摆放到出库成本低的储位，最终大大降低了拣货员的作业成本。

除了上述应用，工业大数据还能够帮助企业提升研发能力。企业通过建立针对产品或工艺的数字化模型，可以用于产品、工艺的设计和优化。比如波音公司通过大数据技术优化设计模型，将机翼的风洞实验次数从2005年的11次缩减至2014年的1次；玛莎拉蒂汽车公司通过数字化工具加速产品设计，开发效率提高30%。

此外，工业大数据还能够助力企业实现精准营销。一方面，利用工业大数据，企业可以分区域对市场波动、宏观经济、气象条件、营销活动、季节周期等多种数据进行融合分析，对产品需求、产品价格等进行定量预测。另一方面，企业还可以通过对智能产品和互联网数据的采集，针对用户使用行为、偏好、负面评价进行精准分析，有助于对客户群体进行分类画像，可以在营销策略、渠道选择等环节提高产品的渗透率。更重要的是，可以结合用户分群实现产品的个性化设计与精准定位，针对不同的群体，从产品设计开始实现完整营销环节的精准化。

深挖工业大数据的大价值，最后还是要落脚在"用"上。换一句话说，工业大数据最终一定要形成闭环，即从生产环节中来，到生产环节中去。对于企业而言，在生产线上采集到的数据，经过汇总、分析，最终目的还是要形成相关策略，促进生产流程改善和生产效率提升。

当前，我国工业大数据蓬勃发展，不过依然有一些问题亟待解决。比如安全，工业大数据的安全，是整个工业互联网安全体系中的重要环节，工业大数据的信息加密，隐私保护以及安全管理等都有待完善，真正做到数据的可管、可控、可查。还比如数据的积累，在过去的很长一段时间里，我国的制造业没有搜集数据的技术能力以及习惯，这就导致我国工业大数据发展的基础相对薄弱。

尤为值得一提的是，工业大数据的共享和流通也是业界希望突破的瓶颈。打破工厂内外的"信息孤岛"和"数据壁垒"，是发展工业互联网的目标之一。然而在目前的市场环境下，出于技术、安全、利益等多方面的考虑，工厂之间、产业链上下游之间的数据很难实现共享和流通。

不过可喜的是，业界已经发现并开始注重上述问题。在政府主管部门、企业以及行业组织等多方的推动下，数据共享和流通的相关法律和法规将会日渐完善，市场化的数据交易机制也将建立，最终推动工业大数据的快速发展。

第四节

筑牢安全屏障：工业电脑的五幅铠甲

工业互联网深刻改变了传统工业的研发、设计、生产、管理、服务方式，催生新技术、新业态、新模式，与之相伴的是，新型的安全问题。

与互联网相似，工业互联网具有开放、互联、跨域、融合等特点；但与互联网不同的是，工业互联网面临的威胁，既包括传统互联网的外部威胁，又包括工业生产等内部的安全威胁。一旦出现安全问题，不仅会造成工业企业内部系统或服务中断、信息泄露等影响，更会造成安全生产事故，或人员伤亡，或停产停工，或引发灾难。如果发生在航空航天、石油化工、能源、军工等重要领域，还会严重影响国家关键信息基础设施运行安全，甚至危及国家安全、国计民生和公共利益。

发展工业互联网，安全是须臾不可或缺的。

震网病毒给工业电脑敲响警钟

2010年6月，第一个专门定向攻击真实世界中的基础设施，比如核电站、水坝、电网的"蠕虫"式病毒被检测出来，这就是臭名昭著的震网病毒。

这种新病毒采取了多种先进技术，具有极强的隐身和破坏力，被认为是首个网络"超级破坏性武器",一面世,就让全球超过45 000个网络受到感染。

震网病毒的"最爱"是工业电脑。只要电脑操作员将被病毒感染的U盘插入电脑USB(通用串行总线)接口,这种病毒就会在神不知鬼不觉,并且不带有任何操作提示的情况下,获得工业电脑系统的控制权。

从震网病毒的案例可以看出,安全问题并不仅存在于传统的消费互联网上,工业互联网因为和关键基础设施相连接,更容易成为病毒滋生的温床。也许有人会说,快给那些工业电脑装上防火墙和杀毒软件。但是,事实并非那么简单。那么,与传统互联网和传统工控系统的安全问题相比,工业互联网的安全问题有哪些特别之处呢?

中国工业互联网产业联盟发布的《工业互联网安全架构》显示,传统工业领域的安全分为三类:信息安全、功能安全和物理安全。传统工业控制系统安全最初主要关注功能安全与物理安全,即防止工业安全相关系统或设备的功能失效,当出现失效或故障时,保证工业设备或系统仍能保持安全条件或进入安全状态。但是,近年来,随着工业控制系统信息化程度的不断加深,针对工业控制系统的信息安全问题不断凸显。

传统消费互联网主要是人与人、人与服务之间的连接,安全更多关注网络设施、信息系统软硬件以及应用数据安全。在传统互联网安全中,攻击对象为用户终端、信息服务系统、网站等。此外,传统互联网安全事件大多表现为利用病毒、木马、拒绝服务等攻击手段造成信息泄露、信息篡改、服务中断等,攻击者最直接的目的在于"谋财"。

与上述两者相比,工业互联网安全有着自身的特点。首先,工业互联网安全扩展延伸至工厂内部,包含设备安全(工业智能装备及产品）、控制安全［SCADA、DCS（分布式控制系统）等］、网络安全（工厂内、外网络）、应用安全（平台应用、软件及工业App等）以及数据安全（工业生产、平台承载业务及用户个人信息等数据）。其次，传统互联网安全中，攻击对象为用户终端、信息服务系统、网站等，而工业互联网联通了工业现场与互联网，这就把网络威胁延伸至工业生产的物理世界，使网络攻击直达生产一线。再次，工业互联网的网络安全和生产安全交织，安全事件危害更严重。一旦工业互联网遭受攻击，不仅影响工业生产运行，甚至会引发安全生产事故，给人民生命财产造成严重损失，若攻击发生在能源、航空航天等重要领域，还将危害国家安全。

因此，工业互联网安全需要统筹考虑信息安全、功能安全与物理安全，聚焦信息安全，主要解决工业互联网面临的网络攻击等新型风险，并考虑信息安全防护措施的部署可能对功能安全和物理安全带来的影响。

"想哭"病毒的代价——17亿元

2018年8月3日晚间，中国台湾芯片生产企业台积电遭遇了一场网络危机：这家公司位于台湾新竹科学园区的12英寸晶圆厂和营运总部的部分生产用电脑突然出现蓝屏，之后，各种文档、数据库等接连被锁死，有的生产设备不断宕机或重复开机。几个小时后，台积电位于台中科学园区的Fab 15厂，以及台南科学园区的Fab 14厂也陆续出现了这种情况，这意味着，这家公司在中国台湾北部、中部、南部三处重要生产基地都不得不停工。

经过技术人员鉴定，这是"想哭"（WannaCry）勒索病毒的一个变种感染引发的电脑"中毒"事件。根据彭博新闻社报道，本次事件的起因是员工在安装新设备时，没有事先做好隔离和离线安全检查工作，导致新设备连接到工厂内部网络后，快速传播病毒，最终影响了整个生产线。经过应急处置，截至8月5日下午2点，该公司约80%受影响设备恢复正常，至8月6日下午，生产线已经全部恢复生产。但是，台积电发布声明称，"预估此次病毒感染事件对台积公司第三季的营收影响约为百分之三"。根据台积电之前做出的第三季度业绩展望，其营收预计将达84.5亿美元至85.5亿美元。按照中位值85亿美元计算，台积电这起事件约造成2.55亿美元（约合人民币17.4亿元）的营收损失。

一个小病毒，就能让一家年销售额达334.6亿美元的芯片生产企业大呼"伤不起"，可见工业互联网安全形势有多严峻。

现在，不少企业都提出这样的质疑："我的企业每年在安全上要付出一笔不菲的金额，但这些投入并不能产生直接的经济效益，甚至，如果侥幸今年没有遭受攻击，那么这笔投入不就打了水漂？"

台积电事件就足以解释这个疑惑。虽然安全投资不能为企业带来直接收入，但却会避免带来真金白银的损失！

2018年，几乎每个月工业互联网领域都会发生网络安全事件。2月，云安全服务商Cloudflare被曝光泄露用户HTTPS网络会话中的加密数据长达数月，受影响的网站数量超过200万个；3月，罗克韦尔公司的艾伦-布拉德利MicroLogix 1400系列可编程逻辑控制器被发现存在多项严重安全漏洞，这些漏洞可用来发起拒绝服务攻击、篡改设备的配置和梯形逻辑、写入或删除内存模块上的数据等；4月，影子经纪人公开了一大批"方程式组织"使用的极具破坏力的黑客工具；5月，全球爆发"想哭"勒索病毒，该勒索软件的第一波让全球数十个国家叫苦连连，随后受害国家增至150多个，政府、企业、医疗、高校等各行业均有IT设备受影响；6月，谷歌旗下安全团队发现了一个由CPU"预测执行"导致的严重安全漏洞，而它也是一项被大多数现代处理器使用的性能优化方案，恶意攻击者可借此读取不该被它访问到的系统内存；8月，西门子称其用于 SIMATIC STEP7（编程软件）和 SIMATIC WinCC（视窗控制中心）产品的 TIA Portal（自动化工具平台）存在两个高危漏洞；9月，罗克韦尔称其 RSLinx Classic（应用程序）存在三个高危漏洞；12月，意大利石油与天然气开采公司 Saipem（萨伊博姆）遭受网络攻击，主要影响了其在中东的服务器；同月，施耐德电气 Modicon M221 全系可编程逻辑控制器存在数据真实性验证不足高危漏洞，一旦被黑客成功利用可远程更改可编程逻辑控制器的 IPv4 配置致使通信异常……

可见，工业互联网外部威胁与工业生产安全内部安全问题相互交织，安全风险急剧扩张。整个产业在安全风险感知预判、防护控制和安全事件溯源处置方面的技术储备和应对能力不足，安全产业基础也较为薄弱，工业互联网终端、工控系统、工业互联网平台以及最近崭露头角的工业 App 都存在着大量的安全隐患。

全世界工业电脑几乎在"裸奔"

在工业终端领域，工业企业由于生产系统较为封闭，一方面工业终端缺乏必要的安全防护，另一方面这些企业在大量场景下仍然在使用系统陈旧的计算机。根据工业互联网产业联盟在 2018 年初的调查，在工业企业中，42% 的用户在使用 Windows XP 操作系统，甚至还有企业使用 Windows 2000 操作系统，然而，微软已经停止对这些系统的升级，也就意味着这些关乎工业生产的电脑在网络上处于"裸奔"状态，其安全性可想而知。

工业控制系统的安全是工业互联网安全的核心。据不完全统计，全国范围内能监控到的工控系统有 10 000 多个，这些工控系统一旦被攻击，将对大量企业的生产线、关键信息基础设施造成破坏。

据国家信息安全漏洞共享平台的统计，2018年的工控系统漏洞数量超过2017年，达到445个，漏洞最多的企业主要是外资品牌，包括西门子、施耐德、罗克韦尔等，工控系统使用及漏洞发现最多的行业分别是制造业、能源、水务等。

平台是工业互联网的核心，但其安全问题依然严峻，工业互联网平台的边缘层、IaaS层、PaaS层、SaaS层都存在较多安全风险。2018年工业和信息化部网络安全管理局对国内54个工业互联网平台、200多万个联网工业控制设备进行持续监测，发现了疑似弱口令、SQL（结构化查询语言）注入、信息泄露等风险2 433个。同时，监测发现针对工业互联网平台的SQL注入、跨站脚本等网络攻击1 000余起。

近年来，工业App作为工业互联网领域的一个新应用，引得很多工业企业"尝鲜"。这些App位于工业互联网平台的SaaS层，是工业互联网平台推向应用的关键，工业App也同样面临很多安全风险。这类应用除了"自带"传统消费互联网App的安全隐患，还存在着代码质量无保证、安全机制不健全等问题。

5G、大数据、物联网、人工智能、区块链等新一代信息技术创新活跃，发展迅猛，这些新技术新应用在为产业发展提供强大动力的同时，应用到工业生产环节后也将带来全新的安全挑战：人工智能可驱动自动化、智能化的网络攻击，加大了安全防御难度；区块链的匿名性、防篡改等技术特性可为恶意行为提供逃避监管的天然庇护。

以现在最热门的5G技术为例。工业互联网被认为是5G最典型的应用场景，"5G+工业互联网"必将产生新业务场景、新技术创新、新商业模式，与之相伴的还有多种接入技术和设备、增强的隐私保护需求等，这些都将带来新的安全挑战。

以NB-IoT为代表的物联网也是安全事件的多发领域。由于

NB-IoT 低功耗、资源有限的特性，网络相关安全策略不能直接应用于其上。同时，NB-IoT 将产生大量的终端，这些终端容易遭受 DDoS（分布式拒绝服务攻击），造成设备被劫持从而沦为病毒入侵的跳板，因此设备安全的管理难度加大。此外，NB-IoT 设备使用周期长，难免导致更新能力弱。标准的缺失，政策法律配套不完善，监管技术手段的缺失，也让安全保障难以跟上产业的发展。

随着越来越多的工业设备联网，数据泄露事件频发，危害加剧，工业数据安全保护形势严峻。在一次工业互联网调研中，很多企业都对数据安全、数据归属表示出了很大的担忧，甚至认为是影响其接入工业互联网平台的关键制约因素之一。对于企业而言，工业数据是其宝贵财富和核心竞争力，因此它们对数据安全更为关心，对把自身的数据放到云端更为谨慎。

一手"建网"，一手"护网"

2019 年 3 月 7 日，委内瑞拉遭遇了有史以来最大规模的停电事件，23 个州中的 21 个州电力供应中断，与之相伴的是医院、运输、供水等服务的中断。

对于这起事件，委内瑞拉官方给出的解释是该国最大的电站古里水电站遭受了网络攻击，要知道，这座水电厂是世界已建成装机容量第四大的水电站。

千里之堤，溃于蚁穴。如今，关键基础设施网络任何一个不安全的因素都不能被忽略。委内瑞拉电力网络基础设施薄弱，网络设备维护不到位，工业控制系统防护不足，都是影响电力系统稳定运行的巨大隐患。何况，电力关系着人们生活、生产的方方面面，任何"小"问题的出现都将带来不可估量的损失。

如果说商业层面的损失还可以通过政策和商业的手段进行弥

补，那么针对关键基础设施的攻击很可能导致一个国家处于停摆状态，发生在委内瑞拉的停电事件就是佐证。这也是越来越多的发达国家把工业互联网和关键基础设施网络的安全上升到国家安全战略层面的重要原因。

近年来，以美国、德国、日本为代表的发达国家都在力推工业和互联网的融合，平台、应用、终端的不断接入，也让工业互联网变得更加开放与多变，同时也变得更加脆弱，针对工业控制系统的各种网络攻击事件日益增多。正因为如此，发达国家一边"建网"一边"护网"，在大力推进工业互联网发展的同时，陆续出台了保障工业互联网安全的政策举措。

2016年9月19日，美国工业互联网联盟正式发布工业互联网安全框架1.0版本，为工业互联网安全研究与实施提供理论指导。2018年1月，该联盟发布最新工业互联网参考架构1.8版本，从实施视角出发，以安全模型和策略作为总体指导，部署通信、端点、数据、配置管理、监测分析等方面的安全措施。总结下来，其最突出的特点就是聚焦于IT安全，侧重于安全实施，明确了具体的安全措施。

德国工业4.0则注重安全实施，由该国网络安全组牵头出版了《工业4.0安全指南》《跨企业安全通信》《安全身份标识》等一系列指导性文件，指导企业加强安全防护。值得一提的是，德国把安全作为新商业模式的推动者，在工业4.0参考架构中起到了承载和连接所有结构元素的骨架作用，从信息物理系统功能、全生命周期价值链和全层级工业系统这三个视角构建了工业4.0网络安全参考架构。总结下来，德国在工业4.0安全方面的特点是采用了分层的基本管理思路，侧重于对防护对象的管理。

日本政府于2019年4月开始，要求信息与通信、金融、航空、机场、铁路、电力、天然气、政府及行政管理、医疗、供水、物流、化工、信用卡和石油化工这14个关键基础设施行业的企业将其电子数据存储于日本国内服务器上，作为日本应对未来网络战威胁的安全措施之一。日本政府还举办了一次"网络安全战略总部"会议，并修订日本政府针对14个关键基础设施行业安全性的《建立安全原则指导意见》文件，加入明确要求"日本企业将数据存储在本国法律管辖下的服务器"等"必要安全措施"。日本政府认为，本国法律无法管辖海外服务器，因此日本政府将严肃地要求本国企业将数据存储到国内服务器上。日本政府目前也正在开展现场调研，判断日本政府行政管理部门和重要企业有哪些服务器位于海外。此外，日本政府未来还将要求上述14个关键基础设施行业之外的行业，特别是自动驾驶等数据密集型的行业，根据上述安全指导文件开展保障工作。

回看我国，政府主管部门、研究机构、产业界都非常重视工业互联网的安全问题。2017年11月，国务院印发了《国务院关于深化"互联网+先进制造业"发展工业互联网的指导意见》，要求构建网络、平台、安全三大功能体系，强化安全保障。2018年12月，工业互联网产业联盟发布《工业互联网安全框架》，为工业互联网相关企业应对日益增长的安全威胁、部署安全防护措施提供指导，提升工业互联网整体安全防护能力。2019年7月，工业和信息化部等十部门印发《加强工业互联网安全工作的指导意见》，提出加快构建工业互联网安全保障体系，提升工业互联网安全保障能力，促进工业互联网高质量发展，推动现代化经济体系建设，护航制造强国和网络强国战略实施。

五副铠甲确保工业互联网安全

如果说消费互联网上出现网络安全问题是"要钱"，那么工业互联网上出现的安全问题则可能"要命"。

2012年10月开工建设的西成高铁,是第一条穿越秦岭进入四川的高速铁路,堪称名副其实的"高速蜀道"。这条高速铁路信号系统基于CTCS(中国列车运行控制系统)规范,包括计算机联锁系统、列车自动防护系统、列车控制中心、无线闭塞中心等系统组成。随着高铁信号系统各个子系统之间互联互通,工业控制系统内部网络开放性提高,这套系统虽然采用了一些安全防护措施,但仍面临日益严峻的信息安全风险。

在采用了基于威胁情报的大数据和白名单技术、安全检查评估工具箱、工业临检U盘、工业安全防护软件等措施的保护下,该高速铁路段信息安全防护能力得到极大的提升,于2017年12月6日全线顺利开通运营。

高速铁路控制系统的安全直接关系着旅客的生命,可以说,列车运行控制系统的安全是西成高铁开通运营的必要条件。

近年来,随着网络安全事件频频发生,大多数工业企业对工业互联网的安全有所认识且有所行动,在构建工业互联网架构时,安全成为必选项。网络安全企业360的一项调查显示,76.1%的工业企业表示对网络安全非常重视,在未来两年内,有71.9%的企业会增加网络安全的投入。

面对越来越狡猾猖獗的工业"细菌"和"病毒",如果"城门"无可避免地被攻破,工业企业需要一套足够牢固的网络安全"铠甲"来与入侵者作战。

终端的"铠甲"

工业互联网的发展让生产现场的设备从之前的机械化向高度智能化转变。具体表现在这些终端设备里都被嵌入了操作系统、芯片、应用软件等让它们能够互相"对话"、变得更"聪明"的"配件"。

与此相伴的是，这些原本在相对封闭的内网中的设备，在和"外部世界"连通后，将暴露在网络攻击之中。并且，就像我们感冒后会把病毒传染给身边的人一样，这些攻击往往具备"多米诺骨牌"效应，一台设备"中毒"后往往会"牵连"所有设备。因此，终端安全要从两个维度来防护：一是"硬件"，即设备本身；二是加载在其上的"软件"，即操作系统等。

对于接入工业互联网现场的设备应该设置一个严格的门槛，比如要求必须支持系统唯一认可的标识符，这样做是为了给平台和应用层提供基于硬件标识的身份鉴别与访问控制能力，确保只有合规的设备才能够接入该网络并根据既定的访问规则和权限发送或读取数据。此外，还要对外部设备进行严格访问控制，比如通过 USB 接口接入的 U 盘、鼠标、键盘等。

在软件方面，需要安装安全固件，阻止恶意代码的传播。软件漏洞也是重要威胁，需要经常对工业互联网进行扫描和挖掘，一旦发现漏洞及时进行修复。此外，及时关注操作系统补丁的升级状况，在评估测试后及时给硬件操作系统打上"补丁"。

网络的"铠甲"

工业互联网的发展使得工厂内部网络呈现出 IP 化、无线化、组网方式灵活化与全局化的特点，工厂外网呈现出信息网络与控制网络逐渐融合、企业专网与互联网逐渐融合以及产品服务日益互联网化的特点。这就造成传统互联网中的网络安全问题开始向工业互联网蔓延。此外，随着工厂业务的拓展和新技术的不断应用，今后还会面临 5G、人工智能、SDN 等新技术引入，工厂内外网互联互通进一步深化等带来的安全风险。

因此，在网络层面，要把工厂内网、外网以及标识解析系统等联动起来考虑。在网络规划阶段，充分考虑遇到意外和故障时如何保证业务的延续性，并且为今后网络扩容留出余地。划定安全边界，根据业务的重要性将网络划分成不同的安全区域，同区域内的系统相互信任，各区域之间用网络边界控制设备进行控制。建立网络可信接入机制，对接入网络的设备或系统进行身份认证。采用加密、校验、接受反馈等机制保证通信传输安全等。

应用的"铠甲"

工业互联网应用主要包括工业互联网平台以及近年来新兴的工业 App 两大类，其范围覆盖智能化生产、网络化协同、个性化定制、服务化延伸等方面。

目前工业互联网平台面临的安全风险主要包括数据泄露、篡改、丢失、权限控制异常、系统漏洞利用、账户劫持、设备接入安全等。可采取的安全措施包括安全审计、认证授权、DDoS 防护等。

对工业 App 而言，最大的风险来自安全漏洞，包括开发过程中编码不符合安全规范而导致的软件本身的漏洞，以及由于使用不安全的第三方而出现的漏洞等。对此，可以采用全生命周期的安全防护，在应用程序的开发过程中进行代码审计并对开发人员进行培训，以减少漏洞的引入；对运行中的应用程序定期进行漏洞排查，对应用程序的内部流程进行审核和测试，并对公开漏洞和后门加以修补；对应用程序的行为进行实时监测，以发现可疑行为并进行阻止，从而降低未公开漏洞带来的危害。

数据的"铠甲"

工业互联网数据涉及数据采集、传输、存储、处理等各个环节。随着工厂数据由少量、单一、单向，向大量、多维、双向转变，工业互联网数据体量不断增大、种类不断增多、结构日趋复杂，并出现数据在工厂内部与外部网络之间的双向流动共享。由此带来数据泄露、非授权分析、用户个人信息泄露等安全风险。

值得一提的是，不少工业企业都表示数据安全问题是它们最大的担忧：数据贯穿于生产的每一个环节，"上网"的数据如果遭遇网络攻击而被泄露，那么工厂的商业机密都将被曝光在网络之上。

那么，这一问题怎么解决？

首先，必须明确工业互联网平台上的数据的所有权问题。目前，业内基本已就这一问题达成共识，工业数据属于设备拥有者，无论连接什么，无论是平台还是其他信息服务提供商，都没有权利查看这些数据。

其次，随便查看企业数据在技术上也不允许，因为这些数据被锁定在特定的存储空间中。比如，每一个PLC程序的功能块都会加密，它只能在指定的CPU上运行，换个CPU它便无法运行。

再次，在技术层面，还有一些预防手段可以进一步保护数据安全。比如，对工业互联网相关的数据进行分级，根据数据属性或特征，可以分为四大类：设备数据、业务系统数据、知识库数据、用户个人数据。根据数据敏感程度的不同，这些数据分为一般数据、重要数据和敏感数据三种。在此基础上，对工业互联网的数据采取明示用途、数据加密、访问控制、业务隔离、接入认证、数据脱敏等多种防护措施，覆盖包括数据搜集、传输、存储、处理等在内的全生命周期的各个环节。

边缘计算也正在成为打消工业数据安全顾虑的一个替代方案。未来云计算将和边缘计算结合起来，即在机器设备上装一个边缘计算的控制器，机器上的数据可先在边缘侧进行预运算、预处理，处理完之后再上传至云端。这样企业可以把自身核心的工业数据放在现场，从而确保数据安全。

工业和信息化部等部门发布的《加强工业互联网安全工作的指导意见》的公告也明确提出，强化工业互联网数据安全保护能力。

明确数据搜集、存储、处理、转移、删除等环节安全保护要求，指导企业完善研发设计、工业生产、运维管理、平台知识机理和数字化模型等数据的防窃密、防篡改和数据备份等安全防护措施，鼓励商用密码在工业互联网数据保护工作中的应用。建立工业互联网全产业链数据安全管理体系。依据工业门类领域、数据类型、数据价值等建立工业互联网数据分级分类管理制度，加强工业互联网重要数据安全监测和管理，完善重大工业互联网数据泄露事件触发响应机制。

灾备的"铠甲"

就像身体再好的人也难免会生病一样，工业互联网的安全防护百密也难免有一疏。一旦风险出现，防护体系要能有及时止损的能力，于是就来到了这一步：提升灾备和恢复能力。

这部分能力主要分为响应决策、备份恢复、分析反馈。风险发生时，灾备恢复系统能根据预案及时采取措施进行应对，及时恢复现场设备、工业控制系统、网络、工业互联网平台、工业应用程序等的正常运行。同时，通过灾难备份防止重要数据丢失。特别值得一提的是，既然灾难已经发生，除了止损，更重要的是从中获取教训，通过数据搜集与分析，及时更新优化防护措施，形成持续改进的防御闭环。

对于工业互联网灾难恢复过程中的决策与响应，首先需预先制定相应的处置策略，针对不同风险等级制定相应预案措施。处置恢复工作需要在处置恢复组织的领导下进行，通过实时监测工业互联网系统各类数据，在突发灾难时通过相应机制进行应对。

当攻击发生时，怎样才能为确保工业互联网平台持续运作，而不像台积电事件中那样工厂停摆，造成惨重的经济损失呢？需要对重要系统进行灾难备份。企业可以根据系统备份能力进行分级，按需求目标制订相应的备份恢复预案。为了确保备份恢复预案顺利进行，企业可建立专门的灾难备份中心与处置恢复组织，根据处置恢复策略进行维护管理，并定期进行灾难恢复预案演练，确保预案的有效性。

最后，灾难的发生固然可怕，但更需要我们从中汲取经验，以避免同样的攻击再次发生。因此，分析评估风险是一个重要环节，这样做能让工业互联网系统不断优化防护措施、形成闭环防御。通过分析识别系统面临的风险来制定相应的响应预案，并依据安全事件处理评估结果进行持续修正。通过分析结果，对工业互联网系统面临的风险进行确认，分析总结此次事件处置恢复所消耗的资源成本以及风险造成的损失，检验处置恢复预案的落实与管理是否符合处置恢复目标的要求，并通过实际案例的处理经验不断改进处置恢复准则。

第六章
淘金工业互联网

引　言　群雄逐鹿，各显神通

自2017年鼓励性政策和指导性文件发布以来，短短两年时间，国内已有上百个工业互联网平台相继涌现，同时资本和需求市场也给予了高度关注。工业互联网产业链上"百花齐放，百家争鸣"的群雄逐鹿时代宣告来临！

以富士康、海尔为代表的大型生产制造企业，深耕工业大数据，做细工业App，从"制造"走向"智造"，全面实施工业云平台建设。

以阿里巴巴、华为为代表的IT企业，利用数据和创新的优势，着力打造工业云平台的建设，以数据驱动生产，以互联构建工业互联产业链。

以中国电信、中国移动、中国联通为代表的信息通信企业，利用强大的网络优势，抢抓5G商用契机，积极构建"云网融合"的工业云，争当工业互联网生态营造者。

以徐工集团、三一重工为代表的设备制造企业，利用信息化理念，构建工业云平台生态系统，在实现自身数字化转型的同时，赋能其他传统制造企业，实现全价值链的信息化服务。

以360、齐安信为代表的互联网安全企业，把"安全"基因嫁接到工业互联网上，给这辆"飞驰"的快车安上了一个智能防御"刹车片"，在工业安全数字化解决方案方面发挥着举足轻重的作用。

以浪潮、紫光、东方国信为代表的高新技术软件企业，敏锐洞悉各行业企业的生产服务和运营管理需求，提供整套完备的解决方案，帮助它们实现数字化转型，实现提质增效。

不管是智能化生产、网络化协同、个性化定制，还是服务化延伸；也不管是什么行业、什么领域、什么场景，只要你想淘金工业互联网，且先看看这些先行者是如何做的吧！

第一节

工业互联网平台的创新典型

海尔COSMOPlat全球首家引入用户全流程参与体验的工业互联网平台

海尔依托自身30余年制造经验,承接国家战略,主动探索,搭建了具有中国自主知识产权的工业互联网平台COSMOPlat。作为全球首家引入用户全流程参与体验的工业互联网平台,COSMOPlat将自身经验向全球、全行业开放,提供用户全流程参与的大规模定制转型服务解决方案,助力全球企业升级。

与全球范围内其他工业互联网平台相比,COSMOPlat最大的不同是以用户体验为中心的大规模定制模式。海尔于2005年开始"人单合一"模式探索,大刀阔斧进行组织变革,用户"变身"终身用户,员工"变身"创客。如此一来,用户与员工、品牌的关系不再是一次性的买卖关系,而是长期合作、共创共赢的"伙伴"关系。这种管理变革为用户全流程参与的大规模定制提供了合适的组织土壤和文化氛围,也为该模式顺利在海尔平台上成长起来创造了前提条件。在这一创新模式下,海尔COSMOPlat也在不断收获多方认可。

在2018年9月世界经济论坛"灯塔工厂"的评选中,基于

COSMOPlat 打造的互联工厂在全球 1 000 多家企业中遥遥领先，成为首批 9 家"灯塔工厂"中唯一入选的中国企业。在国内，2018 年 COSMOPlat 成功入围工信部 2018 年工业互联网创新发展工程项目及 2018 年工业互联网试点示范项目，并多次入选工业互联网产业联盟工业互联网优秀案例。

此外，基于全球领先的用户全流程参与的大规模定制模式，COSMOPlat 先后被国际权威标准机构指定牵头主导制定大规模定制模式及工业互联网平台等方面的国际标准，这是国际标准组织对中国工业互联网探索的肯定，标志着中国企业成功拿下国际标准竞争的"制高点"。当前，COSMOPlat 正在推动整体架构、核心技术、模式标准的互认，探索建立工业互联网国际测试床新模式新应用，将大规模定制优秀标准化成果推向国际。

以上成果的取得离不开 COSMOPlat 自身两大差异化能力：以用户体验为中心的大规模定制迭代创新与应用赋能，即多边交互的共创共享平台与赋能中小企业转型升级的平台。COSMOPlat 一方面凭借模式、技术、生态三大创新融合，实现攸关方价值最大化，用户体验升级；另一方面通过跨行业、跨区域复制的应用赋能，整合工业 App 应用集群，提高中小企业全流程竞争力。

在模式创新方面，COSMOPlat 全面颠覆了以企业为中心的线性大规模制造传统模式，创新了覆盖全流程、全生命周期、全价值链体系的以用户体验为中心的大规模定制模式，并把该模式解构成了交互、研发、营销、采购、生产、物流、服务等七大模块，进而封装成可复制、可推广的云化解决方案，实现制造能力和工业知识的模块化、平台化，并向智能化生产、网络化协同和服务型制造等模式延伸。

为了给 COSMOPlat 的可持续发展提供强有力的技术支撑，海尔早在几年前就成立了首个企业主导的工业智能研究院，建立

"1+6"的"生态+平台"的研发体系，在智能制造、人工智能、智能硬件等方面进行前瞻性布局和科研。COSMOPlat在单一原创技术突破和引领的同时，还不断优化工业互联网顶层技术架构的设计，解决了工业互联网的应用层、平台层和基础设施层的整体系统创新能力，强化全要素、全产业链、全价值链的协同创新，构建起产学研用的开放生态体系。此外COSMOPlat还整合了超过1 500多家一流资源，参与平台共建与开发，共创共赢。

与此同时，COSMOPlat汇集了包括用户生态、创客生态、开发者生态、供应链生态、合作者生态、运营者生态、监管者生态等在内的全生态，通过开放合作，不断完善网络、平台和安全三大体系，构筑工业互联网创新发展新生态。

目前用户全流程参与的大规模定制模式已在海尔11个互联工厂成功落地，产品不入库率达到71%，COSMOPlat孕育出建陶、房车等15类行业生态子平台，覆盖了我国华东、华北等6大区域，并在20个国家复制推广，成为全球最大的大规模定制生态平台。

以COSMOPlat赋能威海房车产业为例，通过COSMOPlat工业互联网平台落地，不仅实现了房车企业采购订单量提高了62%，综合采购成本降低了7.3%，带动海外出口量，更重要的是房车企业与营地、农场等在平台上实现交互，共同构建了房车生态。淄博建陶企业通过COSMOPlat平台赋能后，实现建陶企业从小、散、乱、污到绿色智慧建陶产业集群，再到高端定制的转型升级。通过打造"生态+平台"的创新模式，连接海尔及社会上开放的资源，制造成本降低7.5%，产品溢价提高2.3倍，环保提前达标。目前，这个模式正向佛山、唐山等全国六大建陶产区复制推广。

海尔COSMOPlat大规模定制模式的全球复制与增值分享，将赋能全球企业转型升级，开启全球工业变革的中国时代。

阿里云 supET
打造工业数字化服务的"淘宝网"

阿里巴巴旗下的阿里云依托自身在互联网领域的长期能力积累，牵头打造 supET 工业互联网平台，为专业服务商或制造企业提供基础性服务（包括物联网、云计算、大数据、人工智能、信息安全等），并联合浙江中控、之江实验室、优海信息、博拉科技等一大批合作伙伴，共同打造 N 个行业级、区域级、企业级平台，形成"1+N"工业互联网平台体系，实现跨行业跨领域的覆盖。

阿里云在发展工业互联网过程中遵循合作伙伴计划，supET 平台一直在践行"被集成"的合作模式，让合作伙伴做更好的 SaaS。博拉科技就是阿里云的合作伙伴之一，其与 supET 紧密集成的解决方案，为中小企业提供工业互联网整体解决方案。

博拉科技成立于 2014 年 10 月，目前是 supET "1+N" 平台体系的重要合作伙伴，旨在为汽车及零部件行业提供以数据为核心的一站式生产制造服务，帮助客户在生产环节提升效率、提高质量，同时降低成本。通过使用 supET 平台的三大核心工业 PaaS 服务，博拉科技开发出面向中小制造企业的 SaaS 化的工业互联网服务产品（博拉云协），为国内许多中小型制造企业提供灵活、标准的数字化服务，提供生产排程、计划管理、生产过程管理、质量管理、设备管理、数据追溯等功能，有效降低中小型企业的工业互联网使用门槛，提高精细化管理能力，帮助其应对快速上升的生产成本和竞争压力。与此同时，博拉科技也因为使用 supET 平台的服务，节约了数百万元的研发经费，缩短了半年多的产品研发周期。

业务创新发展模式

多层次的工业互联网平台

supET 平台采用"1+N"的开放协作模式，联合工业龙头企业、各类服务商等共同打造 N 个行业级、区域级、企业级的工业互联网平台。supET 平台为 N 个平台提供基础共性通用的工具和平台级服务，N 个平台为各行各业的企业提供行业性的专业服务，并在 supET 基础性平台上沉淀工业机理模型、微服务和算法等，实现跨行业、跨领域的协作分工与能力共享。

让工业 App 拥有类似手机 App 的使用体验

supET 平台打造了工业 App 的运营中心，以应用托管的方式在云平台上实现"工业 App 预集成"，通过数字工厂平台为制造企业提供一站式交易、一站式交付的类似手机 App 的使用体验，大大提高了系统集成商的集成效率，也大大降低了制造企业的选择成本和使用成本。

打通消费互联网与工业互联网

淘工厂平台利用零售端和供给侧的大数据、互联网技术和阿里巴巴强大的生态运营能力，成为数百万家零售中小品牌商家和数万家优质品类专业生产企业之间的连接器。supET 平台为淘工厂所服务的生产企业提供低侵入式的轻量级数字化能力，在不影响生产流程的情况下及时掌握工厂产能状态，更加精准实现供需匹配，促进网络化协同制造模式再升级。

以多种形态提供恰当的服务

由于大型企业、集团型企业基于生产安全等因素的考虑，对上云上平台心存顾虑，通常会要求在企业现场部署与安全生产相关的工业互联网相关服务。因此，supET 平台在设计之初就考虑到这种情况，以"云端+企业端"的混合形态为企业提供恰当的服务，适合上云的在云端服务，不适合上云或不希望上云的在企业端服务。

项目实施：服装行业产能可视化

阿里云面向中小服装企业提供低侵入、高扩展的数字工厂解决方案，充分利用视频智能算法能力，减少工人的人工干预，提高数据采集的真实性，为工厂管理内部生产、提高客户满意度提供助力。该解决方案充分利用了 supET 平台的三个重要组成部分[API 服务、SI（服务集成商）集成工作台和数字工厂中心]，帮助服装工厂在对现有生产和设备改动量最小的情况下，实现自动化的产能数字化改造，结合阿里巴巴天天特价、淘工厂等线上消费或者供应链系统，通过与这些平台的订单系统对接，打通 C2M 的线上通道，帮助服装工厂与销售、供应链系统快速形成协同制造的能力，获得更多的生产订单，提升经营管理能力。

目前 supET 平台已服务了数百家服装工厂，排产效能平均提高了 6%，交付周期平均缩短了 10%。

华为 FusionPlant 以华为云为底座，提供面向工业全场景的解决方案

工业互联网的核心在"工业"，不在"互联网"，只有理解工业才能将 ICT 技术进行更好的应用。工业有大量的厂商和技术，华为首先思考厂商有哪些问题是不能通过现有技术解决的。工

的核心壁垒是行业 Know-How，工业包括 39 个工业大类、191 个中类、525 个小类，不可能有一家公司拥有所有工业门类的 Know-How。而 OT 和 ICT 产业融合，不是去颠覆，也不是去取代对方所擅长的事情，而是相互合作，发挥各自所长。

工业互联网平台是 ICT 和 OT 开放协作的关键。在工业互联网个性化定制、智能化生产、网络化协同和服务化延伸的四大目标指引下，华为基于自身 30 年的技术经验和积累，从"芯"出发，以华为云为底座，构建了工业互联网平台 FusionPlant。

华为 FusionPlant 平台的定位是：开放连接平台，聚焦使能平台，聚合应用平台。赋能伙伴构建行业平台，联合懂行业的应用合作伙伴、有集成交付能力系统集成商等，共同提供面向工业全场景的解决方案。

连接平台：基于 5G、eLTE（综合接入解决方案）、NB-IoT、TSN，完成工业设备和高价值工业产品的接入，通过云边协同，完成模型和规则下发，实现边缘智能。

使能平台：基于华为云构建工业 IaaS 和工业 PaaS，为行业应用提供使能组件，如工业 App 开发平台、工业智能开发平台等。

应用平台：在应用平台构建上，华为采取开放、合作、共赢的策略，聚合各行业的合作伙伴应用，打造全场景工业互联网解决方案。

华为 FusionPlant 平台聚焦"云、计算、连接、AI"，提供差异化的竞争力，比如包括全球首个覆盖全场景 AI 的华为 Ascend（昇腾）系列芯片以及基于此的产品和云服务，充分满足工业企业高性能、大带宽和低延迟要求。具备 5G、eLTE、NB-IoT、TSN 等多种网络模式能力，实现工业设备接入和信号传输，在跨领域、跨行业方面已经取得了不错的成绩。

在行业平台建设方面有以下情况。

在电子制造领域。过去华为每一部手机的电芯、电池、单板都要通过人工用肉眼检测外观，企业面临着员工工作量巨大、成品率低、品控无法有效把控等问题。通过华为云 EI（企业智能）服务的视觉检测模型，成品率提高到 99.55%，员工重复劳作降低了 48%。同时，华为也积极为外部电子制造客户建设工业互联网平台，与长虹在 IaaS、工业 PaaS、IoT 等领域联合创新，为长虹未来构建 2500 机理模型及微服务组件，打造 300 个工业 App，覆盖 700 万个智能终端；将工业互联网的能力外放给 50 多家上下游企业，为 1 000 多家开发者服务，打造工业互联网的新生态，内容涵盖全四川省 90% 以上企业，支撑长虹进行战略转型变革。

在能源化工领域。通过华为云 EI 算法建立设备运维经验模型，对重资产设备实现预测性维护，避免非计划停机导致的巨额损失。华为 FusionPlant 与石化盈科打造 ProMACE 平台，实现劳动生产率提升 10% 以上，先进控制投用率、生产数据自动化采集率达到 90%，外排污染源自动监控率达到 100%。

在区域性平台建设方面有以下情况。

东莞工业云。已实现超过 300 家东莞企业（其中 90% 为东莞的倍增企业）核心应用上云；深入行业进行方案构建，如模具行业，华为使能行业领先合作伙伴如益模、模德宝等，构建基于华为云的轻量化端到端方案，并借助东江集团、银宝山新等行业标杆企业的落地，为广大中小型模具企业提供云化、数字化转型的路线参考。

宁波沃土工场。为企业提供高效敏捷的软件开发、工业 AI 等服务，联合思爱普、达索、ANSYS（仿真技术公司）、和利时、金蝶等生态伙伴，打造 5 个中心，即联合创新中心、实验室加速中心、方案开发中心、应用展示中心和能力发展中心，孵化出智慧企业、协同设计、仿真云、设备（智能运维）云、数字化工厂、AI 视觉检测等联合解决方案。方案于2018年9月底正式发布后，推动将近100家企业上云。

未来华为工业互联网平台FusionPlant将围绕"以用促研""以标杆促产业""从使用者到贡献者"的运营思路展开。针对物联网、云计算、大数据、人工智能等新技术的研究，依托华为公司的全栈研发体系，进行基础性和通用性的研发，确保工业互联网的底层技术保持业界领先；同时，为促进这些新技术能更加适用企业的业务场景，华为工业互联网平台FusionPlant将针对企业的痛点，展开专项技术攻关，实现以技术促进企业数字化转型。

徐工信息汉云跨行业赋能，打造新能源物流车辆运营管理子平台

在城市物流配送领域，一直存在着车辆长时间行驶带来的能源紧张和环境污染等问题。为缓解这一现状，在政府政策引导下，城市配送车辆市场中新能源汽车呈现快速、持续发展的势头。北京中城新能源物流有限公司主要从事服务城市物流配送领域的相关业务，公司自2015年起全力开展纯电动物流车业务，目前运营新能源物流车1 200多辆，主要与京东、每日优鲜、云鸟等多家大型企业合作。

在物流运输过程中，对新型物流车的实时状态监控与管理是北京中城新能源物流有限公司面临的难点之一。同时，新能源物流车在高强度工作状态下，对充电设施和维修服务网点的依赖性很高，因此合理建设充电站和车辆维修服务网点可以有效降低车辆运营成本，提升物流运输效率。

面对新能源车辆带来的新挑战，徐工信息基于汉云工业互联网平台连接能力，打造了新能源物流车辆运营管理子平台，为北京

中城新能源物流有限公司解决了设备连接、边缘计算、数据采集、数据存储与应用、车辆监控与管理等核心难题，成为新能源车辆物流管理的护航员。

徐工信息汉云工业互联网平台，是国家 2018 年工业互联网创新工程支持的首批跨行业跨领域工业互联网平台，目前平台连接设备 70 余万台，管理资产超过 5 500 亿元。新能源物流车车联网大数据运营平台基于车联网大数据分析，帮助北京中城新能源物流有限公司实现了物流运单、客户服务、行驶路线、充电站和维修服务网点建设等方面的优化，车队整体运营效率提高了 30% 以上。

在新能源行业的应用具备技术条件

徐工信息自主研发的汉云工业互联网平台，以制造业为建设基础，面向跨行业跨领域工业企业提供设备上云、边缘端数据采集和处理、工业微服务组件、工业机理模型研发、工业 App 定制开发等工业互联网相关服务，汉云工业互联网平台在新能源行业的应用具备完备的技术条件。

新能源物流车车联网大数据运营平台整合了新能源物流车运营过程中各业务模块应用，面向新能源物流领域具有管理需求的用户，对车辆及随车人、物的状态信息进行采集、传输、存储、分析和展现。平台具备工业互联网连接与整合能力、工业互联网大数据分析能力、推动价值链整合与业务创新的能力、工业互联网安全保障能力，能够为新能源车辆制造及行业应用企业提供工业互联网大数据整体解决方案，帮助用户实现成本控制、管理透明、安全保障的目标。

平台的几大功能特性

平台功能

新能源物流车车联网大数据运营平台主要实现了以下几个方面的功能。

实时监控：通过实时监控车辆运行状态，分析车辆急转弯、急加速等危险驾驶行为，构建驾驶行为算法模型，帮助司机改善驾驶行为，保障车辆运行安全，减少车辆事故，确保车辆运输能力最大化。

运营分析：通过采集到的大数据对车辆运营路线进行分析统计，为企业建设充电站、售后服务网点及配件中心选址提供决策依据。

集中管理：新能源物流车车联网大数据运营平台能够规范联网设备及企业其他平台的接入，实现数据集中化管理。

性能特性

新能源物流车车联网大数据运营平台基于汉云工业互联网平台构建，具备分布式的高性能、高可用、易扩展、易开发、易管理等优势，涵盖了工业互联网系统中的多个环节，并充分考虑了新能源物流车运营的应用场景和业务规模扩展情况，具备以下三个性能特性。

全面的物联网接入，海量的数据处理能力。平台支持接入多种物联网传感器和采集器，包括车载终端、充电设备、车辆上装传感器等，并且可以自定义扩展。新能源物流车正常运行时平均每10秒发送一条数据，每天产生数据8 640条/辆。随着企业业务拓展，车辆数量会逐渐增加，平台每天要处理的数据也会随之增长，徐工信息为新能源车辆物流行业搭建的新能源物流车车联网大数据平台具备海量数据处理能力，能够适应企业发展过程中海量数据的搜集、处理、分析工作。

平台高可靠性和高稳定性，数据安全无忧。平台具备较高可靠性和稳定性，可保证 7×24 小时的稳定运行。由于平台涉及核心业务信息，因此必须保证数据安全，数据安全对平台有两个层面的要求，一是防止数据被非法获取，二是保证数据信息不会被异常破坏。

平台可伸缩性，低成本定制开发，便于维护和管理。平台具备可伸缩性，可以根据入网终端的数量规模进行剪裁和扩充，在终端数较少时可以选择部署在少量服务器上提供全部功能；在入网终端数增加后，不需要对平台做出较大改动，通过增加服务器数量就能满足性能需求。平台的设计结构具备足够的弹性，可以在不需要较大变动的情况下，投入较少的人力和时间成本进行定制开发，满足企业业务发展的新需求。除了满足业务部门、最终用户的需求外，平台还满足运维人员、开发/测试人员的需求，便于日常维护。

工作效率提高 15%，运输能力提高 20%，任务执行效率提高 35%

通过工业互联网赋能新能源物流行业，可对物流车辆进行位置和工况监测、故障预警与运营优化，提升企业对新能源物流车的运营水平；利用车辆大数据分析，有效支撑企业运营决策，合理地进行车辆运力的周期性与区域性分配；基于微服务技术架构，将核心业务抽象成独立微服务，提高了项目的可扩展性、可维护性与可继承性。

通过车联网技术应用和信息化管理系统的实施，以及数据集中化管理，新能源物流车辆工作效率提高了 15%，避免运营环节中产生证照、保单、年审过期或派单重复等失误；根据车辆续航状态及物流运单运程，合理安排车辆充电，使新能源物流车运输能力提升了20%；根据平台大数据分析的路径规划算法模型，科学地进行物流运单调度，物流车任务执行效率提高了35%；通过采集车辆工况，结合平台的驾驶行为算法模型，对驾驶员的操作行为进行评估，帮助驾驶员改善驾驶行为，提高电池续航能力；通过大数据分析新能源物流车的运行热点，为企业建设车辆服务网点和充电站提供决策依据。

徐工信息汉云工业互联网平台已为上千家企业提供服务，覆盖"一带一路"沿线20多个国家，更涵盖有色冶炼、纺织机械、智慧交通、核心零部件制造、智慧城市等63个行业。汉云平台以技术驱动为核心，聚集5G、人工智能、工业机理模型等核心技术，跨行业赋能，打造顶尖工业互联网平台，为中国制造业高质量发展和数字化转型贡献技术和力量。

树根互联根云
首个面向中国本土的工业互联网平台

早在2008年，三一集团就开始了对工业互联网领域的探索，最初为实现泵车、挖机、路面机械的信息状态采集和监控，三一研发出了适用的专用传感器和控制器，并采用"终端+云端"的架构，逐步建立远程解锁机、预测性维护等功能，同时在生产端对工厂进行大规模的智能化改造。2008—2016年，三一基于先进的信息化及物联网技术，累计投资超过15亿元，不仅建设了"三一智能服务平台ECC"，还据此孵化了国家级的工业互联网平台公司——树根互联，将制造、服务和生产所有环节数字化，让工业互联网成为助推产业发展的新动力。

基于在工业互联网领域的优势，三一集团决定将智能制造的丰富经验和能力向行业开放，将树根互联独立经营。2016年，树根互联技术有限公司正式成立,致力于为中国制造各个细分领域赋能,不仅助力工业龙头企业打造行业平台,推动其向服务型制造转型;还帮助广大中小制造企业实现零门槛的设备上云;并率先走出国门,帮助中国企业提升全球服务能力,参与全球竞争,升级打造真正满足新一代信息革命需要的工业互联网赋能平台。

独立运营两年多以来,树根互联旗下的工业互联网平台"根云"的企业客户和合作伙伴已经超过200家,打造了工业机器人、工业窑炉、注塑机等20多个行业云平台;接入各类高价值设备超56万台,服务行业已达61个,连接超4500亿元资产,为客户开拓年均超百亿元收入的新业务。公司估值从2017年的10亿元,增长到2018年的30亿元,成为工业互联网领域成长最快的准独角兽企业。

面向中国本土工业企业的树根互联工业互联网平台具有四大特点。

一是坚持自主研发,致力于构建新一代"工业操作系统"。从研发之初,树根互联就摈弃了市场换技术的商业模式,坚持采用国内资金自主研发,成功打造首个中国本土工业互联网平台。

二是普适中国制造。既服务好行业龙头和大型企业,帮助行业龙头做数字化转型,构建行业平台;也服务中小企业,实施技术升级改造。树根互联致力于从设备物联、数据采集到为我国广大本土中小企业提供便捷、高效、低成本、低门槛的端到端一站式解决方案。

三是持续拓展国际市场。树根互联在2018德国汉诺威工业博览会上发布了根云平台海外版,受到大量国外用户关注,现已拥有德国、印度、印尼、南非、肯尼亚等多个海外国家当地企业客户,吸收国际服务经验。

四是具备设备360度全生命周期管理能力。涵盖物联监控、智能服务、能耗耗材、资产管理、设备协同、二手交易、设备保险、交易支付、共享租赁等，满足不同行业企业的个性化转型需求。

一直以来，树根互联致力于为我国工业龙头企业打造行业平台，帮助更多制造企业实现零门槛的设备上云，帮助企业解决两大核心问题。首先是提升产品和客户的洞察能力。产品洞察力和客户洞察力对于制造业企业来讲是非常关键的，通过工业互联网平台连接机器甚至连接使用者，用动态数据来实时反映客户的动态经营情况，会为制造业带来很大的提升。其次是提高工业运行的整体效率。原来的工业管理是基于静态数据，现在可以有更动态、更精准的数据支持。比如说能耗降低、运营效率提高、产品合格率提升。

铸造行业龙头共享集团基于树根互联的底层平台，打造"绿色智能铸造"工业互联网平台，就是树根互联赋能行业龙头的典型案例。传统铸造行业铸造模具需要根据订单制作铸件。对很多企业来说，企业在模具方面的一次性投入成本很大，需要按该模具生产很多成品才能回本。根云平台不仅可以实现铸造在线监视，提高生产监控效率10%，更帮助企业打造线上模具共享制造平台，并在全国各地建成共享铸造中心。

这种共享模式，可降低企业使用该模具的一次性投入成本。以往是一家企业生产10万件，单件成本需100元，但通过共享平台后，可能有10家企业共享该模具成本，单件成本变成10元。在降低成本的同时，实现了铸造厂家商务转型，销售增长20%，模具铸造的透明化还可以帮助企业规避重复投资，合并同类需求。核心组件的共享，将整个产业链从上游到下游带活了。

在铸造方面的应用只是树根互联在工业互联网应用的诸多场景之一。目前，基于树根互联工业互联网底层平台架构，融合各行业龙头企业对于行业解决方案设计，树根互联已在全国范围打造了 20 余个行业云平台，为垂直行业的转型升级提供了有力参考。此外，树根互联还同时积极赋能更多工业企业，发挥低门槛、小成本的平台优势，为其提供一站式解决方案，快速打造企业平台，带来端到端的"即插即用"的商业价值。

瀚云 HanClouds
打造跨行业云计算平台

瀚云 HanClouds 工业互联网平台专注于开放的跨行业、跨领域云计算平台服务，既可以搭建在阿里云、华为云、运营商数据中心等各类常见的基础云上，又能实现纷繁复杂的工业应用的快速开发和嫁接，帮助工业企业尤其是中小企业降低上云成本。

依托瀚云 HanClouds 工业互联网平台，瀚云科技目前已在金属热处理、车辆配件喷涂工艺、冲床加工、热泵管理、焊接设备管理、仪器仪表管理等工业场景中，实现了生产过程监测、生产质量控制、工业产品远程运维、节能降耗管理等解决方案及应用。截至目前，瀚云 HanClouds 工业互联网平台已接入工业企业 1 900 余家，分布于电力、能源、高端装备等行业，平台接入活跃设备数 1 000 多万，工业应用数量 500 余个，平台注册用户数量超过 10 000 个。

服务国内机床制造企业

"基于瀚云 HanClouds 的智能工业云"是面向国内机床制造企业数字化、智能化需求构建的基于海量数据采集、汇聚、分析，实现机床设备泛在连接、弹性供给、高效配置的云服务体系。

方案综合利用了智能数据采集技术、物联网关技术、边缘计算技术，依托瀚云 HanClouds 工业互联网平台的云服务技术，通过软硬结合、服务租赁的方式为机床使用企业提供综合化的资源管理和过程分析,企业无须搭建厂级数控机床的综合管理系统即可直接设备入云,实现设备实时监控、设备综合统计分析等功能。

我国机床制造企业一直以来面临国际巨头的竞争压力,目前,基于工业互联网架构,资源普联、数据透传、知识共享、云化服务的数控机床新业态有望成为国产机床产业实现弯道超车、领先国际的新途径。

凸显部署快、成本低、可复制性强优势

"基于瀚云 HanClouds 的智能工业云"主要围绕两大核心对机床制造企业进行改造。一是构建精准、实时、高效的数据采集体系,包括存储、集成、访问、分析、管理的综合平台,实现工业技术、经验、知识的模型化、软件化、复用化。二是以工业应用程序的模式为制造企业提供服务,最终形成资源富集、多方参与、合作共赢、协同演进的制造业生态。

方案具有部署快、成本低、可复制性强等优点,瀚云 HanClouds 工业互联网平台为整体提供了电信级的信息安全保障,保护商业隐私。

此外,通过瀚云 HanClouds 工业互联网平台的工业 App 加工厂,无须编辑代码,企业就可以按需自定义应用;平台提供的大数据、人工智能技术内核,可以帮助机床制造企业实现从传统产销模式向共享定制化模式的营销服务转型。

该方案目前已应用于国内机床龙头企业宁江机床,计划打造成为一个开放的行业级开发和服务平台,为国内机床企业提供可靠的智慧化应用服务。

第二节

信息通信企业服务的创新典型

中国电信：工业互联网生态营造者

中国电信从 2015 年开始，走访了上千家制造企业，发现制造企业的工业网络和信息网络尚未融合，信息孤岛现象普遍存在，推动实施信息化与自动化融合的工业连接行动刻不容缓。为此，中国电信组建从集团到省分公司的纵向工业互联网专业化支撑及服务团队，并于 2016 年 10 月在中国电信全资子公司上海理想信息产业（集团）有限公司成立了中国电信制造行业信息化应用基地。经过多年的创新摸索和不懈努力，从规范并创新工业网络和数据采集入手，研究和构建"云网融合"的工业云，尝试工业大数据应用，自主研发和运营工业互联网平台，中国电信逐步明确了自身的定位：成为工业连接的桥梁、工业生态的助推器和产业发展新动能的催化剂。

中国电信自主研发的翼联工业互联网平台目前已实现与多个战略合作伙伴对接，工业应用和工业 App 已服务于多个行业。

高新技术企业：小改动实现无人智能化产线

上海斯瑞科技有限公司成立于 1998 年，是专业生产制造和销售优质聚合体材料及安全防制成品的高新技术企业。上海斯瑞公司采用自主研发的一掌控系统，包含订单、计划排程、生产管理等功能，但该系统无法实现对生产线的实时数据采集和实时监控，以及生产设备的实时运行状态监控和整个生产过程可视化。中国电信帮助斯瑞公司完成了产线设备的数采平台和工业无源光网络联网，使用工业通信协议获取设备数据，使用MQTT（消息队列遥测传输）通信协议接口，并打通了数采平台与原有一掌控平台的通信、传输设备数据，并获取一掌控平台对设备的控制指令，完成了生产线的智能化改造，实现了整个生产过程的可视化监控管理。

在具体实施过程中，中国电信进行了细致的方案制定和步骤实施，完成了产线设备的数采平台上线和工业无源光网络联网组建，并与一掌控系统完成对接，形成了一条完全智能化、数字化的生产线，并延伸改造至斯瑞公司其他的多条生产线上。

该项目改造时间短、投入低，完成了不同品牌设备之间的数据采集和协议转换，并无须改变原有生产管控系统，形成了无人智能化产线。项目采集数据类型包括：直接实现智能设备和在制品的连接，实现智能企业，传感器，在制品等生产现场设备、物品实现到IT网络的直接连接，从而实现生产现场的实时数据采集等功能，以实现企业管理的实时化管控。该项目可成功复制于原料生产、加工、成品制造等工业制造型企业。

制造行业标杆：新需求，打造数字化制造管理协同平台

恒跃集团是一家生产工程机械配套件、工程机械锻件及风电法兰等系列产品的企业，是全球工程机械及法兰采购商的战略合作伙伴。由于企业生产具备多品种少批量特性，当前传统的生产管理方式已无法适应企业快速发展需求，中国电信联合合作伙伴共同打造了恒跃集团数字化云工厂项目，通过部署工业无源光网络、智能网关数采技术、数字化车间产品，建立由订单开始—订单统筹—订单执行—订单交付完整的数字化制造管理协同平台，实现了端到端的数据集成与应用。

恒跃集团数字化协同制造项目整体规划以底层的工业级网络搭建与设备数采为技术支撑，以各生产要素集成的数字化工位搭建为系统核心，以车间级综合数字化管理平台为数据应用载体，以工业级微应用 App 为数字化系统的重要延伸。主要分为以下几个实施阶段。

一是设备联网与数据采集。以中国电信的工业网络为基础进行车间工业网络的整体升级，搭建设备运行与数采的网络基础设施。应用设备数据采集技术，根据不同的设备接口与通信协议设计数采方案，利用数采终端 EverMonitor 实现设备级的联网与数据采集。

二是数字工位搭建。集合设备加工的人员、物料、工具、作业方法、技术图纸等生产要素数字化，结合设备自身状态监控、加工参数采集，形成完整的工位级数字化管理生态。

三是车间级数字化管理平台。综合订单管理、计划管理、品质管理、工艺管理、异常管理、效率管理等多个模块及功能应用，实现对车间的全方位的数字化升级管理。

四是工业级微应用 App。针对恒跃特定的应用场景，开发移动端的微应用，快速有效地解决实际问题。

该项目成功实施后，帮助恒跃集团减少了销售、工艺、计划、采购、生产、质检之间的信息不协同问题，提高计划组织的准确性，产品生产周期缩短 20%（平均由 38 天减少到 29 天）。同时为恒跃集团搭建领导驾驶舱，实现制造数据的可视化，为运营决策提供大量的数据支撑，降低管理难度，提升管理效率，异常问题关闭率提升 20%（由 60% 提高到 80%）。

大型钢结构企业：提效益，形成企业智能管控闭环

中建钢构广东有限公司是国家高新技术企业，是国内制造特级的大型钢结构企业，根据"数字化、信息化、智能化"的设计理念，结合企业实际需求，中国电信通过采用工业无源光网络、网关管理平台、智能生产管理系统、工业大数据平台等先进技术，帮助企业实现数据采集、分析、决策，优化提升可制造性和可服务性，充分利用机器学习、数据分析等技术，针对生产运营中所需要的应用，建立数学模型，帮助工厂提升运营效益，形成企业智能管控闭环。

中国电信创新整合了三种智能化解决方案，充分挖掘企业价值，实现降本增效。一是设备数采解决方案，针对不同信息化程度的设备，通过增加标准化的边缘智能网关及必要的传感器，提取、计算设备各项状态信息数据，实现对设备状态、生产过程数据的监测。二是信息端点部署方案，针对不同车间场景，统筹规划信息点位，合理设计信息交互方式与流程，确保制造过程数据的实时归集与上报，确保上层管理业务数据直达对应生产工位。三是数据集成分析方案，全面梳理企业信息数据情况，整合、串联分散在不同信息系统中的数据项，形成完整、统一的数据流，编织覆盖纵向数据（从管理层到工位）与横向数据（联动设计、生产、设备、库存、车间等各相关方）的数据网，深入分析数据关联关系，充分挖掘数据内在价值。

通过本次项目的实施，工厂实现"三个优化与一个管理"的目标，项目执行团队具备"六种能力"。三个优化是制造项目成本优化、产线成本优化、工艺参数优化。一个管理是易耗件预测性维护与

成本管理。六种能力是采集技术及能力、传输技术及能力、云端平台技术及能力、基于平台的应用能力、可视化展现能力、大数据分析能力。该项目荣获2017年工信部智能制造新模式应用项目、2017年广东省智能制造试点示范项目及2019年惠州市工业互联网标杆示范项目等荣誉。

中国移动5G+智能制造迅速推进连点成片

中国移动把握工业互联网发展机遇，立足自身优势，积极谋篇布局，持续投入精力，将互联网、大数据、人工智能和实体经济深度融合，在开辟新的业务蓝海的同时，推动先进制造业发展，支持传统产业优化升级，助力我国经济实现高质量发展。

发展工业互联网，平台是关键。中国移动结合自身能力优势，自主研发建设工业互联网基础平台，同时规划建设工业云、能源云、电器云、动力云，目前"1+4"产品体系布局已初步形成。

中国移动建设的工业互联网基础平台着眼于突破技术瓶颈，有效支撑工业互联网平台发展的技术体系和产业体系，提供通用的卡连接管理、设备连接管理、运营管理等能力；通过运营发展，整合生产过程中各环节的数据资源，共享设计、生产、软件、知识模型等制造资源，为用户提供设备维护、生产管理优化、协同设计制造、制造资源租用等各类应用，提高企业的服务能力。

同时，中国移动的工业云集合了OT、IT、CT（通信技术）能力，采用"集中平台+行业应用"，支撑工业企业的设计、研发、生产、后服务等多个重要环节；能源云面向水电油气企业，提供智能抄表、安全用能、能效管理等服务；电器云以空调节能和电梯云保为切入点，推进电器领域的跨界创新；动力云针对工程机械进行远程监控管理，力求实现对远端的工程机械进行状态监测、行为分析、故障告警、排放管理、远程标定、反向控制等功能，同时基于大数据提供多样化的服务，作为工程机械数据云化后的服务转换媒介，提升工程机械产业链各方的价值输出。

实现智能扫描建模比对，质量检测从 2～3 天变为 3～5 分钟

浙江移动与杭州汽轮集团合作打造了 5G 三维扫描建模检测系统，通过激光扫描技术，可以精确快速获取物体表面三维数据并生成三维模型，通过 5G 网络实时将测量得到的海量数据传输到云端，由云端服务器快速处理比对，确定实体三维模型是否和原始理论模型保持一致，同时向工厂实时反馈结果。该系统使检测时间从 2~3 天降到了 3~5 分钟，使产品从抽检变为了精准的全量检测，还建立了质量信息数据库。

在杭州汽轮集团的操作车间，工作人员用精密的电子扫描设备对着汽缸设备进行立体扫描，同时，车间的另一边，电脑设备的屏幕上就能够显现实体扫描的三维模型，通过与标准模型的比对，电脑可以实时判断该产品误差率是否在正常范围内，如果产品合格，图形显示为绿色，如果不合格，图形则自动显示为红色。

目前浙江移动与杭州汽轮集团等多家工业上市企业在 5G 工业互联网应用领域开展深入的合作，在远程维护、智能控制、工业质检等方面持续开展应用测试。

5G 智能制造生产线，实现智慧管理和运营

中国信科集团旗下的虹信公司"5G 智慧工厂"项目，是湖北移动与中国信科集团整合双方技术、产业及服务优势共同打造的湖北首个基于 5G 的工业互联网示范应用。该工厂项目改造前是华中地区规模最大、自动化程度最高的无线产品制造基地，年产能逾 50 万件，也是华中地区 5G 产业首例 5G 大规模天线（massive MIMO）的全自动化生产基地。

改造后，工厂通过"5G 无线 +5G 边缘计算 + 移动云平台"的 5G 网络架构进行组网，实现了工厂在 5G 网络下的统一接入、广泛连接、灵活调度、数据上云，并基于部署在 5G 网络架构上的工业互联网平台实现了智慧管理和运营。目前已上线了生产管理中心、产品交付、高清视频监控等一系列具体应用，生产和运维效率较改造前提升 30% 以上。网络和平台还具备实时工业控制、横向多工厂互联、纵向供应链协同的能力，未来将成为集生产流程智能化管理、产品全生命周期智能化交付、企业运营智能化决策、产业链条智能化协同的全智能化工厂。

该"智慧工厂"项目采用了中国信科集团提供的 5G SA（独立组网）核心网、边缘 MEC、5G Pico 等 5G 网络产品和技术服务。通过该项目，湖北移动与中国信科集团已经逐步形成有共性、可推广的"智慧工厂"解决方案，具备较好的示范价值。

远程控制龙门吊，从米级精确到厘米级

由于传输速度快、数据容量大等特性，5G 让一些精密操作"所见即所得"成为可能。在宁波舟山港梅山岛国际集装箱码头 4 号堆场，基于移动 5G 网络下轮式龙门吊作业管理、视频回传等流程能够助力龙门吊吊具按照指令方向精准移动。

不同于相对固定的桥吊，轮式龙门吊在 5G 网络支持下，甩掉"链路尾巴"后不再受空间束缚，实现堆场间自由转场和移动，在增加作业范围的同时也提升多台吊车并行工作的管理调度效率，5G 的应用让调度更灵活、维护更方便,能很好地支持智慧港口业务。

后续还将基于 5G 精准定位能力，把区域内龙门吊、集卡车等运行位置从米级精确到亚米级乃至厘米级，改变港口物品装卸及运输方式，推动智能机械代替人工，实现港区无人驾驶和搬运。它不仅适用于宁波舟山港，也能推广到其他港口和工业领域。

实时采集数据分析控制，构筑化工企业安全"智能防线"

化工安全是安全生产领域的重点。我国化工领域龙头企业之一的新安化工，工业生产流程十分严格，拥有液压监测、漏气监测、压力控制、闸门控制等数以千计的数据采集点。从保障安全的角度出发，一旦监测到数据异常，必须在规定时间内启动应急控制。

企业原有的数据采集终端均采用有线连接的方式，由于生产园区范围较大，采集终端分散，线缆部署工程建设往往需花费近百万元、历时 6~7 个月才能完成，并且后期故障排查较为困难。

2019 年 1 月，浙江移动与中控集团签署战略合作协议，共同推进 5G 工业互联网应用试点，创新性地将新安化工园的多个数据采集终端通过 PLC 汇聚后接入 5G 网络，实现控制平台实时 UI（用户界面）监测，一旦发现数据异常，立即报警并启动反向控制系统。系统端到端时延平均为 20 毫秒，充分满足工业控制要求。该项创新业务使工业数据采集终端摆脱传统有线的部署方式，依托高可靠的 5G 网络进行数据传输及控制，降低了企业成本，大幅提升了生产效率。

为智能机器人传递指令，远程检修节省百万成本

在浙江嘉兴桐乡新凤鸣集团长丝生产车间内，24 台机器不断"吐"出一卷卷长丝饼，16 台通过 5G 网络接到指令的搬运机器人来回跑动，快速有序地把长丝饼搬运到指定位置。这一幕忙而不乱的生产场景，以 8K 超高清的影像同步传输到该公司的生产调度中心。基于 5G 网络的长丝生产车间，搬运机器人通过接收指令井然有序地搬运长丝饼，5G 的运用使传输速率加快，机器人的搬运效率提高 3% 以上。基于 5G 无所不在的、无缝的联网能力，公司再也不需要铺排大量网线，企业数据采集点位从 8 万个提升到 21 万个。

"AR 远程维护"使得现场维护人员佩戴的 AR 头盔摄像头会自动进行实况拍摄，并通过 5G 网络将画面传回监控中心，而监控中心的专家团队可以实时向现场维护人员进行操作指导。

中国联通
以 5G 为抓手，构建工业互联网产品体系

在工业互联网领域，中国联通经过两年的实践和积累，初步形成了面向工业制造业的产品体系；围绕网络是基础、平台是核心、安全是保障、应用是抓手，打造以 5G 为代表的泛在网络、标识、数据、平台、应用、安全六大类型产品。

5G 助力智慧港口

港口是水陆交通的集结点和枢纽，也是工农业产品和外贸进出口物资的集散地，在工业生产领域具有重要的地位。目前港口码头可大致区分为传统人工码头和自动化码头两种，但不管是人工码头，还是自动化码头，其在网络架构、应用管理等方面都具有很大的相似性。港口码头的生产主要包括货物装卸和运输等过程，而目前该过程产生的人力成本、布线损耗成本等一直居高

不下。

中国联通在青岛港将 5G 应用于港口工业控制系统，在青岛港码头架设 5G 基站，开展自动化港口试点工作。借助 5G 网络和自研网关设备，在实际港口作业环境下，远程操控岸桥吊完成集装箱的抓取及自动化运输，满足了毫秒级时延的工业控制要求以及超过 30 路 1080P 高清摄像头的视频传输的港口业务需求。以前，港口工作环境恶劣，人工成本高，操作员需要在高空进行作业。现在，通过远程控制，驾驶员坐在中控室，根据监控大屏上 5G 网络回传的高清摄像头视频，通过操纵杆远程操控岸桥吊装卸集装箱，一个人可以管控 3～4 台桥吊，港口人力节省了 75%。已实现自动化的港口，通过 5G 网络覆盖，进行无线化改造，取代吊车设备上的巨型光缆转盘，可大幅度降低设备改造成本及光纤损耗，实现更加灵活的组网。此外，该应用可作为通用方案，移植到大量基于 PLC 控制的工业、交通等场景。

目前，青岛港 5G 智慧港口已实现远程操作人员利用 5G 低时延的特性远程操作无人岸桥将货物吊装到无人驾驶集卡上；无人驾驶集卡通过 5G 网络实现远程视频回传、远程遥控驾驶、车路协同等应用。未来，在堆场内还将通过 5G、北斗等混合定位技术，实现车辆厘米级的精准停靠定位和集装箱精确位置管理。同时，通过 5G 网络将港口环境、能源等多种检测终端数据回传 MEC 和港口云，实现了港口本地化物联网监管。港口安防可以通过 5G 无人机、安防巡检机器人等实现无人巡检，配合 AI 技术，实时分析异常情况。5G 技术与港口实际业务应用相结合，对现有港口进行自动化改造升级，实现港口作业流程的全方位高效监管，大幅度减少人力成本，有效防范码头安全事故发生。

建设智慧工厂

中国联通为龙南骏亚电子科技有限公司设计并打造 PCB（印制电路板）电子制造行业的智慧工厂。项目采用"数据采集+数据管理+数据应用"的整体系统架构，端、管、云一体协同，实现企业数据的采集、汇聚、管理及应用；以打造企业级工业互联网平台为核心，以企业实际需求为切入点，面向企业内的生产、管理各环节场景，提供包括智能化生产、网络化协同、个性化定制、服务化延伸等典型应用场景的智能化工业应用和解决方案，包括智能监控管理、智能设备管理、智能生产管理、智能质量管理、智能能耗管理等，从而帮助企业提升资产管理水平，实现生产资源的合理配置，全面牵引骏亚智能工厂建设，推动智能制造应用生态体系的构建。

智慧工厂信息化系统建设方案总体构架可以分为四层：设备物联层、网络传输层、平台层、应用层。设备物联层主要完成工厂主要设备的信息化操作。通过设备的开放接口，以 TCP/IP 等主要连接形式将设备连入工厂内网或互联网。使工厂主要设备可以访问服务器，获取所需要的资料与数据；主要设备可以经过工厂内网被访问，获取主要设备的生产状态，设置生产所需的参数、过程等。主要设备包括开料机、钻孔机、电镀设备、自动光学检查仪等。网络传输层是工厂主要设备信息化的基础，包括工厂内设备与服务器、内网、外网的传输，工厂内网与外网间的交互，移动终端对工厂内网的访问等。平台层汇聚工厂内底层设备数据信息，并为智能工厂的各类上层应用使能。设计总体中控平台以及串联生产工序的各车间的中控平台，达到由宏观至微观感知、智能化管理工厂的效果。基于信息化的联网工厂设备以及总体中控平台、各车间中控平台，在应用层进行智能工厂应用开发与部署，以交互的形式完成使用者对工厂的感知与管理。

打造服装产业平台

中国联通为江西省赣州市于都县服装产业集群设计并建设众服联服装产业工业互联网平台，依据当地产业现状的特点与痛点，以贴近产业用户体验为核心，以"模式创新""数据智能""平台赋能""在线协同"为抓手，针对产业资讯、设计、材料、技术、业务、管理、交易、招聘、金融等方面的应用场景，提取 80 000 多个需求点，构建 7 个系统，以 3 000 多个界面呈现"产业互联网+"的在线新业态，形成本平台 S2B2C（电子商务营销模式）纺织服装产业生态平台，引领、助力企业全面升级改造，在看似"红海"的产业开辟蓝海市场。

纺织服装企业的首要痛点来自供应链。纺织服装产业的供应链体系仍然处于单点式、割裂、信息孤岛状态，供应链上各主体之间没有形成有效的连接。信息流、业务流、技术流、物流、资金流等没有打通，企业与企业之间无法形成紧密联动，进而无法实现系统化协作。此外，长年形成的"多而不强、散而不链、廉而无品、滞而不通、管而不控"等痛点问题，同样影响着纺织服装企业效益。产业缺乏统一标准、经营管理模式数据化落后、信息不对称且链条长而繁复，造成了高库存、低效益的尴尬现状。对于客户来说，现有纺织服装企业层级太多、沟通不畅、无法定制且价格太高，这些弊端对产业发展非常不利。

基于产业现状，只有高度融合数字信息技术，实现产业互联网化，才能助力产业从供给端向需求端转变发展。中国联通开创了 S2B2C 产业生态平台新模式，构建了一个以平台（Supplier，供应链平台纺织服装产业生态平台）为基础，赋能企业（Business，纺织服装产业所有类型企业），更全面服务用户（Customer）的在线互动协同的创新概念平台。

该平台把业态痛点、企业端用户痛点、客户端用户痛点转化成需求点，结合技术实现及用户习惯，形成系统功能点；用标准化、平台化、在线化、信息化、软件化、数字化、数据化的思路，模拟出产业线下业务、经营、管理场景，打通所有产业链各环节，形成企业与企业之间、企业与客户之间的协同网络，从横向到垂直全方位解决产业链上所有痛点问题；实现了平台功能和技术助力产业、企业，以及个性化定制、柔性化生产及智能制造，助力纺织服装产业互联网化，最终实现平台驱动智能制造。

第三节

工业 App 的创新典型

索为工业 App
为高端装备腾飞添动力

从"神舟"系列航天飞船发射,到"蛟龙号"载人潜水器下潜;从 C919 大飞机试飞成功,到 ARJ21 新型支线客机交付商用。近年来,我国高端装备制造业取得了飞速的发展,这背后离不开科研工作者的攻坚克难,更离不开一批智能化的工业生产设计系统。

从手动画图到用电脑设计制图,CAD、CAE 等工业互联网 App 在制造业的广泛应用让制造业进入数字化时代。然而,随着高端制造业的不断升级,这些通用软件已不能完全满足高端制造业对研发速度和质量的需求,需要更多个性化的工业软件支撑。以飞机生产为例,飞机的总体设计是一个复杂的系统工程,要将数以万计的零部件组合在一个高度复杂的精密装置里,这个过程涉及热力学、结构力学、流体力学等多个学科,因此需要设计、工艺、材料等多个部门密切合作开展大量试验。而现有的研发体系建立在"串行式"研发的基础上,设计软件中各专业数据分布零散、缺乏共享,专业间设计协作困难,导致研发效率较低,难以满足集成研发的需求。

为了让飞机研发更加协同高效,索为公司基于Sysware工业互联网平台通过对飞机的布置、外形、重量、气动设计、气动特性、进排气、性能、操稳、载荷、静弹、状态等工作目标、工作方法、流程关系、数据结构进行分析定义,研发出了飞机总体设计专业App库。它包含工业App157项,集成飞机总体设计分析软件121种,建立了过程管控中心、数据资源中心和支撑知识库,构建了涵盖飞机概念与方案设计、初步设计两个阶段的具有总体方案快速设计与评估、深化计算分析以及方案评定优化等功能的飞机总体协同设计系统。该系统通过梳理不同阶段的工作要求、工作方法、流程关系高效率地满足了飞机研发过程对设计探索、反复迭代、多轮逼近、综合协调、多解寻优、逐步深化的需求,提高了设计协作效率,减少了中间消耗,增加了推进力度,规范了工作程序,能够有效缩短飞机研制周期50%以上,降低飞机研制经费30%以上。

除了能够满足超大规模设备生产对于研发软件的系统化、个性化需求,工业App在经验传承和知识沉淀等方面也发挥着积极的作用。对于素有"综合工业之冠"之称的船舶行业来说,船舶总体设计就是一个解决和优化多参数、多目标、多约束系统的过程,只有通过反复的校验和修正,才能保证最终设计的可靠性。然而当前的研发流程对人员的依赖程度较高,各子系统之间存在着信息壁垒,这导致重复劳动多、研发周期长,人员流动也会导致知识积累和经验流失,研发进程大受影响。

索为将设计专家积累的船舶工业技术知识和设计经验、该工作项涉及的成熟技术、使用到的数字化研发工具、使用及操作过程等结合封装成App,按照业务逻辑打通工具之间的接口,形成统一的集成设计环境。该App能够将设计过程中所需的输入计算书、相关参数、使用帮助进行界面化显示,也可以自动生成标准化的计算书或文档,提高了设计人员工作效率,降低了研制成本并缩短了设计周期。与此同时,该 App 能够统一管理研发设计过程中的数据,包括版本、状态、审批过程、发布记录,并记录跨工作任务的数据输入输出,实现了研发过程数据的全面管理及协同、设计过程可追溯可管控,一方面实现了知识和经验的固化,避免人才流失而影响研发进程,另一方将研发人员从重复的、低技术含量的劳动中解放出来,使其有更多的时间研发关键技术,以创造更大的价值。

对于需要反复论证和计算试验的精密高端仪器研发设计来说,又快又准成为行业的迫切需求。以高速飞行器为例,飞行器在进入大气层时会经历严峻的气动加热环境,需要通过大量的地面和飞行试验计算飞行器特定部位的烧蚀量和温度分布来保障设备安全。在计算需求众多、设计周期缩减、设计成本需要控制的情况下,计算评估工作量大幅提升,行业对计算结果立等可取的需求越发旺盛。传统设计软件的设计方法不足之处越发明显,严重影响飞行器热防护设计工作的高效开展。针对上述问题,索为将涉及的设计流程、数据处理规则、数据传递接口、核心计算程序、交互界面进行了标准化的封装与开发,形成简洁、易用、可扩展的热分析优化软件。这些智能化、自动化程度高的工业 App 实现了工程设计方法和设计经验软件化,具有响应速度快、并行能力强的特点,能够显著提升设计分析效率。基于该 App,设计人员能快速完成专业设计,设计过程更加规范、准确,以往耗时近 2 天的工作,可在 10 分钟内完成,大幅节约了时间成本和人力成本,提升了产品设计的效率和准确性。

不管是促进研发设计的协同高效,还是实现知识经验的传承积累,抑或是提供智能化简洁化的应用工具,工业 App 都从本质上解决了工业技术应用的效率问题,让知识的积累变成专业的工具,让创新的火花成为现实的应用,为我国高端设备快步发展增添了动力，跨步引领工业转型新浪潮。

云道智造
为电力行业打造防振方案专业 App

我们在旅途中通常会被各种象形文字般的输电线铁塔所吸引。输电导线被这些"钢铁巨人"架空支撑，是电力输送的重要载体。输电线路长期处于野外露天环境之中，受到风、雨、冰雪、雷电等自然条件的影响，容易发生各种事故。当微风（1~3级）吹过输电导线时，在导线的背面产生上下交替的旋涡，即卡门涡街。因此，微风中的输电导线承受着上下交替变化的作用力，使导线产生持续的波浪状上下振动。微风振动通常会导致输电导线疲劳损坏，发生断股和断线，是危害电网安全运行的主要因素之一。

塔科马峡谷桥风毁事故使人们认识到了卡门涡街对建筑安全的重要作用，那么如何防止卡门涡街引起的微风振动对输电导线的危害呢？电力行业通常采用防振锤来抑制输电导线的微风振动。防振锤如一把短柄的双头锤，手柄的尾端安装在输电导线上，下垂的两个锤头随导线的振动而上下振动，产生一个与导线振动不同步甚至相反的作用力，以此消耗输电导线因微风振动产生的能量，从而抑制导线的微风振动。

对防振锤-输电线体系开展微风振动研究，主要是对比研究输电导线安装防振锤前后的动力学特性，内容包括防振锤的振动特性、输电导线的振动特性、防振锤的布置方式和防振锤-输电线耦合振动特性等。通过比较输电导线的动弯应变值，衡量防振锤能否有效抑制输电导线的微风振动。目前，还没有合适的商业软件能够辅助电力工程人员设计防振锤和评估防振锤对减弱或消除架空输电导线微风振动的有效性。

防振锤防振特性计算 App 是基于由 Simdroid 平台（由云道智造公司打造的面向建模与仿真环节的工业互联网平台）开发的研究防振锤－输电线体系微风振动特性的专业工具软件。针对防振锤－输电线体系微风振动研究的主要内容，开发了防振锤功率谱特性分析、导线频响分析、防振锤布置计算和防振锤－输电线耦合系统分析四大功能模块，能够满足研究和实际的工程需求。

防振锤功率频谱特性分析模块采用欧拉－伯努利梁假设，求解防振锤的频率特性，并使用谐响应的模态叠加方法求解防振锤的功率特性。用户在 App 中输入防振锤的类型（单边、双边）、长度、质心位置、锤头质量、转动惯量、材料属性等设计参数，直接计算出防振锤的功率特性曲线，为研究防振锤－输电线耦合振动特性提供防振锤参数。通过改变防振锤的设计参数，这一模块还可以对比研究其对防振锤谐振频率和频谱特性的影响，辅助工程人员设计防振锤。

导线频响分析模块采用能量平衡方法计算导线在没有安装防振锤时对于微风振动的响应。用户在 App 中输入导线的档距、导线截面积、导线直径等相关参数，计算出导线的频响曲线。工程人员根据动弯应变值可直接判断导线是否需要安装防振锤。

当导线需要布置防振锤时，基于电力行业的标准和防振锤效果最大化的原则，防振锤布置计算模块计算出防振锤的位置，为分析防振锤－输电线耦合振动特性提供防振锤布置方案。

防振锤－输电线耦合系统分析模块采用能量平衡方法求解耦合系统在微风激励条件下的动力响应。用户在 App 中输入风参数、导线参数、防振锤参数和布置方案，计算输出导线的动弯－频率曲线，据此判断防振锤能否有效抑制输电导线的微风振动。

防振锤防振特性计算 App 具有以下特点。

第一，操作界面简洁，便于工程人员使用和行业推广。

第二，基于电力行业设计标准参数化防振锤和导线模型，便于工程人员设计和使用。

第三，综合考虑电力行业标准和专家经验，大幅提高了防振锤方案设计和评估的效率。

防振锤防振特性计算 App 有效解决了电力行业防振方案评估的手工方式，这是工业知识与仿真技术相结合的典型案例，为后续工业 App 的开发提供了参考。

第四节

工业大数据的创新典型

航天云网
提供数据驱动的柔性生产模式

从订单准时交付率低,到多部门协同研发准时生产;从外协外购协作效率低,到全产业链协同运作……在航天云网工业互联网解决方案的助力下,从事高端连接器生产的航天电器集团在走向智能化数字化的道路上迈出了坚实的脚步,生产痛点被打破,管理顽疾被化解,传统的生产制造模式和管理运作方式被悄然改变。

航天电器是一家位于贵州的从事高端连接器生产的企业,其产品具有技术含量高、品种规格齐全、结构紧凑、耐湿、耐热、耐腐蚀及抗干扰指标高等特点,主要应用于航空、航天、兵器、机车等领域。产品特点决定公司采取多品种小批量的个性化定制生产模式,要求产品可快速实现定制化改型研发,小批量柔性生产。然而在传统研发体系下,产品改型需 6.5 个月,新品研制时间需要长达 24 个月,严重影响订单交付周期。企业各系统间业务流程、逻辑、数据等未进行集成及统一设计,造成各系统间的信息孤岛,生产阶段数据源不统一,影响生产效率和产品质量。此外,在现有的生产条件下,单机自动化设备条件无法满足小批量多品种柔性化生产需求,亟须搭建上下料、物流、装配、检测全流程智能化的网络化智能产线。在经营管理上,目前未以订单为驱动,企业产能、资源等未合理利用,订单准时交付率低。此外,由于企业实行全球化运营,企业与客户、供应商的协同效率低,外协外购质量无法管控,运营等成本高。

为了解决这些"痛点",航天云网为航天电器打造了一套覆盖生命周期的工业互联网解决方案,打造了智能制造样板间。整合目前企业诸多工作系统,打通"需求订单—资源协同—优化排程—协同研发—智能生产—智能服务"的数据链路,搭建数据驱动的小批量多品种柔性生产模式,构建用户、异地事业部及外协外购等精密电连接器的智能制造样板间。建立数据驱动的,链接客户、供应商的价值链生态系统。通过工业物联网网关实现产线数据、生产信息的实时采集,开展数据分析应用。基于数据处理、挖掘、分析,开发质量/工艺优化应用、设备远程运维应用、关键设备预防性维护应用、运营分析应用,建设数据驱动的网络化智能化混线生产产线。提供资源协同、外协外购协同等增值服务,实现跨事业部的配件信息、制造设备信息、生产辅助工具信息、技术文件信息等资源的共享,然后,下达排产计划,实现订单驱动。基于有限产能、企业资源,优化生产排程,实现数据驱动的网络化智能化混线生产,有效均衡企业库存、产能等资源,提高生产效率和计划完成率。数据采集后,进行数据处理、挖掘、分析,深入利用数据价值,为企业工艺优化、设备预防性维护、运营决策优化提供依据。

智能制造样板间实现了产品质量的实时控制及设备状况的监测预警、在线诊断、远程运维。通过开展基于INDICS平台的云端应用,形成符合高端电器连接件"多品种、小批量、按单生产"特点的网络化协同制造模式,满足产品的个性化定制和柔性生产需求，满足产品设计、工艺、制造、检测、物流等全生命周期的智能化需求，使企业产能达到 50 万件/年，自动化率达到 60% 以上，生产效率提升 50% 以上，产品研制周期缩短 33%，产品不良品率降低 56%，运营成本降低 21%。

同样的改变也发生在位于东莞市的天倬模具有限公司，这是一家从事各类精密模具设计、制造与销售的企业，公司现有 500 多名员工，其中工程技术人员占 75%，企业生产模式特点为多品种、零批量、按单生产。作为一家成长性企业，天倬模具在发展壮大中，也遇到诸多问题：企业具有全球化终端用户，但是现有生产模式无法满足用户的个性化定制需求；企业具有全球化外协外购供应链，供应商分布在国内外，涉及采购、销售、设计等多个流程，无法实时、高效完成信息沟通和协调；产品研制生产周期长，制造工艺流程复杂，质量要求高，交付周期短；企业生产设备种类丰富，设备数据未被充分管理和利用，同时缺少对设备状态的有效监测和管理。

为打破企业发展壮大的束缚，航天云网为其量身打造了一套柔性化云端生产协同制造解决方案，通过整合企业内部现有信息化系统，构建数字化集成企业。首先，通过 INDICS 平台实现基于图文档的协同、基于模型的协同，完成跨企业协同场景下，基于模型的协同签审业务，并且保持产品结构的一致性，确保与客户、供应商之间协同联动。支撑企业开展有限产能计划排程，平衡产能，整体实现线上线下业务闭环管理，增强生产计划功能，实现企业信息集成交互，形成一个统一的智慧智造生态系统。其次，实施云端资源计划，INDICS 平台接收订单需求，生成销售订单，打通客户、供应商之间的信息通路，连接全球化终端用户、标准件供应商及当地外协商，实现信息从客户到企业到供应商的交互。最后，结合工业以太网，形成上连云平台、下接控制单元的智能工厂控制系统，实现数据驱动的网络化智能化柔性生产模式。

该项目的建设实施，提高了企业智能制造水平，实现了设备互联、数据采集、过程管控等可视化，形成"基于航天云网云平台"的汽车模具商务协同生态、设计协同生态、制造协同生态、服务协同生态，使企业产品研发设计周期和工艺设计周期缩短30%，设备利用率从40%提高到85%以上，CNC（计算机数字技术）车间用工数减少70%，生产计划完成率和准时率提高35%，资源调配效率提高50%。

不管是航天电器的智能样板间，还是天倬模具的柔性化云端生产协同制造解决方案，都只是企业在不同侧面完成的数字化转型，也只是航天云网为企业数字化转型提供的诸多方案的几个典型，还有更多的类似的解决方案活跃在大大小小的工厂里，这些覆盖工厂全生命周期的数字化解决方案，破解了企业生产制造上产能利用率低、订单交付困难等生产痛点，解决了企业上下游沟通不畅、协作不同步等问题，为企业打造生产管理新生态，实现数字化转型增添了动力。

奇安信
助力比亚迪实现全国最大规模工业主机安全防护

比亚迪股份有限公司是在香港和深圳上市的著名大型综合性制造企业，领域涉及新能源乘用车、新能源商用车、轨道交通、二次充电电池、电子产品制造，以及手机装饰、手机设计、手机组装业务等。

2017年6月比亚迪某生产园区生产线遭受"永恒之蓝"勒索病毒侵袭，多台工业主机发生蓝屏死机，并快速蔓延至整个生产园区。

典型安全问题

比亚迪的生产环境复杂多样，涉及多种主机硬件、操作系统、工业软件，工业主机数量庞大，并且大多数主机由于连续生产的需要，系统几乎不升级，这使得在不影响生产的前提下完成病毒防护的工作变得极具挑战，主要表现在以下几个方面。

适配复杂。工业主机硬件配置多样，操作系统有 WinXP、Win7、Win8、Win10 等，以及各种汽车、轨道交通车间的外设、测试板卡、数据采集卡的工业软件适配等。

应用复杂。各产业车间的应用系统（工业软件）、MES、PLC、DCS 等，多种设备测试、检测、数据采集、应用复杂。

场景复杂。电池、手机、笔记本电脑、汽车电子、配件、整车组装等各类车间，涉及整个电子制造、汽车制造等行业场景。

网络复杂。生产园区分布全国各地，部分园区生产网和办公网联通，部分产线拥有独立的网络。

安全解决方案

为了抵御勒索病毒以及其他形式的攻击，在与比亚迪信息安全管理团队充分沟通后，结合比亚迪的工业网络特点，奇安信集团采取了"主机部署＋集中管理"的工业主机安全防护整体方案。生产线上所有工业主机安装奇安信工业主机安全防护系统，通过控制中心进行集中管理和安全风险管控。

技术及经济优势

工业专用的主机防护软件具有哪些优势？系统兼容老旧硬件平

台以及操作系统,支持各种工业软件的适配,很好地满足了比亚迪实际环境特点。针对生产连续性高的要求,采用白名单技术无须进行病毒库升级,智能学习并自动生成工业主机操作系统及工业软件正常行为模式的"白名单"防护基线,通过关闭、告警、防护三种工作模式循序渐进稳妥实施。针对影响最大的"永恒之蓝"勒索病毒,白名单在防护模式下会放行正常的操作系统进程及专用工业软件,主动阻断未知程序、木马病毒、恶意软件、攻击脚本等运行,同时结合漏洞防御进行永恒之蓝的超前防御、网络防护可以形成如关卡一样的层层拦截模式。针对生产线上通过U盘拷贝文件容易造成病毒传播的风险,奇安信工业主机安全防护系统可对USB移动设备进行注册识别与权限管控,限制USB病毒传播和非法文件读取。另外,奇安信工业主机安全防护系统可自动发现网络中的主机数量和类型,为工业主机的安全运维提供有效抓手。当工业主机出现安全风险时,奇安信工业主机防护控制中心可针对主机进行集中管理和安全风险分析,基于用户组织架构进行安全风险管理。

比亚迪企业日产值超千万元,一旦停产损失会非常严重。当比亚迪全国37个生产园区部署超过17 000点工业主机防护系统后,没有发生新的蓝屏停产安全事故。

该案例涉及10多种生产制造场景、15种操作系统平台和超过100种工业控制软件,为比亚迪工业生产打造了干净、安全、稳定的运行环境,有力地保障了大规模连续性生产的可靠性,具备良好的应用示范作用。

中国华能
基于工业大数据及设备特征值的电站设备状态检修

工业企业(特别是电力、石化、钢铁等流程型企业)是资产密集型企业，保障设备的可靠性、高可用性是企业运行管理的重点工作之一，而运维检修工作又是保证设备可靠性、可用性的重要手段。一直以来，设备管理基本采用定期检修、定期维护等手段，主要参照设备制造商的要求和运行检修经验，按照一定的检修周期进行检修，其周期一般固定为一年或几年。

目前，普遍认为定期检修存在两个方面的不足：设备随时存在潜在的不安全因素，按固定的检修周期常常不能及时排除隐患，会造成设备故障，严重的会造成事故；当到了检修周期，即使设备状态良好也必须检修，检修存在很大的盲目性，造成人力、物力的浪费，甚至发生检修后设备状态不如检修前。因此，近20年来设备的状态维修CBM（Condition Based Maintenance，指根据先进的状态监测和诊断技术提供的设备状态信息，判断设备的异常，预知设备的故障，并在故障发生前进行检修，即根据设备的实际健康状态来安排检修计划，实施设备检修）一直是工业企业想实现的愿望。

"特征值"让CBM迎刃而解

中国华能集团是传统的流程型发电企业，是首个采用星云架构实现生产和信息技术深度融合的行业级工业互联网平台，通过人工智能、数字孪生等技术支撑资源泛在连接、弹性供给、高效配置，实现工业互联网应用的云端互信、数据安全、应用安全等。华能从2015年开始，就着手从工业大数据入手，通过深度学习等人工智能手段，寻求以设备特征值的方式实现工业设备的实时状态监测，解决设备状态维修的技术瓶颈，同时大幅降低实施成本。

近年来工业大数据、人工智能产生的新概念不断攀升，"特征值"概念经常被引用并与人工智能技术一起获得越来越多的应用，人脸识别靠深度学习得出不同人的脸部特征值，车牌识别靠车牌的特征值进行识别。但此前，工业领域并没有具体反映设备状态的特征值概念，经过几年的摸索后发现在工业领域可以通过人工智能获得表征设备状态的"特征值"，进而解决工业设备的状态检修问题。

传统工业领域，一般设备出现问题总是以设备传感器输出的测量值为参考进行报警（比如温度、压力超过报警值时便会报警），这时便预示着设备或系统出现问题与缺陷。已有的研究发现，直接用测量值的高低判断工业设备是否存在缺陷不够精准，因为测量值是"表"，特征值是"本质"。同理，在工业领域，设备也具有表征其固有属性（如运行状态、性能指标等）的特征值，设备特征值的变化表明，设备属性处于不同状态并伴随不同的性能指标。在设备状态处于不正常时，设备的特征值必然发生变化，这时即使测量值（如温差、压差、流量等）没有报警（低负荷运行时常会出现这种情况），设备依然需要维修。正常状态下的特征值不变，就没有必要采取措施维护，从而达到状态维修的要求。

工业设备繁多，每个设备均涉及多个传感器（输入量）和由此产生的多年秒级测量值，如果采用纯人工智能的方法无法有效处理如此多的数据量，因而不能有效获得设备特征值。因此，首先可通过经验、物理模型等已有知识，分析出能够表征该设备状态特征值的有关测量值或中间计算值，再借助于工业大数据和人工智能，通过设备运行参数的变化得到该设备的特征值变化，并计算出特征值的缓变率，工业设备的状态监测问题便迎刃而解。

监测预警的典型应用：华能四川嘉陵江桨叶螺栓断裂

水电站的水轮机是大型旋转机械设备，相对于燃煤电站，水电站的系统、设备数量及关联性较为简单，同时水电站的状态监测研究较多，成果也较为明显。为判断水轮机的健康状态，选择了摆度波形、振动波形以及水轮机的运行工况作为源数据，经过深度学习的算法，计算出水轮机的转轮质量不平衡、镜板与主轴不垂直、主轴弯曲三个特征值，用以衡量判断水轮机的健康状态。实际应用过程中还计算了这些设备故障特征值的缓变率，一旦这些特征值缓变率发生变化，即可预示水轮机即将出现相关问题，相应的检修计划与部署即可展开。

2018年3月初，华能四川水电嘉陵江某机组的水导轴承转频、低频、倍频特征值呈现出明显增长趋势。3月22日，模型给出了桨叶开度不均匀橙色报警，3月24日，给出了红色严重告警。接收到橙色告警之后，现场人员分析了转频、低频及倍频特征值曲线，发现其增长趋势基本一致。3月22日，各分量都越过了警戒黄线。3月24日，各分量都越过了红色警戒线，因此，在这两个时间点，根据故障预测逻辑，桨叶开度不均匀故障模型分别给出了橙色、红色报警。3月30日，机组开机并网后，有功设定值为23兆瓦，实际值在13～23兆瓦之间变化。机组振动较大，转轮室有异响。停机检查，桨叶开度调节范围为65%（正常动作范围100%）。进入流道检查，3号桨叶开度与其他桨叶相差较大，也就是桨叶开度不均匀。后来拆开转轮体后，发现3号桨叶3颗操作机构连接螺栓全部断裂。故障前监控系统监测的水导轴承温度等状态正常，监控系统无异常报警。查看机组在线监测装置，在螺栓断裂前3个月，振动、摆度值没有异常变化，并且和机组修复后的正常值基本一致。螺栓断裂前在线监测装置测出来的是正常的数值。因此，传统的监控系统、在线监测装置都不可能对螺栓断裂提前预警，而利用工业大数据所计算的设备特征值可有效地对设备故障做到提前预警。

360 汽车安全大脑
用数据分析解决车联网安全防御难题

随着能源革命和新材料、新一代信息技术的不断突破，汽车正从交通工具转变为大型移动智能终端、储能单元和数字空间，车联网技术、智能交通系统、云计算等信息化应用与需求推动了汽车智能化、网联化、电动化、共享化的发展。

智能网联汽车不是简单将汽车与互联网连接，而是包含了车与互联网的互联、车与车之间的互联、车与智能交通设施的互联，以及车载网络通信的多网融合。得益于多网融合，智能网联汽车具备了更丰富的车载信息功能和应用，这些信息功能和应用增加了汽车内部与外部的访问接口，但这些接口同时也会成为恶意攻击的访问入口，信息安全风险指数随之增加。又由于车辆存储和计算能力有限，在汽车上难以安装传统的杀毒或终端安全软件进行防护。攻击者完全有可能通过网络对汽车实施攻击，网络恐怖组织完全有能力实施一场自杀式无人驾驶汽车攻击，所以智能网联汽车的信息安全防护至关重要。

但汽车属于高实时性的交通承载运输工具，没有资源进行网络安全改造，所以汽车网络安全一直是行业内的难题。

360公司和其他国际团队在对汽车信息安全进行研究的过程中发现，即使联网汽车有很强大的空中更新机制，可以在漏洞提交后通过推送升级包极速修复漏洞，但是为什么还是能够屡被破解，甚至像操作系统、浏览器内核一样被频刷漏洞？所以仅靠单一的防护和更新机制是无法从根本上解决安全问题的，智能网联汽车的安全防御机制首先应当构建一套简单高效的安全框架，构建车内网络、车外网络的终端身份认证和可靠的通信控制，达到一个相对安全稳定的状态。其次部署一套动态防御机制，能够快速发现世界各地某一处对汽车网络的攻击，并且进行实时地响应，通过云端防护阻止同样的攻击在其他车辆上发生，实现全面的动态监测和防护。解决智能网联汽车的安全问题，需要通过采集联网设备运行过程的相关数据，传输到云端进行统一分析和响应。这就好比汽车内部有一个安全的大脑，能对纷繁复杂的情况做出决策、响应。

360团队在比亚迪汽车上专门定制开发了一套系统——汽车安全大脑。汽车安全大脑是一套分布式智能安全防护系统，是在汽车技术架构中构建的一套动态防御体系。比如当一个黑客成功入侵攻击车辆的时候，不是一个漏洞就可以成功控制汽车的。实际上在攻击者成功入侵前期都会有很频繁的扫描和探测。这时安全大脑就可以感知到这类攻击，并且可以在黑客成功入侵之前，阻断这次攻击。

而且，当这名黑客再尝试用相同的方法攻击汽车的时候，攻击就直接被阻断。这样就大大提高了攻击的成本，达到攻防平衡的效果，并且形成了一套以点到面的防护策略。

未来，使用汽车安全大脑的汽车越多，安全大脑的防护能力就越强大。

通过这样的安全防御体系，既不影响车辆的实时性，同时又可以保证智能网联汽车的安全性。并且这套防护系统的架构完全根据智能网联汽车电子电器架构而设计，可以在未来所有的智能网联汽车上广泛应用。

第五节

企业数字化转型解决方案

长飞"5G+全光"助力自身数字化转型

在全球最大规模的单体预制棒生产基地——长飞潜江科技园，一根根闪着光芒的透明的光纤预制棒在几近无人的车间中生产出来，随后被运输到拉丝塔上，拉制成比头发丝还细的光纤，这些光纤再包裹上不同的材料，就成为被誉为通信网络基石的光缆。

与长飞潜江工厂车间井然有序的生产流程相匹配的是，在生产基地的控制室大屏上，原料使用进度、光纤预制棒烧结温度、光纤拉丝速度、各生产流程单台设备运行情况等各种信息，以数据、图片等形式呈现在管理员的面前，一旦设备出现异常，甚至只是可能异常，系统就开始自动报警。

这些曾经只是在设想中才有的场景，今天已经在长飞潜江科技园成为触手可及的现实。而之所以有这样的突出成果，得益于长飞依托30余年在"光"上积累的技术创新能力，搭建的国内首个"5G+全光"工业互联网平台。

率先探索"5G+全光"完美融合

作为光通信领军企业,长飞以专注于"光"而著称。正是因为掌握了国际领先的多种光纤预制棒制备工艺,并且具备光纤预制棒、光纤、光缆制造装备的自主研发和生产能力,长飞将"光"和工业互联网完美地融合在一起。

长飞5G光云工业互联网平台由环境、人员、材料、设备智能边缘计算网关、混合云物联网平台、工业大数据平台和光电子产业云制造服务平台组成,向下与各种设备、产品、人员及制造单元连接,向上与各个业务系统对接,从而形成了从个性化定制服务、研发设计、制造装备、实验检测、供应链到售后服务的全制造周期和全业务链的资源共享和协同,真正实现工业全要素、全产业链、全价值链深度互联集成,实现行业制造资源的高效配置利用,形成行业新型的制造与服务体系。

在中国光纤光缆市场,长飞公司是一个颇为特殊的存在,其由原邮电部、武汉市和荷兰飞利浦公司于1988年共同创建,可谓从诞生的第一天起,就肩负着我国光纤国产化的使命。在过去的31年中,凭借在技术研发上的"执念",长飞成功走出了一条引进、消化、吸收、再创新之路。今天,长飞已经具备了光纤预制棒、光纤、光缆等一系列生产设备的国产化能力,并且已经向海外工厂输送技术和装备。

今天,很多企业的工业互联网平台建设往往面临一大挑战:因为生产流程中很多设备都是进口的,所以设备的通信接口与功能参数各不相同,设备与系统之间很难实现交互操作。对于长飞而言,这个难题并不存在。目前,长飞的光棒、光纤制造设备大多是自主研发和生产的,这些设备的接口和系统都是兼容的,能够较好地实现互联互通,并且是跨工厂、跨地域的。因而,在长飞的5G

光云工业互联网平台上,无论是光棒、光纤还是光缆设备,都拥有自己的"数字孪生",设备的状态和相关参数一览无余。

从具体的技术上看,长飞5G光云工业互联网平台主要由四个部分组成:分别是智能边缘计算网关、基于"5G+全光"的TSN解决方案、工业大数据平台,以及光电子云制造服务平台。其中,长飞公司通过对标准的以太网络进行改造升级,通过光纤把数据中心和设备连通,实现了双向千兆级数据传输,同时,通过将POL(无源光局域网)技术和气吹微管微缆施工技术相结合,系统地解决了光纤组网和现场施工难的问题。目前,"POL+微管微缆"解决方案在集团28家分子公司覆盖率已达70%,并在国内外多个区域逐步推广应用。

三大优势赋能生产

长飞5G光云工业互联网平台投入使用后,显著消除了各种内外部因素对生产的影响,最终降低了设备故障率,保证产品质量稳定性,提高生产效率。具体而言,长飞5G光云工业互联网平台具备三大典型能力。

工艺分析。拉丝是光纤制造的基本工艺,即将预制棒加热后均匀拉制光纤。在拉丝过程中,因为车间温度湿度环境、设备运行状态、涂料、预制棒、设备振动等都有可能造成光纤的异常断纤,即塔断。在出现塔断后,会对产品质量和生产效率等造成极大影响。

为了降低塔断的概率,长飞在拉丝塔上的关键节点布置了传感器,搜集各种可能与拉丝塔断有关的环境、过程与质量数据,再对搜集到的海量数据进行整理、分析,并确定导致塔断发生的环境变量、过程变量等,最终确立与塔断的相关性。基于5G光云工业互联网平台的边缘计算和大数据分析技术,塔断次数减少了 30%。

设备管理与诊断。长飞光 5G 云工业互联网平台通过对物理资产创建了一个虚拟表示或者是在云中的一个数字化模型，借助边缘计算智能判定运行参数何时在"正常"范围之内。最终，平台打造了动态数据采集单元、实时状态监控单元、本地故障诊断单元、远程诊断专家系统、远程专家会诊中心和通信网络，实现了光纤光缆生产设备的远程诊断与维护。

智能排产。长飞 5G 光云工业互联网平台的智能排产系统是根据有限产能的高级计划排程系统：综合考虑班组人员、机台设备、物料库存、生产工艺、现场布局、工作日历等各种约束条件，构建 MBOM（制造物料清单）的标准业务模型，采用可扩展性的算法框架，实现基于启发式算法的计划排产，制订满足计划目标与策略的工序机台作业计划与 JIT（准时制生产方式）物料计划，并与实绩比较得到合理的排产结果。

据统计，基于 5G 光云工业互联网平台，长飞实现了自身运营成本降低 30%，同时还助力上下游供应商运营成本降低 20%，产品优良品率提升 10%，库存周转率提升 30%。

浪潮工业互联网平台
打造"机床云"数字经济生态产业集群

滕州是山东省乃至全国重要的先进制造业基地，有"中国中小机床之都"的美誉，滕州中小机床制造产业集群被列入山东省重点培育的 4 个特色产业集群，中小机床生产基地也被列入山东省重点建设的十大装备制造业基地。2018 年，浪潮工业互联网平台为滕州市打造了"机床云"项目。

作为一个开放的行业级开发和服务平台，该"机床云"项目立足滕州，致力于打通机床的设计、生产、销售和后服务的全链条，通过聚合机床厂商、配件商、服务商、机床用户，提供围绕机床全生命周期的数据和应用服务，打造以备品备件供需对接为核心的"机床淘宝"，并逐步将服务辐射到山东及全国，同时延伸到汽车、飞机、船舶等机械加工相关行业。该项目的创新性表现在以下四个方面。

基于公有云+边缘云的多级云基础设施架构

浪潮通过全国建设的多个大型云计算中心，为滕州销售到全国的机床提供设备互联服务，同时在全国各地市及大型企业建设二级边缘计算节点，提供更低延迟、本地化处理的边缘计算节点。

平台和边缘网关工业协议协同解析技术

机床分类复杂，涉及 Modbus（通信协议）、OPC UA 等各类协议，国产机床厂商协议更加不标准。由于缺乏行业通用的标准体系与关键标准，使得不同厂家不同类型设备的通信接口与功能参数各不相同，并且装备与制造管理系统也缺乏统一的集成机制，造成设备与设备、设备与系统之间互联互通操作困难，数据接口、格式标准不统一导致数据采集难。"机床云"通过云平台和边缘网关实现工业协议的协同解析，边缘网关不仅可通过连接云平台智能下载相应的工业协议解析算法，而且支持离线工业协议算法导入。

工业 App 应用开发

滕州"机床云"目标构建一个以数据为核心驱动的生态开发体

系，基于积累的大量数据将会开放各类数据及微服务，将会在机床设备联网、故障预测、能源管理、物流优化、协同设计等方面发展开发者，提供面向特定行业特定场景的工业App。浪潮工业互联网平台提供PaaS与微服务开发架构，帮助企业打造创新工业App应用，为应用开发提供更好的能力支持，努力在提高自身平台服务的同时，着力打造繁荣的第三方应用创新生态。

基于云平台的工业机理模型分析技术

"机床云"通过数据模型的加工、组合、优化，以及模块制造能力的平台化部署和在线交易，实现工业机理模型的精确、快速迭代和经验传播。通过云平台提供的机器学习模型与传统工业机理模型的融合，例如SVM（支持向量机）机器学习技术，即使在样本数量比较少的情况下，也能表现出良好的外推能力。工业设备健康监测提前预警，通过将设备健康检测机理模型产生的数据提供给SVM模型进行训练的方法，反哺机理模型，进而提高工业机理模型的预测精度。

值得注意的是，"机床云"基于浪潮工业互联网的云平台，实现以标识解析为核心的产品全生命追溯。通过对设备数字化联网改造，赋予产品身份信息，实现一物一码，基于主动型产品动态防伪追溯技术，提供可信质量服务。

截至2018年9月底，"机床云"已完成一期建设，包括IaaS层、PaaS层的平台搭建，并在鲁南机床、威达重工、威力重工、普鲁特机床、山森数控等5家滕州市龙头企业进行示范建设，实现了机床设备联网及预测性维护、能源精细化管理、三维协同设计、备品备件物流平台等应用建设，并取得了一定成效。

从机床企业来说，可以实现对生产设备实时监控和数据分析、故障预警和预测性维护等,通过数据集成共享优化全流程,提升管理水平和设备使用率,大幅提升企业生产运营效率 20% 以上;通过对机床产品远程运维、诊断,依托云平台,由单纯的生产制造向互联网化、服务型企业转型,提升售后服务水平,为企业提升利润率 5% 以上;通过能源的精细化管理,减少安全隐患,平均降低用能成本 3% 以上。

在生态构建方面,引入机床产业上下游企业、维保服务商、投融资机构、科研院所和高校等"产学研用"合作伙伴 20 余家,重点包括中国电子技术标准化研究院、北京邮电大学、鲁南机床、威达重工等,整合机床产业链,打通机床产业"设计、生产、交付运行、后服务"的全链条,推动机床智能化产业升级,打造"机床云"数字经济生态产业集群,助推实现区域内数字经济产业化、产业经济数字化,助力制造业和信息行业发展,助力滕州从"中国中小机床之都"升级成"中国机床装备服务之都"。

东方国信 Cloudiip 平台促高能耗产业转型

如何对高达 100 多米、温度达 1 000 多摄氏度的高炉进行巡检是钢铁行业普遍面临的痛点。高温高压的密闭环境给巡检带来了巨大困难,只能依靠经验进行直观判断,这导致设备寿命长短不一,吨铁能耗巨大,严重影响到全行业发展甚至经济的转型升级。

在东方国信打造的 Cloudiip 工业互联网平台上,高炉这一"大黑箱"正在变成可视化的"透明箱",1 000 多个布设在高炉内部的传感器正以每分钟一次的频率,采集着高炉内部的情况,为企业减少能耗及设备维护提供精准的数据。

Cloudiip 工业互联网平台是东方国信基于云的开放式打造的一款可拓展的工业操作系统,平台以"云+大数据"的模式为企业提供数字化解决方案，已有数百款覆盖能源、水电、空压机、冶金、火电、风电、工业锅炉、高铁、热力供暖、城市照明等行业的 App，涵盖了设备安全预警、设备故障诊断、工艺生产优化、能源管控优化、资产全生命周期管理、经营决策支持等服务，对高炉的精准数字化分析是平台的核心功能之一。

钢铁行业是我国的支柱行业，连续多年占全国 GDP 总值的 10% 以上。炼铁工序占据钢铁生产全流程约 70% 的冶炼成本和能耗。然而，目前绝大部分炼铁厂已有的自动化及信息化系统相对落后，单个炼铁厂吨铁能耗高、寿命短、成本大，技术经济指标参差不齐，数字化、智能化、科学化的炼铁技术体系、方法及平台尚未建立，更谈不上行业级的数据信息共享和数据深度分析挖掘。炼铁行业中的设计、生产、科研、标准、管理、供应等环节之间仍存在信息壁垒：无法整合炼铁上中下游的纵向资源，以及与炼铁相关的横向资源，给整体炼铁生态和行业的发展造成了很大障碍，对整个炼铁行业而言，每年至少还有 70 亿元的创效空间及 1 000 万吨的碳减排潜力。

Cloudiip 工业互联网平台——化解了这些问题，让传统钢铁生产变得更加智能、更加高效。在数据采集上，一方面是生产数据，以单座高炉为例，每个高炉有约 2 000 个数据点，Cloudiip 数据采集频率可达到 1 分钟一次，每座高炉产生的数据量约为 288 万点/天、数据大小约为 200 毫巴/天；另一方面是内部核心业务数据，主要包括 LIMES（实验室信息管理系统）的检化验数据、MES 的生产计划数据、DCS 的过程控制数据、ERP 的成本设备数据等，这些数据整合到炼铁大数据平台后可以形成 TB 级的数据信息，给后续决策提供依据。

在数据使用上，工业传感器的数据信息汇聚到数据层后，数据采集平台、分布式物联网平台、分布式大数据平台，以及分布式计算引擎等对数据进行综合加工、处理和深度挖掘，在此基础上，对大数据平台的核心业务进行模块区分，包括物料利用模块、安全预警模块、经济指标模块、工艺机理模块、精细管理模块、智能生产模块、设备管理模块、经营分析模块、资产管理模块、能耗监控模块等。通过大数据的采集和加工处理，生产企业实现了"自诊断"、"自决策"和"自适应"；通过推行炼铁物联网建设标准化、炼铁大数据结构和数据仓库标准化，行业级炼铁大数据智能互联平台得以建立，各高炉间实现了数据对标和优化，整个行业实现了信息互联互通。

如今，东方国信的炼铁大数据智能互联平台、高炉全生命周期管理平台已覆盖全国钢铁行业 60% 的高炉产能，提升了炼铁的数字化、智能化、科学化、标准化水平，预判高炉异常炉况的发生，提高了冶炼过程中热能和化学能的利用效率。已应用该平台的炼铁厂平均提高劳动生产率 5%，降低冶炼燃料比 10 公斤/吨铁，降低成本 15 元/吨铁，单座高炉创效 2 400 万元/年。预期全行业推广后，按中国 7 亿吨/年的铁水产能，以成本降低 10 元/吨铁计，直接经济效益可达 70 亿元/年。

对于高能耗行业来说，最大限度提升设备效率、降低生产能耗是其一直追求的目标，大型能耗企业联合利华也不例外。为了进一步降低生产成本、提高产品竞争力，联合利华提出每年在上一年的基础上减少 5% 的能耗。在多年技术升级改造的基础上，能源的生产和使用已经成为一个庞大的系统，进一步节能减排变得越来越困难，通过常规的技术改造已经没有节能潜力可挖。

为了实现节能目标，联合利华采用东方国信的大数据服务，在全球 100 多个工厂实施了能效管理系统的建设，通过全球大数据资源的能源综合管理平台、能效管理大数据分析系统，基于能效管理软件 Strata 提供的能效管理大数据服务，在每个工厂平均设置

200多个数据采集点，将各分厂的能效数据采集并传送到总部云平台数据库，对所有数据进行分析处理，实现全球工厂的能效对标。

Strata软件可使用各种分析模型，识别工艺的积极或者非积极生产状态，找到与能耗变化高度相关的参数，如产量、度日数等，并建立合理的能效资源绩效指标来监控能源消费；同时可计算单位产品能耗，对比能源消耗和产量，以发现节能机会，根据总体消耗及分类消耗能源数据对比，识别能效改进方法；还能利用累计分析技术监测累计偏差，以分析积极或者消极的能耗趋势，量化分析并监测节能情况和浪费情况。此外，Strata还可以完成故障预测和设备整体效率分析，基于大数据分析，通过不同类别的能源数据计算，形成了两千多个方案的知识库，包括锅炉专家系统、电机专家系统、蒸汽专家系统、制冷专家系统和压缩空气专家系统。

截至目前，联合利华全球100多家工厂的能效数据接入和分析已完成，已接入的碳排放数据占联合利华全部排放的50%，能耗数据占全部能耗的54%，水耗数据占全部水耗的64%，大大提高了联合利华的能源管理效率和效果。平均为每个工厂实现节约能源5%～15%、节水5%～30%、减少原材料1%～3%、节约包装5%，取得了巨大的经济效益和社会效益。

通过驱动高能耗设备的可视化和企业管理的精准化，Cloudiip工业互联网平台正带动越来越多的企业实现生产效率的提升，从而带动更多的行业实现信息共享及数字化转型，为驱动经济高质量发展注入硬核动力。

施耐德电气 EcoStruxure 平台
助农化企业实现数字化转型

江苏金旺包装机械科技有限公司（简称江苏金旺），是一家专门从事农化产品包装机生产，集研发、制造、销售、服务于一体的科技型龙头企业。由于农化行业特有的季节性供需特点，对生产线设备的可靠性和可用性要求较高，为此，江苏金旺依托施耐德电气 EcoStruxure 平台打造其智能服务中心，方便为客户提供及时高效的售后服务。

农化企业的"机器顾问"

为实现"农化行业全案服务商"的新定位，江苏金旺启动了新一轮的"智造"升级与数字化转型。施耐德电气为江苏金旺打造的基于 EcoStruxure 平台的解决方案，在云端的机器顾问和本地的 EcoStruxure Machine SCADA Expert（施耐德研发的软件产品）实现了八大核心功能：远程诊断、售后人员动态管理、数据统计、安全生产管理、设备异常分析、预防维护保养、分析参考服务、个性培训。

EcoStruxure 机器顾问使智能服务中心能够帮助江苏金旺拓展其产品后服务市场，提升设备附加值。工程师通过平台远程诊断设备故障，指导客户快速精确解决问题；通过工单功能，使售后工程师、智能服务中心、客户三方共同追踪管理维修进度；通过机器顾问向客户推送设备维护计划和备件管理建议。江苏金旺凭借施耐德电气 EcoStruxure 平台的数据分析中心提供的算法模型和分析工具，为设备实现预测性维护和异常状态监测等目标。

此外，江苏金旺可以基于机器顾问提供智能问答机器人，帮助客户打造专属行业的智能机器人，实现人力成本、知识沉淀、用户体验和业务挖掘等多方面的优化。用户通过机器顾问应用页面、公司官网和微信公众号等触点，可提供 24 小时全天候智能客服支持。

助力企业降本增效

在 EcoStruxure 机器顾问的帮助下，金旺的全球智能服务中心不仅经受住了工单高度集中的服务高峰期考验，还在这一基础上实现了降本增效。2018年，江苏金旺的业务量同比增长了40%左右。伴随着业务的高速增长，江苏金旺面向全球的服务团队在没有增加人员的情况下，不但整体服务效率提升了35%，还降低了30%以上的成本。这一出色表现，也使江苏金旺的广大农化行业客户收获了实实在在的保障和收益。

尾 声
不是下集是开篇

随着工业互联网的深入推进，人们对于工业互联网的技术本质与助推经济社会发展变革的重大意义的认识也在不断深化，信息通信业、工业制造业理解工业互联网、建设工业互联网、发展工业互联网的视角越来越趋近，协同越来越紧密。

工业互联网出现之初，从直观的概念上，有人将其视为互联网在工业界的应用，"互联网+"在工业场景的延伸，不少互联网行业的意见领袖也据此纷纷谈论"互联网的下半场"。

从工业互联网的组成部分看，传统的信息管理系统、互联网技术及其应用当然是其中非常重要的内容。特别是随着用户需求的个性化，工业企业加强专业化分工协作、深入服务化体验，大量采用电子商务、服务订阅、内容服务等众多新型商业模式，让工业互联网与消费互联网有了更多的交集。

尽管"工业互联网"术语中的后缀是"互联网"，但此互联网具有崭新的含义，不可与基于因特网的消费互联网混为一谈。工业互联网是数十年来工业界内部机器、设备、系统之间联网化管理的总和。从技术发展的历史与脉络看，与今天被泛称为互联网的"因特网"是同步进行的两条线索。

1969年，PLC被认为是第三次工业革命的开端，拉开了机器数字化的序幕。与此同时，互联网的鼻祖"阿帕网"才刚刚在美国国防部高级研究计划局的科研项目中诞生。机器的数字化与计算机的网络化之间的发展，是人类历史上的数字化运动的"两面"。

20世纪70年代，车间的机床就开始联网了。80年代出现了现场总线，这些都是基于嵌入式技术的发展。随着计算机网络和通信等技术发展，互联网深入世界的每一个角落，基于 TCP/IP 的工业以太网在工厂兴起，成为一种高效的局域网络。然而，工业总线、工业以太网、工业无线等多种网络架构在工业企业长期共同存在，从目前看还没有哪种网络有一统天下的趋势，办公自动化与工业自动化的无缝结合依然在路上。不同总线、不同协议、不同种类的设备连接，绝不是像电脑、手机等在因特网上可以"即连即用"，而是一个需要很大开发工作量、很长维护期的复杂任务。

唯其艰难，方能成就伟大。建设好工业互联网，就踏上了制造业高质量发展之路，就再一次为数字经济插上腾飞的翅膀。工业互联网不是互联网伟大成就的自然延续，而是第四次工业革命的崭新开篇。

在推动制造业高质量发展的成效中彰显价值

制造业是实体经济的主体。制造业强则经济强，制造业高质量发展是实现经济高质量发展的主引擎。

制造业高质量发展，表现为高质量的产品、高客户满意度的服务、高额的市场回报，背后离不开高质量的产品设计、高品质的制造资源、高水平的制造过程，产业、资源和过程是制造业核心要素。对这三要素的管理水平关乎高质量发展的成色。因此工业互联网建设、发展、运营的目的，一定是紧紧围绕这三要素的管理优化、创新提升来进行的。

工业互联网为高质量的产品设计供给高质量的"数据＋模型＋算法"。全面准确地做好数据采集、处理和追溯，可以将准确可靠的数据用于产品模型、业务模型和市场预测，支持企业各类计算和决策。因为数据自动流动"不落地"，所以可以让正确的数据，在正确时间，以正确版本，给到正确的人和机器，把事情一次做对，一次做优。

工业互联网为高质量的制造过程提供高品质的机床、产线等设备和高质量的工艺实现。

高档工业软件是产线设备、工艺装备的"灵魂"。传感器技术、大数据技术、人工智能技术等两化深度融合技术，支撑着机器人等智能装备的发展。由于核心算法的缺失，因此就算伺服系统、减速器等零部件购买国外的产品，国产工业机器人依然在精度、稳定性等方面赶不上国外的产品。单兵突进，无法扭转中国在智能制造全系基础技术孱弱的现实，唯有工业互联，汇聚众智，一个个垂直行业的攻关，方能登上制造业之巅。

工业互联网为高质量的制造过程提供智能化的优化方案。面对原料成分、加工过程的物理化学变化的复杂性，用精确的模型描述生产过程非常困难，特别是在混合、多目标、多尺度的动态系统中做优化，更是一个巨大的挑战。因为跨越时空连接了工业设备，所以可以在更大的尺度管控生产制造与供应链的过程，可以让规模化的超大型企业实现精细化、集约化管理，实现复杂系统级别的整体优化。通过专家经验 API 与人工智能的集合，工业互联网在各个垂直场景一步步开发出用于生产与经营决策优化的自感知、自计算、自组织和自维护应用。半自治、自治的工业系统即将登上历史舞台。

在推动现代产业体系构建中成就大业

随着信息技术革命的突飞猛进，工业互联网将为未来工业制造全面铺就数字化"路基"，提供无缝网络连接、强力计算支撑、泛在智能适配的数字化基础设施。工业互联网为制造技术突破提供了一种基于数据科学的可选路径，以制造技术与深度学习结合为代表，能更好地解决机理未知或模糊的工业问题，缩短算法、机理模型的创新迭代周期。以汽车风洞测试为例，传统工程方法需要 1 天，而利用深度学习仅需 1/4 秒即可完成。此外，得益于知识图谱、工业 AR/VR 等技术的普及引用，借助工业互联网能更好地汇总、展现已知工业知识，实现高效、精准的知识经验传承。

工业互联网变革未来制造模式。短期来看，变革初露端倪。基于低成本物联与云化，信息化建设将全面提速、有望实现普及，特别是针对信息化基础较为薄弱的部分中小企业、部分行业企业，将有效补齐短板。基于强数据分析能力，企业对局部环节的优化程度将更为深入与全面，数据价值挖掘带来的收益将更为直观、显著，一定程度上消除了企业对于投资回报的顾虑。基于泛在连接与系统性分析，全局、跨界协同与模式创新将更加广泛地开展，制造能力交易、规模化定制、金融服务等探索不断显现，为制造模式变革积累经验。

未来，制造全环节将迎来变革，高度敏捷与智能成为关键特征。在经历与行业深度全面融合后，工业互联网将为制造模式带来重大变革。首先，需求响应环节将高度敏捷，企业借助工业互联网可实时根据产品使用情况，对客户需求做出预测，并进行量化分解，精确、快速反馈至设计环节。其次，研发设计环节向智能化与可预测方向演进，基于数据和算法的自主式设计将更为普及，同时企业将可以在设计环节综合考虑生产与管理能力，进而保证产品以最短时间、最低成本、最优质量制造出来。同时，生产制造环节将高度智能化与柔性化，根据需求、设计变化能够快速调整，以及能够自我调优的设备与生产系统将会出现，大幅提升企业生产能力。另外，经营管理环节将实现全程透明与高效协同，企业基于工业互联网的泛在连接，精确掌握上下游生产能力，灵活调配产业链资源，以最快速度组织生产。最后，智能化产品与服务将全面渗透并影响生产端与消费端各环节，极大提升产品附加值与客户体验，成为中高端市场的标配。

工业互联网重塑产业互联生态。众所周知，互联网重构了消费端的生态，形成了互联网生态。互联网生态是以互联网技术为核心、以用户价值为导向的，通过跨界纵向产业链整合、横向用户关系圈扩展，打破工业化时代下产业边界和颠覆传统商业生态模式，实现链圈式价值重构的生态体系。互联网生态主要是由互联网企业、用户、第三方企业或开发者等主体构成，以获取更大的利益为主要纽带，处在价值链的一个环节两端的单位是利益共生关系，多个共生关系形成了商业生态系统的生态圈。

工业互联网打破了传统的生产组织关系。生态系统的合作模式由单点结构过渡至网状结构已经成为共识。在此过程中，生态系统中各类角色之间的融合越来越多，不同角色的业务边界正在被逐渐打破。基于工业互联网平台初步构建了多样化生态。模式一，围绕自身平台产品的生态构建模式。比如通用电气基于 Predix 平台与爱立信、英特尔、AT&T 等企业开展业务，并建立了开发者社区，开发者达到 2 万人之多，还与软银等金融机构进行合作。模式二，巨头强强联合的生态构建模式。制造业巨头西门子与亚马逊、微软等企业合作，"硬件＋软件"联合打造强大的工业互联网生态。模式三，吸引专业技术商整合生态。由 Software AG（系统软件供应商）主导成立的机械工程和信息技术联盟（ADAMOS），已经吸引 DMG MORI（德马吉森精机）、Dürr（杜尔）、ZEISS（蔡司）等合作伙伴分别将机床管理应用 CELOS、设备预测性维护应用 EcoScreen、远程监控应用 METROTOM 共享到 ADAMOS 应用程序工厂。为了吸引更多合作伙伴共享行业技术知识，Software AG 允许每个合作伙伴独立销售 ADAMOS 系列产品。新型的工业互联网生态使产业链衔接更加紧密，逐步打破行业界限，将触角延伸到其他领域,构建的生态闭环更加高效,实现的价值越来越大。

未来,深层次的全流程一体化的C2M社会化生态将登上舞台。产品层面上,"设计—生产—销售—运输—售后"等产品全生命周期快速响应与完成交付。用户需求快速响应,工厂高效完成设计、生产、销售、运输等环节。商家可以跟踪产品状态并与用户有效互动,得到用户的使用反馈感受。产业链层面上,上下游企业可以无缝衔接,大大缩短了研发生产周期。社会化层面上,政府、高校、科研机构、联盟、企业、用户等各方主体可以进行良性沟通,形成优化的生态闭环,实现价值最大化。

以工业互联网为核心的产业互联生态初露端倪。与工业互联网生态类似,产业互联生态的重要载体还是平台,驱动力是产业发展到规模化、智能化,"血液"是丰富的数据,通过打通各产业间、内外部连接,依托人工智能、量子计算等先进技术处理巨量的数据,实现生态发展的高效率、高质量、高价值。产业互联网生态的主体主要包括政府、高校、科研机构、企业、用户,随着平台的发展,中间商会逐渐减少,将会产生一批新的服务商。比如智慧医疗,医生通过智慧医疗在线平台为患者提供远程问诊、远程会诊等服务,建立患者的电子健康档案,医生与患者进行充分的交互;日常健康监测方面,健康终端应用进一步深化,通过将实时获取的用户生理信号数据基于网络传输到医疗机构,实现健康终端在医学监护与研究方面的深度应用,由此产生的新兴产业将带动一批提供优质服务的平台服务商,新的医疗生态将更加人性化、便捷化、精细化。再如智慧城市,将城市的政务、安防、地下管网等系统与服务打通、集成,优化资源配置,提升城市管理效率和服务质量,形成城市信息化的高级形态,实现城市的信息化和智能化。未来产业互联生态将对我们的社会发展产生深远的影响,会颠覆一部分传统产业,造就一部分新兴产业,人们将生活在更加服务化、品质化、高效化的生态环境中。

为智能社会的全面到来构建基石

通用电气在《工业互联网：打破智慧与机器的边界》一书中指出，预计到 2025 年，工业互联网的应用领域将达 82 万亿美元规模的产出，或占全球经济的一半。未来，工业互联网作为全行业、全链条的倍增器、助推器，将加快引领经济社会数字化、共享化、智能化，迈向更加美好未来。

工业互联网推进经济社会数字化。数字经济的一个重要内容是数字基础设施，工业互联网可以通过产业侧的需求应用带动供给侧的 ICT 产业加速发展，比如推进新一代高速光纤网络、高速无线宽带加速普及，5G 和超宽带技术研究深入推进等方式，为整个经济社会奠定数字经济的要素基础。数字经济的另一个重要内容是数字融合，工业互联网可以推动实体企业与 ICT 企业融合，促进实体企业数字化转型，释放实体企业主体作用，催生更多新业态、新产业、新模式，在实践应用中产生更大附加值与效率提升，从而创造更多数字经济融合内容。数字经济的运行离不开有效治理，工业互联网平台汇集的大规模、多品种、强实时的一线数据将为数字经济治理提供样本和基础素材，工业互联网生态凝聚的政府、行业、平台、用户等主体恰与数字经济治理的相关主体一致，从而实现通过工业互联网对数字经济治理开展有效支撑。

工业互联网推进经济社会共享化。以往，市场收益在资本、研发、设计、生产、销售等多个方面和环节共享，而工业互联网将通过精准对接供需，缩短产业链条，加速研发设计，促进收益更多在直接业务参与方中共享，推动市场收益有效共享，有效提振实体经济从业者积极性。发展到今天，知识传播的方式主要有两种方式，线上、线下由老师传道授业解惑，而工业互联网平台则将行业知识沉淀，积累大量机理模型、工业 App 等，将无形知识有形化，便于开展全民自学，加速知识体系化传播共享，从而促进打造学习型经济社会。"不患寡而患不均，不患贫而患不安"是中华民族较强的传统意识，解决区域均衡发展问题是新时代的重大课题，通过在欠发达地区尽快采用工业互联网技术，一步到位部署无线网络、云系统等新型设施赋能实体企业，利用后发优势，避免重复建设，更快缩短与发达地区的生产力差距，有利于较快实现区域均衡发展共享。

工业互联网推进经济社会智能化。经济社会的智能化与人工智能技术的发展息息相关，而人工智能无法直接作为底层基础设施，需要依托基础设施进行承载，工业互联网恰好可以承载如语音识别、图像识别、自然语言处理、专家系统等人工智能技术，从而形成经济社会的新型智能基础设施。新型智能基础设施建设完成之后，实体企业依托此基础对更多融合数据进行深入挖掘分析，推动人机协同模式发展，推动实体产业智能化运转，从而创造更多智能经济增长空间。市场运行主要包含供给、需求两个方面，通过供给需求的对接确定产量和价格，基于智能基础设施和智能化融合，工业互联网可以更好地推动供给、需求智能对接，产量、价格智能确定等，从而对劳动力、生产资料、资本等要素资源进行智能配置，推动整个市场智能化运行。

展望未来，工业互联网变革制造业发展，打造新型产业互联生态，引领经济社会走向数字化、共享化、智能化的蓝图已经擘画，而未来画卷的具体描绘还需要政产学研用各方的共同努力，以工业互联网为重要支撑和关键路径，携手推进制造强国建设，引领我国经济社会走向更美好的未来。

附　录
行业大家纵论工业互联网

李毅中：推动工业数字化转型升级

2019年，工业互联网被首次写入《政府工作报告》。报告提出，要推动传统产业改造提升。围绕推动制造业高质量发展，强化工业基础和技术创新能力，促进先进制造业和现代服务业融合发展，加快建设制造强国。打造工业互联网平台，拓展"智能+"，为制造业转型升级赋能。如何通过数字化推动工业转型升级？首次写入《政府工作报告》的工业互联网将扮演什么样的角色？《人民邮电》报记者专访了工业和信息化部原部长、中国工业经济联合会会长李毅中，请他进行深入解读。

记者： 我国是世界第一工业大国，但是大而不强。党的十八大以来，党中央、国务院做出一系列重要战略部署，持续推进信息化与工业化深度融合，深入推进工业转型升级。党的十九大报告提出要"加快建设制造强国，加快发展先进制造业，推动互联网、大数据、人工智能和实体经济深度融合"。您对工业战线很熟悉，是如何理解这一系列战略部署的？

李毅中： 工业是我们的立国之本，是实体经济的主战场。而我国现在的工业还是大而不强，例如自主创新能力不强，绿色低碳转型不快，产品还处在中低端，供给能力明显不足。我国工业还存在着被空心化、边缘化等问题，亟待转型升级。

习近平总书记在多个场合，从创新驱动发展、科技体制改革、振兴实体经济、人才培养选拔等多个方面做出过阐述。学习领会习近平总书记的指示，我体会到，推进工业数字化实现产业转型升级，既是全球发展趋势，更是国家战略，必须把握机遇、长远谋划、统筹推进。发展的目的是推进工业、制造业转型升级迈向中高端，加快建设制造强国。发展的路径是抓好大数据、互联网、云计算、人工智能等新一代信息技术与工业、制造业的深度融合，催生新技术、新产品、新产业、新业态、新模式，推进生产力和生产关系变革。发展的关键是要自主创新、矢志不移地开展科技攻关，实现核心技术、关键技术的自主可控。

记者：以互联网为代表的新一代信息技术与工业、制造业的深度融合，是推进数字工业的有效途径。在2018年的《政府工作报告》中，把工业互联网提高到国家战略的高度，您认为这有什么重大意义？

李毅中：当前数字经济已经成为新的增长动力，工业转型升级也必须沿着这个方向走数字化道路。多年来，发展数字经济大多从商贸、物流、交通、金融等领域入手，电子商务等产业已经取得了巨大成功，深入开展"互联网+"活动已有宝贵经验。而工业是实体经济的主战场，应当是发展数字经济的主要领域。数字经济不是划分行业的标准，而是新时代、新经济的显著特征。

我国工业门类齐全，有41个大类、191个中类、525个小类；体量巨大，年增加值30万亿元，世界第一；技术复杂，区域、行业、企业情况各异。推进数字化难度显得更大，更需要探索实践。这些年，我们体会到，打造数字工业要抓好智能制造和工业互联网这两件事，而工业互联网又是实现智能制造必备的前提条件，要从企业、行业、区域到全国稳步推进。在发展工业互联网方面，2017年11月，国务院就印发了《国务院关于深化"互联网+先进制造业"发展工业互联网的指导意见》；2018年6月，工信部印发《工业互联网发展行动计划（2018—2020年）》；2019年1月，工信部印发《工业互联网网络建设及推广指南》。这些决策部署和规划政策，为我国工业互联网的发展指明了方向，提出了要求，增添了动力。

记者： 在用新一代信息技术推进工业转型升级方面，制造业、互联网和信息技术等各类企业优势互补、跨界融合、积极推进、大胆探索，为工业互联网切入工业转型升级积累了经验，提供了可推广、可复制的模式。您一直就工业转型升级的课题进行深入调研，请介绍一下了解到的情况。

李毅中： 目前，我国一些工业企业已经开展以智能制造为核心、各具本行业特点的创新和改造升级，发挥了市场主体作用。

生产资料制造企业在已有技术装备的基础上，扩大、丰富数据的采集、分析和应用，将生产制造由自动化提升为智能化。贵州振华新云电子元器件公司生产片式钽电容器，在已经实现自动化的生产线上加装"机顶盒"，采集生产环节各项数据，通过分析优化，提升了优良品率。

生活资料制造业与市场关联紧密，重在产品开发、创建品牌。浙江宁波慈星公司主业为针织，在成功推进个性化规模定制、柔性化智能制造的基础上，研制出针织智能机床和工业机器人，并在行业内推广。

电子产品制造企业打造智能化生产线，生产智能终端产品，有效提升生产效率和质量。华为的手机和富士康的亚马逊电视控制器制造车间，通过改造外购设备和自研设备相结合，实现全流程数据采集和实时分析，能够自我调整工序参数，并能预警、预测和定位设备故障，保证了优质，创出了品牌，产品畅销国内外。

生产制造的智能化还催生了新的生产组织模式。沈阳机床以 i5 智能机床为基础，连接用户和社会制造资源，形成基于数据的制造云平台。鼓励员工承包机床成立"单人企业"，自主承接本企业任务和云平台上其他用户的订单，形成聚合众多"单人企业"的平台经济。多要素的价值分配新机制，显著提高了员工积极性和设备使用率，据测算，生产效率提升了 70%，员工收入提高了 177%。

互联网企业近年来发挥优势，关注并加速与工业、制造业"跨界融合"。阿里云是其中的典型代表，经过多年努力于 2017 年 6 月发布了"ET 工业大脑"，建立起包括产品数据、工艺数据、生产数据、监测数据在内的工业大数据分析系统，帮助企业优化生产过程、提高良品率、降低能耗物耗、实现故障预测并进行预防性维护，目前已有十余个典型案例。例如，阿里云帮助中策橡胶对橡胶密炼过程数据进行分析，提出工艺参数优化建议，实现密炼时长减少 10%、密炼温度降低 10℃，降低了次品率和能耗。跨界融合的共同点是制造企业建立完善的数据采集、整理系统，向信息技术企业提供数据源；信息技术企业发挥"算法"和网络的优势，经计算得出规律，提出诊断建议；制造企业再将其转化为工艺和装备的改进。而整个过程都要依托工业互联网来实现。

调研中还发现，沈阳格微软件利用大数据和人工智能技术，帮助制造企业对工艺流程、制造工序进行数字化和软件化改造，把多年积累的纷繁复杂的操作规程简化为通用的操作软件，提升了精准制造水平。

记者： 推进数字工业，大型骨干企业有自我开发能力，而大量中小企业缺乏人力、财力，这就需要打造专业化服务平台，提供数字化解决方案。请您介绍一下这方面的情况。

李毅中： 数字化解决方案服务平台的构建大致有两种类型。一类是由信息技术企业发展而来的，除 BAT 等超大型互联网企业外，较多的是针对某几个制造行业更具实用性的解决方案提供商。如浙江中控科技集团依托浙江大学的雄厚实力，以流程式制造业为主要对象，打造工业操作系统，并提供智能控制仪表、仪器和工件；又如深圳华龙讯达与腾讯合作，面向机械、汽车、化工等行业提供设备数据采集和分析解决方案。

另一类是由制造业企业自身实践提升转型发展而来的。一些龙头企业将自身数字化转型的成熟样板打造成对外服务的解决方案，进而成为行业的服务平台，例如，中国航天、海尔、红领、三一重工等。沈鼓集团打造设备"云医院"，为用户提供设备监测、故障预判等服务，有效减少了设备停机，为用户降低运维成本 30%，提高运维效率 45%。富士康认为工业互联网的核心在于车间内的边缘层，为设备提供控制器、传感器，云计算落地为"雾计算"，满足工业场景的操作实时性、数据安全性和运行可靠性等要求。

它们的共同点是将信息技术、数字技术与生产制造操作技术相结合。

记者：推进工业数字化、智能化，国际国内已有多年，认识也在不断深化。例如，美国通用电气公司 2012 年组建了工业互联网联盟，却于 2018 年宣布出售其 Predix 工业互联网平台。这一消息引起国际同行的关注，从中我们能得到什么启示？

李毅中：2017 年 9 月我带领政协的调研组到广东调研时，大家也在议论这件事。我认为，关键在于要总结通用电气的经验教训。通用电气在从为企业内部和外部客户服务转向为所有工业行业服务的过程中，存在"主宾错位""本末倒置"的误途。通用电气由信息技术部门主导业务转型，花费数十亿美元，雇用数千名软件工程师，收购云服务和物联网公司，推进 Predix 平台建设，却忽略了工业行业本身的复杂性、个性化及用户企业的实际需求。这最终导致信息技术和实体业务两张皮,切合工业场景的实际应用欠缺而难以为继。目前,通用电气已将其工业互联网战略从打造通用平台转变为聚焦电力、航空等核心优势领域的数字化解决方案。通用电气的经验教训值得借鉴,对我们的启示是,新一代信息技术的引领、助推作用要落脚在与具体工业行业的跨界融合上,由于各工业行业千差万别、各具特点,因此,每个行业都需要专门研究,结合具体应用场景,解决实际问题。深度融合的核心是信息技术与工业技术的融合,从而提升高端制造技术能力,突破关键零部件、元器件和关键材料的瓶颈,助力制造强国建设。

"数字产业化"是手段,"产业数字化"是目的。在工业转型升级过程中,企业必须是主体,要从企业做起。企业发展智能制造、打造工业互联网可以从以下几个方面着手:企业内部物理单元和控制系统融为一体,从生产线、车间、工厂到企业,有步骤、分层次地实现数字化;企业外部与供应商、销售商、投资人、用户等利益相关方互联互通,营造良好的营商环境和社会生态;发挥公共服务平台作用,中小微企业可以直接上云;骨干企业发挥龙头引领作用,复制、推广、扩展典型应用和解决方案,进而形成行业、区域数字工业。

我国工业各行业状况不同,地区和企业间发展水平参差不齐,不少企业尚未实现自动化,还有一些甚至要补工业2.0的欠账。因此,企业必须从实际出发,按照自动化、数字化、网络化、智能化路径,补短板、强弱项,要尊重规律、循序渐进,防止千企一律、一拥而上。

记者: 您前面介绍了不同类型企业优势互补、跨界融合、共同推进数字工业的成效,目前还存在什么问题?尤其在构建工业互联网方面还存在哪些困难？

李毅中： 通过调研发现，从企业层面，确实还存在不少困扰和难点。在认识、认知方面，一些企业尤其是中小企业数字化转型意识不足，有一些国有企业面对考核压力，缺乏大胆实践的勇气，部分企业负责人因难以在任期内见到成效而缺乏数字化转型的内在动力，甚至发达省份也反映普遍存在"数字化服务商热、用户企业冷"的现象。在知识技能方面，大数据产业的创新能力、支撑水平仍不够强，面向各行业的大数据产品和解决方案少，一些工业企业对大数据技术掌握不够，数据资源挖掘、加工不足。对于这些发展中的问题，企业、行业、地方以及国家相关部门都在采取措施。

具体到工业互联网领域，核心技术"受制于人"的问题最为突出。我国现有工业互联网平台基本都建立在国外基础产业体系之上，所依赖的智能装备、自动控制、通信协议、高端工业软件等产业链命门还掌握在别人手里。当前，我国业界对工业互联网的内涵和架构认识还不够一致，各方发展重点不同，力量分散，对工业操作系统等核心技术的研发力度明显不足。工业现场通信协议多种多样，缺乏通用的接口标准，制约了工业互联网的部署。我们需要加强规划引导和技术攻关，实现核心技术、关键技术的自主可控。

针对这些问题和差距，调研中专家们提出了不少好的建议。归纳起来，一是要加强基础理论和核心关键技术创新。组织研究力量对短板进行系统梳理，明确分层，分别由国家、地方、行业、企业主导开展。在工业互联网领域，从设备、通信、控制、应用等层面明确技术架构和发展重点，组织相关企业和研究机构对工业控制、高端工业软件、工业操作系统等核心技术加强攻关。

二是抓紧技术标准规范的制定、修订。针对工业领域种类繁多、技术各异的异构网络，探索互联互通机制。制定基础共性标准、应用标准和安全标准,面向特定行业制定一批专用标准,促进通信协议兼容转换和设备互联互通。

三是产学研用相结合,促进信息技术与工业技术融合集成。引导和支持制造业企业、软件企业、互联网企业、科研院校等加强合作,开发工业行业数据处理分析技术和工具,开发工业应用解决方案。建设一批高质量服务平台,提供专业化服务。

四是在工业互联网推进方面,要加快实施路径研究。明确企业、行业、区域和跨行业、跨领域不同层次的发展重点和路径,引导各方协同推进。借鉴国外先进经验,用市场化方式逐步建立起全国工业互联网的合理架构。

记者: 近年来,社会和群众反映网络信息安全问题突出,给国家和民生带来了损失。具体到发展数字工业方面,存在什么问题?应该如何防范?

李毅中: 目前,我国工业控制系统安全问题严峻,存在一些技术管理隐患和被攻击的风险,"牵一发而动全身",一旦失误,损失巨大。并且,工业互联网的推行意味着数据的高度集中,也导致安全风险的集聚,一旦发生数据安全事故或遭到恶意攻击,将涉及国家安全。再有就是,数据权属和责任不清,有些大数据服务商在未获得授权的情况下,私自采集和使用企业数据和个人信息,数据安全得不到保障,使企业和用户因担心数据丢失泄露而不愿将数据交给服务商,限制了数据价值的发挥。

要研究界定工业数据采集应用的范围和方式,明确相关主体的权利、责任和义务,对重要工业数据的保存、加工与处理、备份、迁移以及跨境流通等进行规范管理。要整合优势力量,对工业控制安全问题进行系统研究,加强防护技术研发,提升漏洞挖掘与检测、风险评估等安全技术能力,建设国家工业控制系统安全监测与预警平台。据悉，国家工业信息安全发展研究中心正在开展这方面的工作。要严格执行《网络安全法》，健全网络信息安全法律、法规，制定细则、办法和司法解释。依法加强对涉及国家利益、公共安全、商业秘密、个人隐私、科研生产等数据的保护，加大对违法违规行为的惩戒。

记者：工业互联网的应用提高了生产效率，减少了用工，降低了成本。但也出现了岗位减少的担忧，同时也出现了部分员工不适应的困扰。那么应该如何正视并解决与"稳就业"的矛盾？

李毅中：您提到的这两个方面的问题确实存在。一方面人才缺乏，另一方面再就业问题不少。2018年5月，在与法国数字工业代表团的交流中我了解到，"法国就业委员"专门研究表明，到2025年，法国经济数字化转型可能带来10%现有岗位的减少。

那么如何应对？一是加强复合型人才培养，鼓励信息技术企业、互联网企业和工业企业参与，与高校和专业机构联合培养复合型人才。二是加强对工业行业人才的再培养，提升其数字知识和运用技能，适应数字工业的要求，引导人才合理双向流动。三是鼓励和支持各地方发展为数字经济配套服务的产业，还可以结合有用工缺口的行业，通过政策、资金支持组织开展下岗工人再培训，促进再就业。浙江省近几年发展数字经济、"机器换人"，减员200余万，约占该省二、三产就业人数的6%，通过发展相关服务业、培训转岗和社会消化吸纳，保持了稳定。又如贵阳市高新区，到2020年将通过发展大数据产业和配套服务新增就业岗位4.2万个。华为手机和富士康电视控制器生产线在数字化改造前后，员工数量分别从80人减少到15人，从318人减少到38人，两个企业对员工进行再培训、再上岗，没有出现失业现象。他们的经验值得总结借鉴。

刘韵洁：工业互联网应致力于解决企业痛点　提质增效

工业互联网为何在全球范围内受到重视？如何通过工业互联网提升国内制造业的生产效率？如何建设安全可靠、高效便捷的未来网络？中国工程院院士、中国联通科技委主任刘韵洁接受《人民邮电》报记者专访，就上述问题发表了自己的看法，并提出了相关建议。

提振实体经济的重要抓手

谈到工业互联网，离不开互联网。刘韵洁认为，互联网的发展可划分为三个阶段：第一代科研型互联网、第二代消费型互联网和第三代生产型互联网。大致可以划分为"三个20年"："第一个20年，主要应用在大学、科研机构；第二个20年由消费互联网主导；第三个20年，我称之为未来网络阶段，开始与实体经济融合。"截至目前，中国互联网在消费领域做得比较好，涌现出BAT等互联网公司。放眼未来，互联网下一步的发展空间就是和实体经济融合，而最重要的领域就是工业、制造业。所以，工业互联网、能源互联网、车联网都是下一步要发展的领域。从技术上看，全球范围内，5G主要解决物联网的问题，即机器之间的互联。可见，不管是互联网还是移动通信领域，都瞄准了工业互联网。

为什么全球主要经济体都如此重视工业互联网呢？刘韵洁表示："我个人认为，与最近的一次全球金融危机有关系。"本次金融危机发生以前，制造业都是向劳动力成本低的地方迁移的，这是一条经济规律，亚洲"四小龙"经济的迅猛发展都与此有关。如今，中低端制造业向越南、东南亚等劳动力成本更低的国家和地区迁移，我国也面临经济转型的问题。但如果仅仅遵循"利益最大化、成本最小化"这一经济规律，实体经济不可避免遭受冲击，会产生"产业空心化"的问题。这一问题又如何解决呢？

欧美发达国家纷纷提出制造业回归的方案，但要落实也极为不易，面临劳动力成本、生活成本高企等问题。那么，到底能不能回归？刘韵洁表示，按照此前的规律，是不可能回归的。但现在通过互联网手段来降低成本，就可以回归。机器代替工人，在哪里生产都一样。工业互联网之所以受到重视，与"制造业回归"这一大的战略调整密切相关。

解决痛点问题　提升生产效率

我国对工业互联网高度重视，2018年12月召开的中央经济工作会议提出，"加强人工智能、工业互联网、物联网等新型基础设施建设"。工信部在2018年6月发布了《工业互联网发展行动计划（2018—2020年）》和《工业互联网专项工作组2018年工作计划》，深入实施工业互联网创新发展战略，推动实体经济与数字经济深度融合。刘韵洁表示，对于工业互联网的发展，政府引导很重要。企业从生产者个体的角度，从认识方面还有一个由浅入深的过程。

在谈到建设工业互联网的主要目标时，刘韵洁重点谈到了"价值"与"效率"。他表示，消费互联网主要是"眼球经济"，老百姓看得越多，注意力资源越集中，其价值就越大。但到了未来网络阶段，互联网主要体现为价值经济。"创造了价值，才有前景。"所以，企业的要务就是提高生产效率。在我国，工业互联网最重要的价值，就是提升制造业的生产效率，通过创新产生更大的价值。

我国制造业的生产效率是偏低的。根据此前的数据，我国的制造业生产效率是经济合作与发展组织国家平均生产效率的15%~30%。目前，这一数据有所改观，但仍有很大的提高空间。那么，怎样迅速提升生产效率？刘韵洁表示，要用自动化、智能化的技术手段。

"判断工业互联网价值的标准和尺度，就是是否提高了生产效率以及提高了多少。如果不能提高生产效率，那么这个概念就是骗人的。"刘韵洁认为，找到企业的薄弱环节和痛点问题，再帮助其真正解决，那么企业的生产效率肯定会提升。如果做不到这一点，企业最后见不到效益，那么工业互联网就与它没有关系。

只有对企业生产效率、竞争力、创新水平、盈利水平有实实在在的帮助，才说明做工业互联网是"对症下药"。方向对了，目标清晰了，下一步才是实施。"只有让企业通过工业互联网赚到大钱，相关的工业互联网公司才能赚到钱。如果都只是做平台的或中间商赚了钱，而没有多少企业真正从中获益，那就是本末倒置。"

刘韵洁强调，工业互联网要以企业为主体。目前比较难，因为很多企业负责人对工业互联网认识不到位，需要政府引导。政府应考虑纳入更多企业，同时调动企业的积极性，给企业一些帮助、一些空间。如果不以企业为主体，企业自身缺乏积极性，外力无论如何推动都是困难的。

"现在出现了一些不好的苗头，就是国家开始提倡工业互联网之后，一些做平台、做项目的企业向政府要资源、要土地等。但是否真正解决了企业面临的难点、痛点问题，还要打一个问号。"刘韵洁表示，工业互联网是一片蓝海市场，但却是"水很深"的蓝海。因为在消费互联网阶段，赚钱相对快速、容易，而工业互联网赚钱很困难。"目前这一领域，观望的多、忽悠的多。只有让企业赚到钱，工业互联网领域的公司才能生存。如果想赚快钱，那肯定是要失败的。"刘韵洁表示，做工业互联网的企业定位要清楚，就是通过工业互联网使其服务的企业看到希望。

刘韵洁表示，通过调研，也发现一些好的苗头。比如，不少企业有能力、有水平，可以找到自身的薄弱环节和痛点问题，也能积极想办法解决相关问题，提升生产效率。但大部分企业还做不到，甚至还不知道自身存在的问题。工业互联网领域的公司，应该想办法与企业结合起来，去了解企业的生产过程。"这件事情是基础工作，非常重要。每个行业面临的问题都不一样，找到痛点和问题，然后通过数字化手段去解决。"

工业互联网还会带来消费模式的改变。定制化产品和服务是下一步的发展趋势，目前少数企业能做到产品定制化，大多数企业还是要通过工业互联网降低成本、提升效率。消费者希望便宜地买到需要的产品，要做到这一点，各环节信息要透明。企业生产效率提升之后，价格就会下降，因为产品质量提高了，坏的产品少了，废品率降低了。"反过来说，如果企业不参与工业互联网这场变革，就无法融入新的产业生态圈，就会被新的市场排除在外。"

"企业互联"与"义乌模式"

工业互联网对经济会带来哪些变化？刘韵洁通过"义乌模式"进行了比较。

义乌小商品市场，已经从国内市场走向全球。那么，为什么大家都来义乌？因为信息最灵通，整个产业价值链上下游在一起，成本非常低，从全球范围看，都可以算得上非常成功。那么，工业互联网、制造业能不能借鉴义乌小商品市场的经验呢？

普遍的看法是不可能。因为那么多的工厂和车间，怎么可能全部聚集到一个地方？但刘韵洁认为，通过网络，商品信息都能共享，再加上设计、生产部门，可能购买商品比义乌还要方便、还要快。因此，通过互联网建立类似"义乌模式"的经济模型，是完全可行的，可以做到的。刘韵洁表示，要达成上述目标，要解决两个大的问题。

一是企业之间的互联，通过网络、平台把产业价值链都连接在一起。刘韵洁表示，这个平台的概念，就和阿里巴巴的"全球买全球卖"平台一样，中国制造业也要打造一个"全球买全球卖"平台，是可行的。国外专家有一个论断，就是全球企业数量过多。但现实情况却是，那么多企业居然还能继续生存。为什么呢？刘韵洁认为，就是因为信息不对称。如果互联网足够发达，经济信息实现完全对称以后，一大批企业都要倒闭。比如，某企业要生产某产品，上游供应商和下游需求方都能精准匹配，生产效率就最高。可见，如果信息完全对称，很多企业就没有生存空间。现在，每一家企业都应该转型，都要升级改造，如果不升级改造，将来在市场上就没有立足之地。"发展的大趋势是这样的，当然这个阶段会持续比较长的时间。"在这一进程中，互联网的升级改造也会同步进行，这也是每一家运营商都会面临的问题。在这个过程中，运营商要做的就是改造网络，真正做到帮助企业降低成本，而且随时响应企业提出的网络需求，在保证质量的前提下，最便宜、最方便、最快捷地解决企业的问题。5G建网成本高，主要解决机器互联（物联网）的问题，比4G时延降低、带宽大幅度提升，甚至有企业和机构提出了6G，因为企业有"亚毫秒"级（时延小于1毫秒）的网络需求。这不仅仅是无线网与无线网之间的连接，还需要大的网络环境优化。

二是自动化、智能化发展。从设计到供料、制造再到销售，所有环节都实现自动化配置，这就又提升了一步。当然，这里面涉及企业内部组织优化，需要很多数字化技术。比如，大家现在都在说的定制化服务，某个设计好的服装样式，很快就能进行定制化生产。就像买东西，如果需要什么普通的物品，而非特殊的或很贵的物品，基本上都可以低成本地定制化生产出来。在网络和平台建立起连接的基础上，未来更重要的是优化资源配置，完善生产流程。

企业要修炼"内功"

要做到整个经济体的高效运转，就涉及一些基础工作，比如企业内部改造。刘韵洁表示，中国企业在这方面任务艰巨，因为发达国家的很多企业已进入 3.0 阶段，国内企业发展不平衡，很多企业还处于 2.0 甚至 1.0 阶段。所以，要根据企业不同的状况，采取不同的步骤，解决不同的问题。但数字化、信息化必须先行，将来还要不断提升，只有到一定程度以后，企业内网才能进一步升级。比如，企业内部管理、工厂和车间控制、地处国内外不同区域的工厂管控与协调等。接下来的第二步，就是机器与机器的互联及自动化、智能化，机器代替人，实现制造的智能化。

刘韵洁表示，做到人工智能与制造业紧密融合，实现智能化生产，需要三个要素。一是工业生产的大数据，二是有模型和算法，三是计算能力。工业大数据是基础，通过适合各细分行业的算法，分析并找到一些生产环节的问题，才能逐步优化。对企业而言，没有那么多计算资源和能力，要低成本实现，不能很贵，就需要"企业上云"，这是一个必然的趋势。对于接入工业互联网的企业而言，其最核心的数据只能在内部分享，最需要的是私有云，因此需要本地化的边缘计算。另外，由于时延、网络安全方面的问题，边缘计算的优势更加凸显，会替代那些"高高的云"。当然，"大云"也有市场，它和本地化的私有云会有合理的分工，企业可根据实际需求，建立科学的模型进行合理部署。从长远来看，云与云之间的连接和共享难，还需要统一标准，是一个比较复杂的问题。当务之急是，先解决"企业上云"问题，让企业低成本使用数字化解决方案。

时刻不忘网络安全

在建设工业互联网的过程中，不能忽视网络安全问题。刘韵洁强调，不管是网络互联还是企业内部的网络安全，都是需要高度重视、时刻警惕的。委内瑞拉大停电、伊朗核设施停工等涉及关键基础设施的安全事故，都与网络安全相关。如果不解决工业互联网的安全问题，就有可能给企业带来灾难性的打击。

"以前的防火墙思路是有问题的。现在很多攻击手段会绕过防火墙。"刘韵洁表示，原来的思路是构筑护城河、防火墙，把"坏人"挡在外面。现在，"坏人"摇身一变成"好人"甚至"家人"，轻而易举进入护城河、防火墙里面。而且，以单点防护应对庞大的系统性风险，是完全无法招架的。要解决此类安全问题，可以考虑采取人工智能的方式，通过分布式架构，采取无处不在的安全防范措施。

"建网的同时，一定把安全措施部署到位。"刘韵洁表示，每一个地方都要有安全"哨兵"，一旦出现异常情况，就采取措施。那么，如何判断是否出现异常，到底是"神经过敏"还是真有问题，就要通过人工智能和大数据分析。不能简单地设定一个数值，就认为一定是有人攻击，结果却发现不是。人工智能的方式与硬件或软件触发模式不同，可以第一时间发现异常，第一时间采取措施，而且是全局性的措施而非仅针对某个节点的措施。在这个思路下建立起来的安全防护体系，与传统的安全体系有很大区别，也可能是下一步的方向。如果没有解决工业互联网安全问题，企业就会有很多后顾之忧。

未来网络正在到来

信息中心网络加速演进升级，以网络结构与交换为中心向以数据为核心的结构转化，网络应用由消费型向生产型扩展，网络连接由连接人向连接物渗透，这些都对未来网络的发展提出了新的要求。

传统的局域网在组建企业内网方面有很多缺点，但新一代网络的相关标准还没出来，时延敏感网络是一个方向。"5G 要解决延迟的问题、安全的问题，这方面 5G 和工业制造是密不可分的。"刘韵洁表示，5G 是面对物联网、工业互联网的，但不是唯一的手段，有一些比较麻烦的生产场景，不适合采用无线网络的方式。未来网络就是要解决传统互联网的问题，比如说僵化、安全、脱节等问题，更好地与实体经济深度融合。

刘韵洁表示，未来网络建设的目标要对准工业互联网。现在的互联网就像普通马路，能满足大部分普通网络需求。有的企业对网络时延要求很高，甚至要求机器之间同步，那就需要走"高速公路"，因此打造安全的、低时延的、质量可控的工业互联网的网络平台显得非常重要。

未来网络不仅仅是"高速公路"，它还应该更加智能、更加优化，而且可定制化，客户需要什么网络，就可以通过软件形成，这对于网络需求千差万别的工业企业无疑非常有帮助。可编程、可灵活调度、弹性的网络，通过白盒交换机实现，与现有的网络不同，它有一个"大脑"，就是控制器。工业互联网就需要这样的方式配置到位。

"这是一个基础网络，每个行业都可以用，目前是一个不以盈利为目的的试验网络。"刘韵洁表示，未来网络规划涵盖了 40 个城市，2019 年 5 月计划开通超过 10 个城市。在扬子江城市群，在成都，在粤港澳大湾区，在长三角、京津冀、山东半岛城市群等多个区域，未来网络正在逐步形成。"我想说明一下，未来网络在工业领域应用的指导思想是，为中国的工业互联网打下比较先进的基础。"

刘多：如何构建工业互联网产业发展大生态

依托产业联盟平台，加强各方之间的交流和经验分享，构建工业互联网产业发展大生态成为媒体关注热点。如何理解工业互联网产业发展大生态的内涵？如何构建工业互联网产业发展大生态？《人民邮电》报记者采访了中国信息通信研究院院长刘多。

记者：为什么说工业互联网是构筑数字经济的基石？

刘多：数字经济是以数字化的知识和信息作为关键生产要素、以现代信息网络作为重要载体、以网络信息技术的有效使用作为效率提升和经济结构优化的重要推动力的一系列经济活动。它包括数字产业化和产业数字化两部分，其中产业数字化是数字经济增长的主要引擎，即各传统产业通过应用数字技术带来的生产数量和生产效率提升，其新增产出构成数字经济的重要组成部分。

工业互联网作为新一代信息通信技术与工业经济深度融合下的关键基础设施、新型应用模式和全新工业生态，是各产业利用网络信息技术实现创新发展的关键依托，为制造业以及整体经济从工业经济向数字经济演进提供关键基础与核心动力。

首先，工业互联网为数字经济发展提供了新的基础设施支撑。工业互联网聚合云计算、大数据、人工智能、区块链等新兴技术，催生出具有通用性的新网络、新平台等，能为制造、能源、电力、交通乃至经济各领域和生产各部门向数字化、网络化、智能化升级提供必不可少的网络连接和计算处理能力，支撑各行业深度优化生产和服务流程，开发部署满足不同场景的智能应用服务，全面支撑产业转型发展。

其次，工业互联网为数字经济发展提供新动力。工业互联网能促进各类资源要素优化配置和产业链紧密协同，帮助各实体行业加速生产方式、组织形式、创新模式和商业范式深刻变革，提升产品和服务创新效率，不断催生新模式新业态，延长产业价值链，促进新动能蓬勃兴起。

最后，工业互联网为数字经济构建了与之匹配的新产业体系。工业互联网将推动以网络为基础依托、以数据为关键资源、以智能生产和服务为显著特征的新产业体系加速形成，带动共享经济、平台经济、供应链金融等在更大范围拓展，带动云计算、大数据、物联网、人工智能、5G等技术加速演进升级，促进边缘计算、时间敏感网络、软件定义网络、工业数据建模分析等新兴技术及产业不断发展壮大。

记者： 工业互联网新型产业生态是什么，包括哪些主要内容？

刘多： 工业互联网新型产业生态是以工业互联网为驱动，面向新型工业制造体系和生产服务体系的构建，汇聚工业企业、信息通信企业、安全企业、高校、科研院所、金融机构等各领域主体，形成的跨界融新、跨界合作、开放包容、协同创新的新型产业生态体系。

工业互联网新型产业生态以企业为主体，包含了供给侧和需求侧相关企业，如信息通信技术企业、工业解决方案企业和工业应用企业等。信息通信技术企业作为工业互联网使能方推动生态供给侧，提供数字化、网络化、智能化所必需的底层技术与产品，例如三大电信运营商、华为、中兴、阿里巴巴、腾讯、联想、浪潮、紫光、用友等。同时，在发展过程中也催生了一些初创性企业，如昆仑数据、天泽智能、寄云科技等。工业解决方案企业作为传统工业能力提升使能方，提供自动化工控产品、工业软件、智能装备、系统集成解决方案等产品和服务，例如浙大中控、和利时、华中数控、科远、沈阳机床、东方国信、博华、索为等。工业应用企业是工业互联网需求方与应用侧,以制造企业为代表,提供了广泛的应用场景和需求,是工业互联网产业发展的牵引力,如航天科工、海尔、三一重工、徐工集团、富士康、华能、中石油、中石化、宝武钢、一汽等企业。同时,这类企业在向工业互联网转型的过程中,也形成了较强的新型解决方案能力。

另有一类新型产业生态的关键载体需要重点强调——工业互联网平台企业。平台是工业互联网的核心,类似于工业中的操作系统,平台企业未来将作为工业需求侧与供给侧的关键节点,可支撑形成工业领域的开放协同生态。一方面对接工业需求侧与应用方,搜集需求并为特定行业和场景提供多类解决方案与工业 App;另一方面汇聚大量开发者,沉淀工业模型、知识库等资源,推动应用创新。平台企业可来源于信息通信技术企业、工业解决方案企业和工业应用企业等各类企业。当前,各行业、各领域的龙头企业和先行企业从不同维度切入,催生出多元化、多样化的工业互联网平台。

同时,在工业互联网新型产业生态中,学界高校、研究机构和金融机构也成为重要组成部分。高校和科研机构引领产业生态中的创新链,通过科研创新和测试实验,提供工业互联网发展所需的智力支持和人才资源。金融机构为工业互联网提供资金等支持和保障,通过灵活的投融资方式引领市场方向,为大企业创新发展、中小企业应用普及提供了资金保障。

工业互联网产业联盟就是当前工业互联网新型产业生态的一个典型代表和范式,目前,联盟会员已经突破千家,汇聚了国内外工业及信息通信业的领军企业/初创企业、高校与科研机构、投融资机构,出了大量重量级产业发展报告和成果。通过该生态汇聚了资金、人才、技术等跨界资源,加快了工业互联网顶层设计、技术创新、应用部署、产业推广和投融资等工作,加强了更为广泛、更深层次的国际交流与合作，促进工业互联网产学研用融协同发展、合作共赢。

记者：政府、行业、企业、产业联盟等相关机构如何共同构建工业互联网产业生态？

刘多：打造与我国经济发展相适应的工业互联网生态体系，必须坚持市场主体与政府推动相统筹的原则。

政府主要是在加强规划引导、完善法规标准等方面发挥作用，营造良好的发展环境。近两年，我国工业互联网发展顶层设计不断加强，出台了《国务院关于深化"互联网＋先进制造业"发展工业互联网的指导意见》，成立了工业互联网专项工作组和战略咨询专家委员会，发布了"工业互联网三年行动计划""国家工业互联网标准体系指南"等一系列政策文件，加大了对工业互联网的政策支持，启动了工业互联网创新发展一期工程，支持一批技术先进、特色鲜明的项目，并推动工业互联网试点示范项目建设。通过一系列的政策支持和配套措施，打造工业互联网生态的良好环境，引导产业向纵深发展。

企业是产业生态构建和发挥作用的主体，在构建开放共享、融通发展的良性产业生态方面发挥主导作用。在工业互联网中，既有大型龙头企业，也有数量众多的中小企业。在构建生态的过程中，一方面，龙头企业利用工业互联网将业务流程与管理体系向上下游延伸，带动中小企业开展网络化改造和工业互联网应用，从而提升整体发展水平。另一方面，通过工业互联网网络基础设施的升级和平台的打造，以需求为导向，以数据开放共享、创新开发、开源合作为手段，促进装备、自动化、软件、通信、互联网等不同领域企业深入合作，推动多领域融合型技术研发与产业化应用。

在产业生态构建中，还有非常重要的一环，那就是产业联盟。

工业互联网产业联盟把制造企业、通信企业、IT和互联网企业汇聚起来，搭建起政府和企业的双向沟通平台、工业和信息化领域的跨界融合平台、国内发展和国际合作的有效对接平台。在工信部指导下成立的工业互联网产业联盟经过三年快速发展，联盟会员已突破千家，形成"12+9+X"组织架构，分别从工业互联网顶层设计、技术标准、产业实践、国际合作、投融资、评估测试等方面开展工作，已成为协同各方跨界创新、推动产业生态构建的重要载体。同时，依托联盟，在上海、广东、重庆、江苏等地成立了分联盟，成为各地方政府和企业间的纽带，加快推动各地方工业互联网工作部署和实施，引导企业在地方开展工业互联网建设，打造当地工业互联网产业生态。

参考文献

[1] 胡虎，赵敏，宁振波，等.三体智能革命[M].北京：机械工业出版社，2016.

[2] 王珊.互联网20年大事记[N].中国科学报，2014-08-22（4）.

[3] 李志刚.产业互联网和消费互联网融合创新，会带来哪些改变？[OL]，2018-10-24. https：//baijiahao.baidu.com/s？id=1615265064704032012&wfr=spider&for=pc.

[4] 鲍跃忠.面对2019：互联网上下半场的"八个不同"[OL]. https：//baijiahao.baidu.com/s？id=1619793025849607917&wfr=spider&for=pc，2018-12-14.

[5] 邬贺铨.工业互联网是互联网的"下半场"，有着跟消费互联网不同的特点——认识工业互联网[N].北京日报，2019-04-22(14)．

[6] 李翔，王长兴，丁贤芳，e-works研究院.2013-2014中国两化融合投资发展趋势分析报告[R]，2014-05-28.

[7] 赛迪网－赛迪智库.2014年中国两化融合发展形势展望[R]，2013-12-20.

[8] 姜奇平."两化"融合开启现代化新局面[OL]. https：//mp.weixin.qq.com/s？__biz=MzUyMzA1ODI0NA%3D%3D&idx=1&mid=2247484686&sn=8f301f720d30c7b0b6238e838099fdc8，2014-04-12.

[9] 孙丕恕.工业互联网将为实体经济"插上翅膀"[OL]. http：//www.ccw.com.cn/internet/2019-03-11/6661.html，2019-03-11.

[10] 陶耀东.全新的工业互联网要有全新的数据驱动安全［OL］.https：//tech.sina.com.cn/it/2019-03-12/doc-ihrfqzkc3169133.shtml，2019-03-04.

[11] 王文京.发展精智工业互联网，推动制造业数字化转型和高质量发展［OL］.https：//mp.weixin.qq.com/s?__biz=MzU3OTQ5Nzk4OQ%3D%3D&idx=1&mid=2247486783&sn=c011aee81c64a36032b0115dac8aa3c0，2019-03-04.

[12] 中国广播网.未来十年智能制造是重点 工业机器人为抓手［OL］.http：//iitc.e-works.net.cn/document/201504/article18822.htm，2015-04-16.

[13] 李广乾.尽早启动国家工业互联网平台项目［N］.人民邮电报，2016-11-28.

[14] 屈婷婷.德国工业4.0的五个经典案例［OL］.http：//articles.e-works.net.cn/case/article128595.htm，2016-05-25.

[15] 孟小珂.法国力推"未来工业"布局工业复兴战略［N］.中国青年报，2016-09-28（4）.

[16] 英国工业2050计划［R］.http：//www.mofcom.gov.cn/article/i/ck/201606/20160601330906.shtm，2016.

[17] 信息技术与创新基金会.制造业数字化为何重要以及各国的支持［R］.

[18] 王峰.走近工业互联网［M］.北京：中国工信出版集团，2019.

[19] 董菁.专访余晓晖：大力推进工业互联网建设 赋能制造业转型升级［OL］.http：//www.miit.gov.cn/n1146290/n4388791/c6667580/content.html，2019-03-10.

[20] 中国信息通信研究院.工业互联网趋势洞察与路径探索现场对话［OL］.http：//www.caict.ac.cn/pphd/zb/IIS/2019/21/201902/t20190219_194573.htm，2019-03-01.

[21] 邬迪.我国首个工业互联网创新中心落户上海［OL］.http：//sh.people.com.cn/n2/2017/1108/c134768-30900758.html，2017-11-08.

[22] 何瑞琪.广东唯一工业互联网产业示范基地正式启动［OL］.http：//it.people.com.cn/n1/2018/0118/c1009-29771745.html，2018-01-18.

[23] 王阳.大西洋集团，打造焊接行业智能制造典范［OL］.http：//www.sohu.com/a/235620791_299196.

[24] 21世纪经济报道.林毅夫：从经济发展角度看基础设施的投资和建设［OL］.https：//new.qq.com/rain/a/20160602025949.

［25］许正．工业互联网：互联网＋时代的产业转型［M］．北京：机械工业出版社，2015．

［26］朱铎先，赵敏．机·智：从数字化车间走向智能制造［M］．北京：机械工业出版社，2016．

［27］王建伟．赢在平台：解锁工业互联网的动力密码［M］．北京：机械工业出版社，2017．

［28］王建伟．工业赋能：深度剖析工业互联网时代的机遇和挑战［M］．北京：人民邮电出版社，2017．

［29］赵国栋．数字生态论［M］．杭州：浙江人民出版社，2017．

［30］安筱鹏．重构：数字化转型的逻辑［M］．北京：电子工业出版社，2019．

［31］浙江大学管理学院．2015中国家族企业健康指数报告［R］．2015．

［32］管丽丹．银行半年报透露实体经济现状：制造业、零售业平均不良率超5%，创新高［OL］．http：//www.sohu.com/a/250979022_100001551．

［33］中国农业银行股份有限公司．2018年半年度报告［R］．2018．

［34］焦智康．2016年全国37.9万家规上工业企业研发活动调研分析［OL］．http：//www.zgxxb.com.cn/jqtt/201708210013.shtml．

［35］朱学蕊．核电项目管理"直面"信息化革命［N］．中国能源报，2016-08-08（12）．

［36］中国煤炭工业协会．2018煤炭行业发展年度报告［R］．2019．

［37］李天伊，苏楠，袁宝华，赵洪珊．服装智能制造：红领大规模定制模式解析［J］．中国市场，2017（2）．

［38］边长勇．规模化如何兼容定制化？红领西装背后的大数据奥秘［N］．第一财经日报，2014-06-03．

［39］中华人民共和国国家发展和改革委员会产业协调司．青岛酷特公司打造智能制造平台推动"双创"成功实践，2014-06-03．［OL］．http：//www.ndrc.gov.cn/fzgggz/gyfz/gyfz/201711/t20171109_866627.html．

［40］海尔工业智能研究院．工业大规模定制白皮书［R］．2017．

［41］秦海波．C2M助力中国制造业升级［OL］．http：//www.ce.cn/xwzx/gnsz/gdxw/201708/08/t20170808_24863347.shtml，2017-08-08．

［42］网易汽车.实现个性化定制？上汽大通尝试C2B模式［OL］.http：//auto.163.com/16/1201/14/C775BBT9000884MM_all.html，2018-08-10.

［43］搜狐汽车.买车就像组装电脑？解析上汽大通个性化定制系统［OL］.http：//www.sohu.com/a/246292341_268260，2018-04-13.

［44］马霖，吴琼.改造中国制造［OL］.http：//finance.ifeng.com/c/7lY98Aignwa，2019-04-13.

［45］喻晓马，程宇宁，喻卫东.互联网生态：重构商业规则［M］.北京：中国人民大学出版社，2016.

［46］孙水裕，王孝武，编著.环境信息系统［M］.北京：化学工业出版社，2004.

本书写作还参考了中央电视台大型电视纪录片《互联网时代》。

后　记

本书的编写工作从 2019 年初动议，经过半年多的策划、研讨、调研、写作和专家审稿，其间仔细打磨，数易其稿，现在终于编撰完成，即将同读者见面。在此，首先要感谢工业和信息化部领导对本书编写的重视、关心和推动，以及相关方面的大力支持和帮助。

作为一项国家战略，工业互联网的创新发展得到了党中央、国务院的高度重视，自 2017 年 11 月国务院印发《国务院关于深化"互联网＋先进制造业"发展工业互联网的指导意见》以来，各地政府和工业企业、信息服务企业推进工业互联网的热情高涨，工业互联网迅速从概念倡导发展到落地深耕阶段。为了让更多的非专业读者了解认识工业互联网，营造全社会关心支持工业互联网发展的良好氛围，我们计划编写一本工业互联网方面的科普书。此想法得到了工业和信息化部副部长陈肇雄的大力支持，他认真审定本书编委会名单和大纲，并亲自担任编委会主任。编委会副主任由邬贺铨院士担任，刘韵洁、李伯虎、张军、余少华院士，工业和信息化部主管工业互联网工作的相关司局领导，工业互联网研究领域的专家，工业互联网重点平台企业的高管担任编委。本书编委会组成如下：

编委会主任：陈肇雄

编委会副主任：邬贺铨

编委会成员： 刘韵洁　李伯虎　张　军　余少华　谢少锋
　　　　　　闻　库　韩　夏　赵志国　刘　多　徐晓兰
　　　　　　张学军　钟志红　李　颖　鲁春丛　杨宇燕
　　　　　　王建伟　苏少林　林乐虎　陈皆重　蔡立志
　　　　　　宋起柱　余晓晖　王保平　李广乾　陈忠岳
　　　　　　李正茂　梁宝俊　周云杰　张启亮　袁谊生
　　　　　　贺东东　李雪梅　郑叶来　于英涛　周鸿祎
　　　　　　齐向东　吴永新　刘　松　朱卫列　闫长鹍

　　本书大纲经编委会审定后，人民邮电报社调集20多名骨干编辑记者，组成以王保平为组长，胡虎、罗凯为副组长的编写组，开展了紧张的编写工作，中国信息通信研究院的部分专家也参与了写作。参加本书编写的有：胡虎、罗凯、王兵、夏竞辉、肖卓、杨玲玲、张英、邵素宏、朱敏、蒋昕昊、陈金桥、刘棣斐、韩永军、汪建、郭庆婧、赵媛、贺翠萃、邓聪、郭佳、林婧、黄舍予、苏德悦、刘彤、徐勇。编写组在前期大量学习研究的基础上，广泛查阅资料，深入企业调研，认真采访工业互联网领域的专家，并多次召开研讨会，进行头脑风暴，对篇章结构、体例、风格、定位等不断修订完善。案例采访组还赴海尔、航天云网、阿里巴巴、华为、中国电信、中国移动、中国联通等工业互联网平台创新企业实地调研，为读者搜集整理产业一线最新案例。本书在编写过程中，得到了中国信息通信研究院院长刘多、副院长余晓晖以及中国工业互联网研究院院长徐晓兰等的悉心指导与帮助，他们不但组织了大量专家资源，对编写组的采访和资料需求有求必应，余晓晖副院长还亲自为编写组讲解工业互联网专业知识。本书初稿完成后，工业和信息化部信息通信管理局、网络安全管理局、信息通信发展司、信息化和软件服务业司以及国务院发展研究中心、中国信息通信研究院、中国工业互联网研究院等单位领导、专家，以及徐工集团CIO（首席信息官）、徐工信息创始人兼CEO张启亮，树根互联CEO贺东东等产业界的知名专家都提出了宝贵意见。邬贺铨院士在审阅书稿后还为本书撰写了序言。本书的出版还得到了中信出版集团的大力支持，将其列入本年度重点出版书目，乔卫兵总编辑亲自指导，黄静、何烨两位编辑对书稿付出了大量心血。在此，我们对所有参与本书编写的同志和关心支持本书编辑出版的各位领导、专家和编辑表示衷心的感谢。

工业互联网未知远远大于已知，其牵涉的学科、行业面极广，其载体、技术、应用、模式等无不在快速发展演变。对于这一全球科技和产业创新的新生事物，我们的认识和把握肯定有不全面、不准确的地方。在编写过程中，虽然我们做了大量的调研、采访和查阅资料工作，但限于能力和水平，错谬之处在所难免，还请大家批评指正。

编　者

2019年7月